ESG 혁명이 온다

미래 전략과 7가지 트렌드 편 2

ESG 혁명이 온다

미래 전략과 7가지 트렌드 편

2

김재필 지음

Environmental
Social
Governance

한스미디어

기업의 미래를 책임질
'ESG 혁명'은 계속된다

2021년, 국내 기업들 사이에서 가장 많은 관심을 받았던 핫 트렌드를 꼽으라고 한다면 단연 '메타버스Metaverse'와 'ESG'이다. 연초부터 화두가 되었던 이 두 키워드는 2021년 한 해 동안 국내 대다수의 기업들이 무슨 일을 하든 빠지지 않고 내세운 '마법의 단어'였다.

특히 ESG는 새로운 경영 트렌드로 급부상하면서, 기업들은 앞다투어 ESG 경영을 선포하고 경영 활동에 도입하기 시작했다. ESG 위원회를 만들고, ESG 채권을 발행하는가 하면, 탄소정보공개프로젝트 CDPThe Carbon Disclosure Project나 RE100Renewable Energy(기업에서 사용하는 전력의 100%를 재생에너지로 대체)에 참여하겠다는 기업들이 속속 등장했다. '1회용 컵 안 쓰기', '쓰레기 줄이기', '전력 아끼기' 등 친환경 행사나 광고, 이벤트도 연일 이어졌다.

전작 《ESG 혁명이 온다》를 발간하고 9개월 정도의 시간이 흘렀다. 발간 당시만 하더라도 대중들에게 생소하기만 했던 ESG가 이제는 언론과 서적, 기업들의 홍보 등으로 어느 정도 친숙한 용어가 되었다. 필자 역시 부족하지만 ESG 에반젤리스트evangelist(전도사)로서 ESG의 개념과 중요성을 알리기 위해 약 100여 개의 기업체 및 학교, 단체 등을 대상으로 강연, 강의, 자문 및 컨설팅 활동을 수행했다. 그 과정에서 ESG에 관심을 갖고 관련 업무를 하시는 많은 임원분들과 실무자분들을 만날 수 있었는데, ESG에 대한 생각과 고민, 앞으로의 방향과 참신한 아이디어 등을 직접 들을 수 있는 정말로 귀중하고 소중한 기회였다.

그런데 이분들의 얘기를 듣다 보면 공통적으로 하시는 말씀들이 있다. '다르다'와 '어렵다'이다. '다르다'는 "이전에도 지속가능경영이나 사회공헌 등 사회적 책임과 관련된 여러 경영 활동을 해왔지만 이번 ESG는 좀 다른 것 같다"라는 의미이다. 기업에 미치는 영향력이나 사회적 파장, 국제 정세 및 글로벌 시장에서의 요구 정도가 이전과 확연히 다르다는 것이다. 그냥 쉽게 무시하고 지나칠 정도의 트렌드가 아니라는 것이 ESG를 바라보는 기업들의 생각이다.

그래서 기업의 CEO들은 ESG를 경영목표로 내세우고 회사가 나아가야 할 미래라고 강조하며 ESG 경영을 실천하기 시작했다. 하지만 ESG 경영을 실제로 업무에 적용하고 수행해야 하는 직원 입장에서는

CEO의 선언에 따라 분주하게 움직이고 있지만 정작 무엇을 어떻게 해 나가야 할지 잘 모르겠고, 현실적으로 실적과 ESG 모두를 챙기기가 '어렵다'는 의견이 상당수였다. 이는 특히 여력이 부족한 중소기업에서 목소리가 높았다. 어떤 기업에서는 대리나 과장 1명이 ESG 업무 전체를 도맡아 처리하고 있었다. ESG 강연을 마치고 질의응답 시간에 받은 어느 대리의 하소연이 귓가에 맴돈다. "처음 ESG 업무를 맡아서 하는데 아무도 도와주는 사람 없이 혼자서 해야 해서 막막합니다…. 방향도 방법도 모르겠고, 위에서는 알아서 잘하라고 하는데…."

ESG를 공부하면서 관련 업무까지 해야 하는 실무자분들을 보면서 안쓰러움과 함께 저 분들을 어떻게 하면 도울 수 있을까 하는 고민이 생겨났다. 이번 후속작은 그러한 고민 하에서 만들어진 책이다.

필자는 경영 전략 업무를 수행하면서 6시그마경영, 인재경영, 가치경영, 디지털경영 등 수많은 경영 트렌드를 접하고 전략을 수립했다. 그러면서 발견한 점은 경영 앞에 붙는 단어들 모두 '경영'의 성과를 극대화시키는 효율적인 '수단'이라는 것이다. CEO의 철학에 따라 경영 목표가 달라질 수 있지만, 대부분의 기업들은 이익과 기업 가치 증대라는 목적을 위해 경영 활동을 수행한다. 그리고 그 목적 달성의 방법으로 여러 경영 트렌드들이 도입되었다.

그런데 ESG는 기존의 경영 트렌드들과 결이 달랐다. ESG는 친환경 Environmental, 사회적 책임Social, 투명한 지배구조Governance를 재무적 성과와 함께 주요 경영 지표로 삼고 있다. 무조건적인 이윤 추구보다는 환경오염 문제, 건강과 안전 등 사회 문제, 불투명한 지배구조로 인한 독점과 부패 등 각종 문제 해결이 기본적인 방향이다. ESG 자체가 자본주의의 새로운 흐름이자 방향이다. '이윤 추구'를 기본으로 하는 '경영'이라는 단어와 조합되면서 'ESG 경영'은 이전 경영 트렌드들과는 전혀 다른 차원의 경영 전략을 요구하게 되었다. ESG가 장기적으로 좋은 것은 알겠지만, 당장 경영에 적용하면 적지 않은 비용과 시간이 드는 것이 사실이다. ESG의 의미는 지키면서 실적 목표는 달성해야 하는 이 점이 실무자들에게 있어 '딜레마'이자 ESG 경영이 '어렵다'고 느끼는 부분이다.

이 때문에 일부 기업들은 '보여주기'식의 손쉬운 활동으로 ESG 경영을 포장하기도 한다. 적당한 홍보와 임기응변식 마케팅으로 진정성은 없고 겉만 번지르르하게 포장해 ESG 평가 및 점수만 따려고 한다. 이른바 'ESG 워싱'이다. 이런 기업들로 인해 ESG 열풍에 반신반의하며 'ESG는 사기다'라고 냉소적 전망을 하는 비판도 적지 않다.

ESG는 분명 그 파장과 지속성이 이전과 다르다. 코로나 사태를 겪으면서 사람들은 이윤 창출만이 기업의 존재 목적이 아니라, 시장 우선주의가 초래한 각종 환경, 사회 문제에 기업이 적극적으로 해법을 제시해야 한다고 요구한다. 기존의 사회공헌 활동이 사회적 명성과 기업 이미지를 위해 해온 활동이었다면, ESG는 기업의 존망을 결정짓는 생존의 이슈가 된 것이다.

기업을 둘러싼 경영 환경은 날이 갈수록 어려워지고 있다. 2022년에는 작업 현장에서 사고가 나면 최고경영자가 처벌을 받는 중대재해처벌법이 시행되고, 유럽에서는 탄소에 관세를 매기는 '탄소국경조정메커니즘Carbon Border Adjustment Mechanism: CBAM'이 2023년부터 도입된다. 2030년까지는 온실가스 배출량을 2018년 대비 40%나 줄여야 하는 국가적 목표를 달성해야 한다. 델타, 오미크론 등 신종 변이가 계속해서 등장하는 등 코로나 팬데믹의 위기는 여전하다.

ESG 광풍으로 분주했던 1년이 지나면서 일각에서는 벌써 기업들의 관심이 식었다고 얘기하고 있다. 하지만 ESG는 이제 메가트렌드로 커질 준비를 하고 있다. 지금은 더 큰 스톰을 만들기 위한 소강상태로, 거품이 가시고 나면 본격적인 ESG 시대가 도래할 것이다. 여기서 살아남는 기업만이 130조 달러라는 엄청난 시장에서 부와 가치를 거머쥐게 된다. 지금의 기업들은 마치 영화 〈퍼펙트 스톰The Perfect Storm〉에 등장하는 거대한 파도 앞에 놓인 한 척의 작은 배와도 같다. ESG라는 엄청난 파도를 피해갈 것인지 뚫고 지나갈 것인지는 CEO의 결정에 달려 있다. 다만 ESG라는 파도를 만만하게 봐서는 안 된다. 배의 성능, 규모, 선원들의 역량과 선장의 추진력, 리더십 등이 갖춰져야 맞서 볼 만하다. 아무 준비 없이 CEO의 의지만으로 ESG의 파도에 맞선다면 영화 속 안드레아 게일호의 최후와 같은 결말을 맞이하게 될 것이다.

ESG는 새로운 시대를 맞이하고 있다. 기업들은 ESG 경영 선포 후, 많은 노력을 해왔다. 이제는 결과를 보여줘야 하는 제2라운드의 시작이다. 기업을 둘러싼 환경 요인들은 어느 하나 쉬운 것이 없지만, 발상을 전환하면 ESG는 위기이면서 동시에 기회이기도 하다. 자본시장에서도 ESG를 단순한 명분 투자가 아니라 성장산업으로 인식하면서 부와 가치를 창출하는 기회 요인으로 바라보고 있다. 2021년이 갑작스럽게 불어닥친 ESG에 대응하는 데 주력한 한 해였다면, 2022년은 차별화된 경영 전략으로 ESG를 기회 삼아 공격적인 경영을 추진하는 해가 되어야 한다. ESG 경영에 대한 빠른 인식 전환과 선제적으로 대응하는 기업만이 앞으로 다가올 거대 시장에서 막대한 부와 가치를 차지할 수 있다.

이번 후속작은 ESG 평가 등급을 높이거나 ESG 보고서 잘 쓰는 법을 다룬 책은 아니다. 경영 전략가이자 컨설턴트로서 ESG를 어떻게 경영에 접목시켜 기업 가치를 높일 수 있을까에 집중했다.

그리고 분석을 통해 도출해낸 ESG 경영의 성공 키워드는 '기술', '사람', '지구'이다. 탄소중립 실현, 수자원 관리, 안전한 작업 환경 등 기업들은 ESG 경영을 수행하면서 수많은 난제에 직면하게 된다. 이런 문제들을 해결하기 위해서는 '혁신적인 기술'이 필요하다. 인공지능AI, 사물인터넷IoT, 블록체인, 클라우드, 5G 등의 IT 기술은 디지털화된 ESG 데이터의 활용을 통해 기업들의 ESG 경영을 지원한다. 2022년은 '디지털 대전환'의 시대가 될 것이다. 코로나로 가속화되었던 디지털 전환 Digital Transformation이 이제는 ESG 경영의 핵심이 되어 환경 및 사회 문제 해결과 함께 새로운 가치 창출로 기업 성장에 기여한다.

그렇다고 기술만 있어서는 안 된다. 기업 및 금융 중심으로 추진돼온 ESG 경영은 '같이 사는 사회'를 위한 '사람' 중심으로 변화해야 한다. 파타고니아는 올바른 ESG 경영의 실천을 위해서는 "소비자, 직원, 주주 등 공동체의 공감과 지지가 중요하다"고 강조한다. '따뜻한 자본주의'라고도 불리는 ESG의 성공적 수행은 포용적 가치를 창출하면서 생태계를 구축해 다양한 이해관계자의 기대에 부응하고 아우르는 데 있다. '사람'을 중심으로 한 공존의 철학이 성공적인 ESG 경영의 중요한 요소임을 명심해야 한다.

마지막 키워드인 '지구'는 우리가 지금 살고 있고 우리의 아이들이 살아가야 할 소중한 보금자리다. 또한 기업들이 사업을 하는 터전이기도 하다. 그 어떤 기업도 지구가 없으면 존재할 수 없다. 파타고니아는 사명이 "우리는 우리의 터전, 지구를 되살리기 위해 사업을 한다"라고 할 정도로 지구 지키기에 진심이다. 지구를 위하는 '진정성'이 없는 ESG 경영은 아무리 성과가 좋아도 결국엔 진실이 드러나고 소비자들로부터 외면당해 모래 위의 성처럼 무너지고 만다.

ESG 경영은 지향점이 다른 'ESG'와 '경영'의 두 개념이 만나 서로 조율하면서 합의점을 찾아가는 과정과도 같다. '기술', '사람', '지구'를 중심으로 자사의 강점과 역량을 살린 경영 전략을 전개한다면 ESG는 위기가 아닌 더 큰 기회로 기업에게 엄청난 부와 가치를 가져다줄 것이다.

전작 《ESG 혁명이 온다》가 ESG를 처음 접하고 배우는 분들을 위한 'ESG 입문서' 역할을 했다면, 이번 후속작은 ESG 경영을 수행하는 기업인, 실무자는 물론 ESG 업무 및 창업에 관심을 갖고 있는 대학생, 취준생, 벤처 스타트업들을 위해 방법론과 큰 흐름을 제시하는 'ESG 전략서'라고 할 수 있다.

이 책의 파트 1에서는 2021년 국내 기업들의 ESG 경영 활동들을 돌아보면서 그 의미와 앞으로의 과제가 무엇인지를 되짚어보았다. 그리고 130조 달러라는 거대 ESG 시장에서 부와 가치를 창출하기 위해서는 어떤 차별화된 ESG 경영 전략을 전개해야 하는지 방법과 방향성을 제시하였다.

파트 2에서는 ESG를 경쟁력으로 만들기 위한 구체적인 방안에 대해 살펴보았다. 7가지 ESG 트렌드 영역에서 어떤 기회가 있고 이를 경쟁우위로 만들기 위해 노력한 국내외 기업들의 사례들을 정리하였다. 탄소중립, 순환경제, 수자원 관리, 건강한 일터, 조직 다양성, 투명한 지배구조, 그리고 ESG 디지털 트랜스포메이션DX 등 앞으로의 글로벌 시장에서 펼쳐질 7가지 ESG 트렌드가 어떻게 기업들에게 기회 요인이 되고 경쟁우위로 작용할 수 있을지 다양한 사례와 분석을 통해 ESG 경영 업무에 어려움을 느끼는 분들에게 도움이 되는 팁Tip을 제공하고자 하였다.

이번 후속작 집필 때에도 뒤에서 지지하고 힘을 보태주신 부모님께는 계속 건강하게 오랫동안 계셔달라고 말씀드리고 싶다. 늘 감사한 마음뿐이다.

그리고 아빠가 쓰는 책에 너무나 많은 관심을 가져주고, 정말 멋진 표지 디자인 아이디어를 그림으로 그려준 아들 서진이와 항상 건강을 챙겨준 아내에게는 사랑한다는 말이 모자랄 정도이다. 이번에도 이 책을 사랑하는 아내와 아들 서진이에게 전한다.

끝으로 《ESG 혁명이 온다》를 읽고 질책과 조언을 아낌없이 해주신 독자분들께 진심으로 감사드린다. 이번 책은 독자분들과 같이 쓴 책이라고 해도 과언이 아니다. 독자분들의 여러 리뷰와 코멘트를 보면서 부족했던 점을 반성하고 보완하려고 노력하였다. 최고는 아니지만 최선을 다해 ESG에 관심 갖고 계신 분들께 조금이나마 도움이 되고자 하는 마음으로 집필하였다. 이 책을 읽으시는 분들이 ESG로 행복해지시기를 진심으로 바라는 바이다.

2021년 12월

김재필

Contents

3장 기업의 미래 가치를 높이는 ESG 경영 전략

PART 2 ESG를 경쟁력으로 만드는 7가지 트렌드

1장 탄소중립: 탄소가 돈이다, 탄소 비즈니스 시대의 도래

2장 순환경제: 자원 연금술로 기업의 가치를 높인다

3장 수자원 관리: 탄소 다음엔 블루 골드다

4장 근로 환경: 안전하고 건강한 일터가 기업의 경쟁력

PART 1

부와 가치를 창출하는
ESG 미래 전략

1장

2021년 ESG 경영을
돌아보다

ESG로 기업의
'지속가능성'을 실현하다

2021년은 ESG의 원년이었다. 하루도 언론에서 ESG 기사가 빠질 날이 없었고, 국내와 해외 가릴 것 없이 모든 기업들은 ESG 경영을 선언하고 관련 활동들을 홍보했다. ESG 금융상품이 속속 만들어지면서 많은 투자금액이 ESG로 몰려들었다. 2021년 경제계, 산업계의 핫 키워드로 부상한 ESG이지만, 여전히 그 실체에 대해 모호함을 느끼는 사람들도 적지 않다.

이미 수많은 언론과 연구기관 등을 통해 언급된 내용이지만, ESG의 개념에 대해 다시 한번 정리해보자. 유엔글로벌콤팩트UNGC의 게오르그 켈Georg Kell 사무국장이 말한 ESG 정의를 보면 다음과 같다. "ESG는 환경Environmental, 사회Social, 지배구조Governance의 앞글자를 딴 용어로, 기업이나 비즈니스에 대한 투자의 지속가능성과 사회에 미치는 영향을 측정하는 핵심 요소이다.”[1]

언론사에서 정의한 개념도 살펴보자. 《매일경제》에서는 ESG를 “‘Environment’, ‘Social’, ‘Governance’의 머리글자를 딴 단어로 기업 활동에 친환경, 사회적 책임 경영, 지배구조 개선 등 투명경영을 고려해야 지속가능한 발전을 할 수 있다는 철학을 담고 있다. 경영의 축을 환경과 사회적 책임, 투명경영에 맞춰 지속가능한 성장을 도모하자는 의미이다”라고 정의하고 있다.[2] 《한국경제》 역시 “ESG는 기업의 3대 비재무 지표를 뜻하는 것으로, ESG를 관통하는 정신은 ‘지속가능성’으로 요약된다”라고 비슷한 정의를 내리고 있다.[3]

ESG 광풍의 기폭제 역할을 한 세계 최대 자산운용사인 블랙록 BlackRock의 래리 핑크 CEO는 ESG를 투자 관점에서 정의한다. “앞으로 블랙록은 ‘지속가능성’을 투자 기준으로 삼겠다. 지속가능 투자는 전통적인 투자 방식과 환경, 사회, 지배구조ESG의 인사이트를 결합한 광범위한 투자 전략을 포괄하며, 장기적으로 더 높은 위험조정 수익률 달성을 목표로 한다”라고 연례 서신을 통해 ESG 개념을 설명했다.

일본의 컨설팅 업체인 노무라 종합연구소는 ESG를 기업 경영 관점으로 정의한다. “ESG는 지속가능한 사회 실현을 위한 기업의 장기적인 성장에 중요한 환경·사회·거버넌스 세 가지 관점을 의미한다. 기후변화 문제, 인권 문제 등 세계적 이슈들이 표면화되고 있는 가운데, 기업의 장기적 성장에 있어서 중시돼야 할 ESG 관점이 고려되지 않은 기업은 기업 가치 훼손의 리스크가 있다고 간주된다.”[4]

ESG의 개념과 관련된 여러 내용을 살펴보면 관통하는 몇 가지 키워드가 있다. '투자 기준', '기업의 지속가능성', '비재무적'이다. 이 키워드들을 토대로 ESG의 개념을 정리해보면 "투자자가 투자 대상(기업)을 선정할 때 재무제표나 현금흐름과 같은 금전적 이익뿐만 아니라, 기업의 지속가능성과 사회적으로 미치는 영향까지 고려해 투자하겠다고 내세운 기준"이라고 정의할 수 있다. 수많은 전문가와 학계, 연구기관, 정부 기관, 금융기관 등에서 ESG를 나름의 시각으로 개념을 정의하고 의미를 해석했는데, 조금씩 결은 달라도 내포하고 있는 큰 의미는 '기업의 지속가능성을 위한 리스크 관리 요소'라는 점이다. '지속가능성'이 목표라면 ESG는 그 목표를 실현하는 '수단'이자 '기준'이다.

사실 ESG는 투자자들이 내세운 투자 지표일 뿐이다. 물론 그 이면에는 빙산의 밑부분처럼 엄청나게 깊고 방대한 의미들이 내포돼 있다. 그 의미들을 제대로 공부하고 이해하지 못한다면 그저 표면에 튀어나온 작은 얼음덩어리만 보고 ESG를 전부 다 이해했다고 착각할 수도 있다. 그렇다고 해서 ESG를 어려운 수학 공식 바라보듯이 머리 아파하거나 겁낼 필요는 전혀 없다. 다시 한번 정리하면 ESG는 기업의 지속가능경영을 가능하게 하는 세 가지 요소인 환경, 사회적 책임, 투명경영을 의미한다. 이 세 가지만 기억하면 ESG에 대해 누가 물어와도 당황할 일은 없을 것이다.

ESG 투자와 경영의
원칙을 제시한 UN

ESG를 대체 누가 왜 만들었지를 파악하면 ESG의 개념을 이해하는 데 조금은 도움이 될 것이다. 50년 이상 연구되고 논의돼온 ESG의 역사에 대한 설명은 이미 여러 책자나 블로그 등에 나와 있으므로, 여기서는 ESG 용어가 처음 등장한 시점부터 설명한다. ESG라는 용어는 2003년 유엔환경계획 금융 이니셔티브United Nations Environment Programme Finance Initiative: UNEP FI에서 처음 등장했다. UNEP FI는 유엔환경계획UNEP과 주요 금융기관들이 결성한 국제 파트너십으로, 여기서 처음 언급된 ESG는 2004년 유엔 글로벌콤팩트UNGC가 발표한 'Who Cares Win' 보고서에 등재되면서 주목을 받는다. UNGC는 코피 아난 전 유엔 사무총장 주도로 2000년에 출범한 국제협약으로, 전 세계 기업들이 지속가능하고 사회적 책임을 지는 기업 운영의 정책을 채택하고 그 실행을 잘 이행하는지 장려하는 유엔 산하 기구이다. 보고서는 ESG를 자본시장에 이식한다면 지속가능하고 사회에 더욱 기여하는 시장을 이끌어낼 것이라고 소개하면서, 기업이 앞으로 지속가능한 성장을 하려면 ESG에 대해 체계적인 대응이 필수적이라고 강조했다.

2005년에 UNGC는 ESG를 공식 용어로 채택했고, 2006년 UNGC와 UNEP FI 두 기관은 공동으로 UN PRI(책임투자원칙)을 제정해 글로벌 투자기관들의 투자 결정 및 자산 운영에 있어서 ESG를 고려한다는 원칙을 발표했다. 이것이 ESG 투자의 출발점이다. ESG는 '투자 지표이자 기준'이라고 얘기하는 것도 이러한 배경에서 비롯됐다.

이후, UN은 2015년에 인류 번영과 행복을 위한 중요한 이정표를 만드는데, 바로 '지속가능한 개발 목표Sustainable Development Goals: SDGs'이다. 지구와 인류를 대상으로 사회발전, 경제성장, 환경보존의 세 가지 분야에서 17개 목표와 169개의 세부 목표를 제시하고 있는 SDGs는 2030년까지 이행해야 할 국제적 공동 목표이자, R&D 투자 전략 지침이다. UN 193개 국가의 정상들이 서명함에 따라 산업계는 이를 중심으로 기업 경영의 비전과 사업 전략, R&D 투자 계획을 세우게 되는데, 글로벌 기업들은 SDGs 구현을 위해서는 ESG가 핵심 실행수단Enabler이라고 보고 전폭적인 투자를 하고 있다. SDGs가 ESG 경영의 기본 목표이자 지표가 된 것이다.

UN의 SDGs가 사회적 가치 실현의 이정표로 대두되면서 SDGs 달성을 위해 적극적인 ESG 투자를 시행하는 국가도 있는가 하면, 각종 사회정책과 제도, 규제에 대한 논의를 중심에 두는 국가도 있다.

유럽연합EU의 연구 및 혁신을 위한 지원 프로그램인 Horizon Europe(2021-2027)은 기후변화에 대처하고 SDGs 달성을 지원하며 EU의 경쟁력과 성장을 촉진하는 것을 주된 목적으로 한다. 7년간 약 955억 유로(약 130조 원)를 투자하는데 3개의 핵심 영역 중 하나가 사회적 과제Societal Challenges이며, 사회적 과제와 산업 경쟁력 부문을 통합해 건강, 창의·포용적 사회, 사회의 안전, 기후·에너지·수송, 식량·바이오 경제·자원·농업·환경 등의 연구에 53.5억 유로를 투입한다.

일본 정부의 4차 산업혁명 대응 전략인 'Society 5.0'은 SDGs와 연동해 추진된다. 세계에서 가장 혁신에 적합한 국가로 만든다는 비전의 Society 5.0은 인구감소, 산업 경쟁력의 약화, 환경 제약 등 사회적 문제 해결을 강조하고 있으며, 과학기술 혁신을 통해 실현 전략을 마련하고 있다. '제6기 과학기술혁신 기본계획(2021-2025)'에서도 Society 5.0 계승을 목표로 '지속가능성 확보'를 주요 키워드로 삼아 연구개발 투자 계획을 수립했다.

UN은 PRI를 통해 ESG 투자의 원칙을 만들었고, SDGs를 통해 ESG 경영의 목표를 제시했다. UN PRI와 SDGs의 관계를 보면 ESG가 어떤 개념과 역할을 지니고 있는지 잘 알 수 있다.

투자기관들은 UN PRI 6대 책임 원칙에 따라 글로벌 기업에 투자를 하게 된다. 그 기준은 '환경, 사회, 지배구조, 즉 ESG에 대응하면서 UN이 제시한 지속가능발전목표SDGs를 잘 실현하고 있는가'이다. 기업

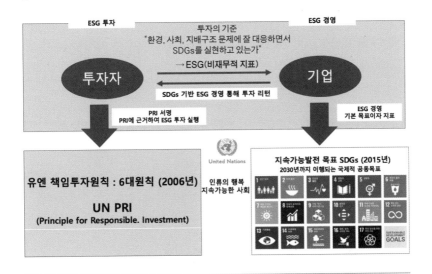

자료: 일본 GPIF 자료 토대로 재작성

은 그러한 투자기관들의 요구에 맞게 SDGs를 목표로 ESG 경영을 수행한다. 투자를 받았으니 그에 상응하는 수익률(리턴)도 내야 하는데 무조건 수익만 좋아서는 안 된다. 환경과 사회를 고려하면서 투명하고 공명정대하게 돈을 벌어야 한다. 이것이 ESG 경영의 기본 개념이다.

정리하면, ESG는 '투자자가 기업에 투자할 때 UN PRI 원칙에 입각해 기업이 ESG 이슈를 관리하면서 UN의 SDGs를 실현하고 있는지를 판단하는 비재무적 지표'이다. 기업이 ESG 경영을 잘하고 있는지 못하고 있는지를 보려면 SDGs에서 제시한 세부 목표들이 기업의 목표와 정렬성을 이루면서 잘 실현되고 있는지를 보면 된다. SDGs가 '목표'라면 ESG는 '수단'이라는 의미도 이러한 맥락에서 이해하면 된다. ESG

를 알고 싶은데 어디서부터 어떻게 공부해야 할지 막막하다면, ESG 투자와 경영의 근간을 만든 UN PRI와 SDGs부터 공부하고 이해하면 도움이 된다. 이 둘의 내용과 관계만 이해해도 ESG를 파악하는 데 큰 어려움은 없을 것이다.

함께 보면 좋은 참고자료

UN PRI 홈페이지

 UN PRI 원칙과 글로벌 사회책임투자의 현황과 향후 전망, 무료 온라인 교육프로그램 등을 제공

https://www.unpri.org/

UN SDGs 17개 목표 사이트

 SDGs의 17개 목표와 169개 세부 목표 설명

https://sdgs.un.org/goals

만들고 발행하고 동참하다:
국내 기업들의 2021년 ESG 경영 활동

2021년, 국내 시장의 핫 트렌드는 단연 메타버스Metaverse와 ESG였
다. 언론 검색을 해보면 1년간(2021.1.1~2021.11.28) 'ESG' 키워드가 언
급된 기사수는 3만 5061건이었다.[5] 하루에 100여 건의 ESG 기사가 쉬
지 않고 나온 셈이다. '메타버스' 관련 기사수는 1만 6117건으로 ESG
관련 기사가 메타버스보다 약 2배 정도 더 많았는데, 이는 환경, 사회,
지배구조를 다루는 ESG의 범위가 특정 주제인 메타버스보다 워낙 넓
고 다양해서 관련 기사 역시 많은 것으로 해석된다.

언론 기사 및 SNS를 토대로 연관어 분석을 하면 ESG와 관련해 대
중들이 무엇에 관심을 두고 어떤 생각을 하고 있는지 알 수 있다. ESG
를 중심 키워드로 분석하면 '기후', '탄소', '친환경', '기후변화', '에너지'

ESG 및 ESG 경영을 중심 키워드로 한 연관어 검색 분석 결과 (2021.1.1~9.30)

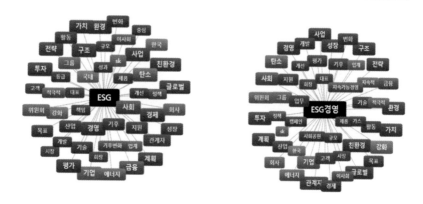

자료: 언론 종합

등이 주로 언급되어 역시나 'E(환경)'에 대한 관심이 높음을 알 수 있다. 또한 '경영', '위원회', '평가', '기업', '사업' 등 ESG 경영과 관련된 내용들도 상당히 높은 비중을 차지하고 있다. ESG 경영을 중심 키워드로 분석해보면, ESG와 비슷한 결과가 나오면서도 '지속가능경영', '사회공헌', '캠페인', '성장' 등의 내용이 연관어로 검색되어 1년간 기업들이 어느 쪽에 중점과 관심을 두고 ESG 경영을 실행해왔는지를 가늠할 수 있다.

이처럼 하루라도 언론에서 빠질 날이 없을 정도로 ESG는 국내에서 새로운 경영 트렌드로 급부상했고, 기업들은 앞다투어 ESG 경영을 선포하고 경영 활동에 도입하기 시작했다.

국내 기업들이 ESG 경영을 선언한 후 추진한 활동들을 보면 크게 세 가지 정도로 요약된다. 위원회 설립, 채권 발행, 그리고 환경 캠페인

에의 동참이다. ESG 위원회 및 담당 부서를 만들고, ESG 채권을 발행해 'ESG 기업'의 이미지를 대중들에게 알리는 한편, 탄소정보공개프로젝트 CDPThe Carbon Disclosure Project나 RE100Renewable Energy 100(기업에서 사용하는 전력의 100%를 재생에너지로 대체)에 동참하겠다고 선언하는 기업들도 늘어났다. ESG를 자사의 아이덴디티identity로 내세워 광고에 등장시킨 기업도 있다.

ESG 위원회를 만들다

대부분의 국내 기업들이 ESG 경영을 선언하고 제일 먼저 한 일은 ESG 위원회 조직 설치 및 운영이었다. 언론사 조사에 따르면 2021년 1월부터 5월까지 총 61개 기업이 ESG 관련 위원회를 신설·개편했는데, 이사회 내에 ESG 관련 위원회를 신설하거나 기존 위원회를 개편한 기업은 53곳, 경영진 직속 위원회와 같은 형태로 ESG 위원회를 만든 기업은 8곳이었다. 단순 계산하면 평균 2~3일마다 1개씩 ESG 위원회가 만들어진 셈이다.[6]

ESG 위원회는 회사 최고의사결정기구인 이사회 내 위원회로, ESG와 관련된 경영 계획이나 투자 등 주요 의사결정 사항을 검토하는 역할을 담당한다. SK그룹의 경우, 지주사인 SK(주)를 비롯한 주요 계열사의 이사회 내에 ESG 위원회를 설치하고 있다. SK는 그룹 최고의사협의기구 수펙스 추구협의회에도 SVSocial Value 위원회, 거버넌스위원회, 환경사업위원회 등의 ESG 관련 조직이 있다. 삼성전자는 경영지원실 지속가능경영사무국을 CEO 직속 지속가능경영추진센터로 격

상했다. 포스코는 CEO 직속 경영전략실에서 ESG 위원회를 지원하는 한편, 기업시민실 산하 ESG 그룹도 지원 역할을 담당한다. 한화그룹은 ㈜한화에 ESG 위원회를 신설해 ESG 활동과 추진 실적을 점검하는 동시에, 회사 주요 보직 팀장들이 참여하는 ESG 협의체도 신설해 ESG 위원회를 지원한다.

ESG 위원회 설치는 해외 기업들도 예외가 아니다. 2020년 《포춘》 100대 기업 중 전체 기업의 60%에 해당하는 63개사가 이사회 내 ESG 위원회를 도입했다. 국내 100대 상장사의 ESG 위원회 위원 수는 평균 3.75명인 반면 《포춘》 100대 기업은 4.37명에 달할 정도로 해외 기업들에 있어 ESG 위원회 도입은 ESG 경영의 기본이자 의무라 할 수 있다.

이처럼 국내외 기업들이 앞다투어 ESG 위원회를 설치하는 이유는 MSCI, 다우존스 등 글로벌 ESG 평가기관이 평가를 하면서 가장 많이 체크하는 항목 중 하나가 ESG 위원회 설치 여부이기 때문이다. 투자자들이 경영진에게 책임 있는 ESG 경영을 요구하면서 기업들이 잇달아 이사회에 ESG 위원회를 설치하고 있는 것이다.

ESG 채권을 발행하다

ESG 위원회 설치와 함께 국내 기업들이 활발히 전개한 ESG 경영 활동은 'ESG 채권' 발행이다. 특히 ESG에 대한 사회적 관심이 높아지면서 금융기관뿐만 아니라 민간 기업의 참여가 늘어나 ESG 채권 발행 규모도 크게 증가했다.

채권債券, Bond은 정부, 공공기관, 특수법인 및 주식회사 형태를 갖춘

ESG 채권의 종류

구분	그린 본드(Green Bond)	소셜 본드(Social Bond)
정의	기후변화, 재생에너지와 같은 친환경 프로젝트 및 인프라 사업의 자금 조달을 위해 발행되는 특수 목적 채권	일자리 창출, 주택 공급, 중소기업 지원, 취약계층 돕기 등 사회문제 해결을 위해 발행되는 특수 목적 채권
전망	• 전 세계적으로 환경, 사회 및 기업지배구조에 대한 관심이 증가함에 따라 그린본드 및 소셜본드 지속 성장 예상 • 주로 공공기관 및 금융 기관 위주로 유럽, 미국 등에서 대부분 발행되고 있으며, 국내 발행은 선진국 대비 미흡한 상황 • 향후 우리나라도 공공/금융기관의 자발적인 참여 및 정부의 장려로 그린/소셜본드 발행 및 투자 증가 전망	

*지속가능본드(Sustainsbility Bond)는 그린본드와 소셜본드의 성격이 결합된 ESG 채권의 일종

자료: 언론 종합

사적기업이 일반투자자들로부터 장기의 자금을 조달하기 위해 발행하는 일종의 차용증서이다. 그리고 채권 앞에는 목적에 맞게 명칭이 붙는데 'ESG 채권'은 빌리는 자금이 ESG 활동을 하는 데 쓰이는 것을 목적으로 발행되는 채권이다. ESG 채권은 크게 세 분류로 나눠진다. 신재생에너지 등 친환경 프로젝트나 사회기반시설에 투자할 자금을 마련하기 위해 발행하는 녹색 채권Green Bond(그린 본드), 사회 가치 창출 사업에 투자할 자금을 마련하기 위해 발행하는 사회적 채권Social Bond(소셜 본드), 그리고 그 두 가지 성격을 모두 갖춘 지속가능 채권 Sustainability Bond(지속가능 본드)이다.

2021년 초에 많은 기업들은 ESG 경영을 선언한 후 그 일환으로 ESG 채권을 발행했는데, 한국거래소에 따르면 2021년 1분기 중 발행된 ESG 채권 전체 규모는 16조 7576억 원으로 2020년 1분기의 16조 5200억 원을 뛰어넘어 사상 최대치를 달성했다. 이 중 국내 민간 기업

들의 ESG 채권 발행 규모는 7조 1773억 원으로 2020년 1분기 2500억 원에 비해 28배나 급증했다. 바로 전 분기 발행 규모인 2조 3100억 원과 비교해도 3배가 넘는 금액이다.

ESG 채권 발행은 일반 회사채 발행과 다르게 별도의 인증 절차가 요구되어 ESG 인증 수수료 부과 및 약 2주간의 인증 시간이 소요된다. 수수료도 들고 절차가 복잡하지만 ESG 선도 기업 이미지 제고, 거래소 상장 수수료 및 연부과금 면제 등 기대 효과가 크기 때문에 많은 기업들은 ESG 채권을 발행한다.

게다가 ESG 채권은 일반 회사채 발행보다 금리가 낮다. 만기 5년물 기준으로 일반 회사채와 ESG 채권의 조달금리를 비교해보면 ESG 채권 조달금리가 낮아졌음을 알 수 있다. 코스콤 체크 시스템에 따르면 2021년 1월부터 6월 말까지 발행된 ESG 채권(회사채·여전채, 영구채·유동화 제외)은 총 161건으로, 이 중 159건이 민간 평가사들이 평가하는 민평 금리 대비 낮은 수준에서 발행됐다. ESG 채권 98.7%(건수 기준)가 일반 회사채 대비 더 낮은 수준의 금리로 조달돼, 이른바 그리니엄(그린 프리미엄의 약자, ESG 성격 반영으로 얻는 금리 프리미엄)이 ESG 채권에 붙은 셈이다. 이처럼 ESG 채권 발행을 통해 자금 조달이 필요한 기업 입장에서는 조달금리도 낮추고 친환경 기업 이미지 제고도 할 수 있는 일석이조의 효과를 거둘 수 있다.

투자기관의 수요 증가도 한몫했다. 국민연금과 교직원 공제회 등 기관투자자들이 정책적으로 ESG 채권 투자를 확대하고 자산운용사들도 잇달아 ESG 펀드를 설정해 ESG 채권 발행을 부채질했다. 국민연

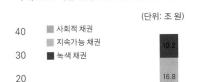

국내 ESG 채권 발행 현황(발행금액 기준)

(단위: 조 원)

국내 ESG 채권 발행 현황(발행기업수 기준)

(단위: 개사)

주 1. 한국주택금융공사 MBS 제외   2. 2021년은 9월 16일까지 실적 기준

자료: 언론 종합 및 증권사 자료 기초

금이 2022년까지 전체 운용자산의 절반 이상을 ESG 기업에 투자하겠다는 방침을 밝히면서 기관들도 경쟁적으로 ESG 채권을 투자 포트폴리오에 담고 있다. 정부가 ESG 채권 가이드라인을 제정하고 발표한 데 이어, 연기금 등 큰손들도 전통적인 채권을 ESG 채권 형태로 바꾸는 기조가 확산되는 등 시장 환경 변화가 기업들의 ESG 채권 발행에 영향을 주었다.

2021년 1분기 기준 ESG 채권 발행 규모가 큰 주요 기업을 살펴보면 LG화학(9300억 원), 국민은행(6000억 원), 현대제철(5000억 원), 현대카드(4500억 원), 현대오일뱅크(4000억 원), 현대차(4000억 원), SK(3200억 원) 등이었다.[7]

국내 주요 연기금의 ESG 투자가 확대되면서 자금 조달 환경에서 소외받지 않기 위해 ESG와 연관성 있는 사명으로 변경하는 기업들도 생겨났다. SK건설은 SK에코플랜트로, 화력발전소인 포스파워는 삼척블루파워로, 시멘트 업체인 쌍용양회공업은 쌍용C&E로, 한화종합화학은 한화임팩트로, SK종합화학은 SK지오센트릭으로 사명을 바꿨다. 단순히 사명만 바꾼 것이 아니라 체질 개선에도 노력을 기울였다. SK에코플랜트는 폐기물 처리 업체를 인수했고, 한화임팩트는 수소 중심의 친환경 에너지와 차세대 모빌리티 등 미래 혁신기술에 투자를 확대하겠다는 전략을 내세웠다. SK지오센트릭은 첫 사업으로 폐플라스틱 재활용 사업을 택했다.

RE100에 가입하다

국내 기업들이 열심히 추진한 ESG 경영 활동 중에는 '환경 캠페인' 참여도 있다. 대표적인 것이 'RE100'의 가입이다.

RE100은 '재생에너지Renewable Energy 100%'의 약자로, 기업 경영 활동에 사용되는 전력량의 100%를 2050년까지 재생에너지 전력으로 충당하겠다는 목표의 국제 캠페인이다. 2014년 글로벌 비영리단체인 더 클라이밋 그룹The Climate Group: TCG이 CDPCarbon Disclosure Project와 협력해 발족된 것으로, 여기서 말하는 재생에너지는 석유 화석연료를 대체하는 태양열, 태양광, 바이오, 풍력, 수력, 지열 등에서 발생하는 에너지를 의미한다.

RE100은 강제가 아닌 기업들의 자발적인 참여로 진행되는 일종의 캠페인이다. RE100을 달성하기 위해서는 태양광발전 시설 등 설비를 직접 만들거나 재생에너지 발전소에서 전기를 사서 쓰는 방식 등이 있

RE100 이행 방법과 글로벌 현황

RE100의 주요 수단은 PPA와 인증서 구매		
RE100 이행 방법		
분류	조달방식	주요 내용
직접 생산	자가발전	자가 소비를 목적으로 신재생전원 설비에 직접 투자해 생산한 전력 사용
전력 구매	녹색요금제	별도 요금제를 이용해 신재생전원으로 발전한 전력에 더 높은 요금을 지불하는 방식
	PPA	발전사업자와 직접 계약을 체결해 일정기간 계약가로 재생에너지 전력을 구매하는 방식
	인증서 구매	발전사업자로부터 REC※ 등을 구매해 재생에너지 소비를 인정받는 방식

※ REC(Renewable Energy Certificates): 신재생에너지 공급인증서
　PPA(Power Purchase Agreement): 전력구매계약
자료: 한국전력 경영연구원

다. RE100 가입을 위해 신청서를 제출하면 더 클라이밋 그룹의 검토를 거친 후 가입이 최종 확정되며, 가입 후 1년 안에 이행 계획을 제출하고 매년 이행 상황을 점검받는다.

RE100 참여를 선언한 기업은 애플과 구글, 페이스북, 마이크로소프트, GM 등 총 320개가 넘고, 2018년 기준으로 애플, 구글 등 30개 기업은 이미 100% 목표를 달성했다. 95% 이상 달성한 기업도 45개에 이른다.

국내 기업 중 RE100에 가입한 기업은 13개로, SK, SK텔레콤(SK브로드밴드 포함), SK하이닉스, SK머티리얼즈, SKC, SK실트론 등 SK 계열사 6개와 아모레퍼시픽, LG에너지솔루션, 한국수자원공사, KB금융그룹, 고려아연, 미래에셋증권, SK아이이테크놀로지SKIET 등 7개 기업이

참여했다. 이 밖에도 국내 많은 기업들은 RE100 동참을 선언하고, 기후변화 대응 및 정부의 저탄소 정책 이행 권고를 적극적으로 시행하고 있다.

정부도 한국형 RE100 제도를 도입해 한국전력으로부터 신재생에너지 전력을 구매하는 녹색 프리미엄과 신재생에너지 공급의무 이행에 활용되지 않는 재생에너지REC 구매, 신재생에너지 설비를 확보해 직접 전력을 생산하는 자가발전 등을 독려하고 있다.

하지만 국내 기업들의 잇단 RE100 참여 선언에도 불구하고 실제 가입까지는 여전히 더딘 편인데, 제도적 인프라와 유인책이 부족하기 때문이다. 국내 재계 1위인 삼성전자조차도 아직 RE100에 가입하지 않은 상태이다. 삼성전자의 경우 미국과 유럽, 중국 등 해외 사업장에서는 이미 재생에너지를 100% 사용하고 있지만 국내 사업장은 RE100 가입을 검토하는 단계이다.

국내 기업들이 RE100 가입이 쉽지 않은 이유는 한국의 산업구조 및 에너지 시장 등이 RE100 가입을 위한 조건을 갖추고 있지 않기 때문이다. 무엇보다 산업용 전기 요금은 낮은 데 반해 재생에너지 비용은 다른 나라보다 비싸다. 미국이 태양광, 중국이 수력 등으로 재생에너지를 충분히 얻을 수 있는 데 반해 땅이 비좁고 환경이 열악한 한국은 재생에너지 발전 단가가 훨씬 비싸다.

정유·철강·반도체 등 탄소 배출량이 많은 산업이 주력인 구조도 RE100 가입 속도를 더디게 한다. 국내총생산GDP 중 제조업 비중은 약 28% 수준으로 미국의 2~3배에 달하는데, RE100 가입을 위해 신재생에너지를 이용하게 되면 결국 가격경쟁력 약화로 이어질 수밖에 없다.

또 다른 환경 캠페인 참여로는 TCFDTask Force on Climate-related Financial Disclosures(기후변화 관련 재무정보 협의체) 지지 선언 및 CDP Carbon Disclosure Project(탄소정보공개프로젝트) 서명이 있는데, 주로 금융 업체들이 실행했다. 2021년 3월에 국내 112개 금융기관들은 '2050 탄소중립'을 지지하고, '기후금융'에 적극 노력해 탄소중립 목표 달성에 기여하겠다고 선언을 하였다. '2050 탄소중립'과 관련한 기후금융 지지 선언은 국내 최초로, 은행을 중심으로 한 종합금융그룹을 필두로 주요 보험사와 증권사, 자산운용사, 연기금, 공제회 등 다양한 금융업종이 대거 참여한 지지선언은 세계적으로도 드문 일이었다. 당시 지지선 언에 참여한 112개 금융기관들의 운용자산 총규모AUM는 약 5564조 원에 이르렀다.

지지선언 참여 금융기관들은 선언문을 통해 "사회변화의 핵심 동력 중 하나는 바로 자본의 이동이다. 자본이 고탄소 산업에서 저탄소, 궁극적으로 탈탄소 산업에 대규모로, 그리고 빠른 속도록 유입돼야만 실질적인 변화가 가능하다. 이 때문에 2050년 탄소중립 목표 달성에 금융은 핵심이다"라며 금융기관의 역할을 강조하면서 기후금융 실행을 위한 '6대 약속'을 발표했다. 6대 약속의 내용을 보면 ① 2050 탄소중립 적극지지, ② 금융 비즈니스 전반에 기후 리스크를 비롯한 ESG 요소 적극 통합, ③ 기후변화 관련 국제적인 기준의 정보공개 지지 및 이에 따른 재무정보 공개에 적극 노력, ④ 대상기업에 기후변화를 비롯한 ESG 정보공개 적극 요구, ⑤ 다양한 기후행동으로 고탄소 산업에서 탈탄소 산업으로 자본 유입에 적극 노력, ⑥ 기후변화 대응 관련 다양한 금융상품 출시다. 전 세계 투자자를 대변하는 7개 글로벌 기관들(PRI, CDP, UNEP FI, IGCC, IIGCC, AIGCC, Ceres)의 협력 이니셔티브인 '투자자 어젠다Investor Agenda' 역시 전 세계 금융기관들에게 탈석탄 투자, CDP 서명을 통한 정보공개 요구Corporate Engagement, TCFD 지표에 따른 투자자 정보공개Investor Disclosure, 기후위기 관련 정책지지 Policy Advocacy라는 4대 중점 영역에서 '1.5℃ 기후행동'을 촉구하고 있다. 이에 지지선언 참여 금융기관들은 우선 '6대 약속'을 실행하기 위한 구체적인 행동으로 탈석탄 선언, TCFD 지지, CDP 서명기관 등재라는 세 가지 사항 중 최소 두 가지를 2021년 5월에 개최한 P4G 정상회담 전까지 실행하기로 하면서 많은 금융기업들이 TCFD 지지와 CDP 서명에 동참하게 된 것이다.

사실 금융기업은 제조업 대비 탄소 배출이 적은 업종이다. 그렇기에

CDP 개요 및 현황

- CDP(Carbon Disclosure Project 탄소정보공개 프로젝트)
- 2000년에 설립된 영국의 비영리기구에서 수행하고 있는 글로벌 기후변화 프로젝트로 전 세계 약 91개국, 9600개 기업이 참여
- 투자자를 대신하여 환경경영 관련 정보공개 요구
- 공시정보를 분석해 투자자와 금융기관에 제공
- ESG 투자의사결정의 정보원으로 활용

국내 113개 금융기관
'2050 탄소중립' 적극 지지 및 CDP 서명기관 등재

지지선언에 참여한 금융기관들
총 운용자산 규모(AUM)는 약 5563.5조 원

자체적인 경영 활동 내에서 탄소를 줄이는 부분도 있지만, 그보다 타기업의 ESG 경영 지원을 통해 탄소 배출을 줄이는 것이 훨씬 더 큰 기여를 할 수 있다. 그런 측면에서 TCFD 지지와 CDP 서명은 환경(E) 및 사회(S)적 문제 해결을 통해 기업 가치를 창출하는 기업, 즉 ESG 경영을 잘 수행하는 기업에 적극적으로 투자하고 지원하겠다는 의지의 표명인 것이다.

한국형 지표,
K-ESG의 탄생

너무 많은 ESG 지표, 정부가 나서다

ESG가 전 세계적인 화두가 되면서 한국 정부도 기업들의 ESG 경영을 돕기 위해 여러 방안을 마련했는데, 대표적인 것이 한국형 ESG 지표인 'K-ESG'의 마련이다.

ESG가 기업 경영 이슈로 급작스럽게 떠오르면서 기업들은 대응책 마련에 고심하게 되었다. 특히 ESG 평가와 관련해 무려 1000여 개 지표가 난립해 평가대상인 기업들에게 혼란이 가중되었고, 평가기관마다 세부 항목과 내용이 달라 동일한 기업에 대해 상이한 평가 결과가 나온다는 기업의 하소연이 여기저기서 들려오기 시작했다.

ESG 평가 지표를 발표하는 기관만 600여 곳으로, 한국기업지배구조원, 한국생산성본부, 로이드, 한국품질재단, 한국경영인증원 등이 대표적인 국내 기관들이다. 그러나 공신력 없는 기관들도 가세해 ESG 자격증이나 최고위원회 과정 등이 우후죽순 생겨났다. 평가기관별로 ESG 지표가 상이한 점도 문제다. 그렇다고 ESG 기관의 역량, 공정성, 신뢰성을 파악할 방법도 마땅히 없다. ESG 시장에서 관련 기관을 평가할 통계가 없기 때문이다. 결국 기업들은 여러 기관에 ESG 평가를 의뢰하고, 높은 점수를 받기 위해 인력과 비용이 낭비되고 있다.

또한 MSCI, 블룸버그, 다우존스, FT러셀 등의 해외 ESG 지표는 한국적 경영 환경과 특수성을 반영하지 못해 우리 기업들이 역차별을 받을 수 있다는 우려도 지적됐다. 예를 들어 기업의 인종 다양성에 대해 평가할 때, 한국은 외국인 근로 비율이 EU, 미국 등 선진국에 비해 현저히 낮아 동일한 잣대로 평가하는 것은 불합리하다는 것이다.

정부는 이 같은 기업의 어려움을 지원하고자 범부처 합동으로 '한국

K-ESG 가이드라인 구성

구분	주요 항목
정보공시(5)	• ESG 정보공시 방식·주기·범위 등
환경(17)	• 환경경영 목표 및 추진 체계, 친환경 인증, 환경 법규위반 등
	• 온실가스 배출량, 폐기물·오염물질 배출량, 재활용률 등
사회(22)	• 사회책임경영 목표, 채용, 산업재해, 법규위반 등
	• 채용·정규직, 산업안전, 다양성, 인권, 동반성장, 사회공헌 등
지배구조(17)	• 이사회 전문성, 이사회 구성, 주주권리 등
	• 윤리경영, 감사기구, 지배구조 법규위반 등

자료: 산업통상자원부, K-ESG 가이드라인

K-ESG 가이드라인 주요 항목

구분	주요 항목		
정보공시 (5개 문항)	ESG 정보공시 방식	ESG 정보공시 주기	ESG 정보공시 범위
	ESG 핵심 이슈 및 KPI		ESG 정보공시 검증
환경 (17개 문항)	환경경영 목표 수립	환경경영 추진체계	원부자재 사용량
	재생 원부자재 비율	온실가스 배출량 (Scope1+Scope2)	온실가스 배출량 (Scope3)
	온실가스 배출량 검증	에너지 사용량	재생에너지 사용 비율
	용수 사용량	재사용 용수 비율	폐기물 배출량
	폐기물 재활용 비율	대기오염물질 배출량	수질오염물질 배출량
	환경 법/규제 위반	친환경 인증 제품 및 서비스	
사회 (22개 문항)	목표 수립 및 공시	신규 채용	정규직 비율
	자발적 이직률	교육훈련비	복리후생비
	결사의 자유 보장	여성 구성원 비율	여성 급여 비율 (평균급여액 대비)
	장애인 고용률	안전보건 추진체계	산업재해율
	인권정책 수립	인권 리스크 평가	협력사 ESG 경영
	협력사 ESG 지원	협력사 ESG 협약사항	전략적 사회공헌
	구성원 봉사 참여	정보보호 시스템 구축	개인정보 침해 및 구제
	사회 법·규제 위반		
지배구조 (17개 문항)	이사회 내 ESG 안건 상정	사외이사 비율	대표이사와 이사회 의장 분리
	이사회 성별 다양성	사외이사 전문성	전체 이사 출석률
	사내 이사 출석률	이사회 산하 위원회	이사회 안건 처리
	주주총회 소집 공고	주주총회 집중일 이회 개최	집중·전자·서면 투표제
	배당정책 및 이행	윤리규범 위반사항 공시	내부 감사부서 설치
	감사기구 전문성 (감사기구 내 회계·재무 전문가)		지배구조 법·규제 위반
4개 영역, 총 61개 진단항목			

자료: 산업통상자원부, K-ESG 가이드라인

형 ESG' 가이드라인을 마련하겠다고 발표하고, 국내외 주요 지표를 분석해 공신력을 높이고 종합 대응 매뉴얼을 제공하기로 했다. 산업통상자원부 주관으로 'K-ESG 지표 업계 간담회'를 개최하고 한국생산성본부 및 전문가 등과 함께 산업발전법에 근거한 가이드라인 성격의 한국형 ESG 지표, 이른바 'K-ESG'를 개발하게 됐다. 그리고 2021년 11월 2일에 K-ESG 가이드라인이 발표됐다. 산업부가 발표한 K-ESG 가이드라인은 정보공시(5개), 환경(17개), 사회(22개), 지배구조(17개) 항목으로 구성되었다. 국내외 주요 13개 평가기관, 3000여 개 이상의 지표와 측정 항목을 분석해 61개 ESG 이행과 평가의 핵심·공통사항을 마련했다.

정부는 K-ESG에 대해 "국내 ESG 활성화 지원을 위한 첫 출발점으로, 기업의 ESG 경영과 평가대응에 대한 완성을 의미하는 것은 아니다"라고 설명하면서, 이번 가이드라인은 기업의 ESG 경영 방향과 주요 평가 요소를 우선 제공하는 데 중점을 두었다고 강조했다. K-ESG 가이드라인은 국내 기업에게 ESG 경영의 주요 핵심 요소를 제공함으로써 기업 자율적 ESG 경영 확산을 지원하는 한편, 향후 가이드라인 개정판, 업종별·규모별 가이드라인 마련을 통해 기업에 도움이 될 수 있도록 지속적으로 개선, 보완해나갈 계획이다.

K-ESG는 2022년부터 2023년까지 기업 규모별·업종별 특성을 반영해 가이드라인을 차별화하는 한편, 국제 논의 동향 등을 지속 반영해나갈 방침이다. 정부는 K-ESG 가이드라인을 토대로 글로벌 표준화 논의에 참여해 해외 평가·공시기관과 협의 및 시범사업을 추진하고,

이를 통해 해외 평가기관이 국내 기업을 평가할 경우 K-ESG 가이드라인 활용을 촉진시킨다는 계획이다. 또한 코스피 상장기업을 대상으로 기업지배구조보고서·지속가능경영보고서를 단계적으로 의무화하고, 코스닥 기업 등은 자율공시 체계를 유지하되 기업 규모별·업종별 K-ESG 가이드라인을 활용해 자율공시 활성화를 유도할 방침이다.

K-ESG가 또 다른 규제가 돼서는 안 된다

난립하는 ESG 지표를 표준화하고 한국적 환경에 맞게 체계화하여 기업들의 ESG 경영을 돕겠다는 정부의 취지는 바람직하다. K-ESG가 제대로 작동해 시장에 안착된다면 많은 기업들, 특히 여력이 부족한 중소기업들에게 분명 큰 도움이 될 것이다.

다만 K-ESG가 또 다른 허들로 작용해 기업들의 발목을 잡아서는 곤란하다. 또한 정성적 판단이 중요한 ESG 평가의 특성을 고려할 때, 평가대상 기업으로부터의 독립성 및 ESG 전문성이 제고돼야 한다. 경실련(경제정의실천시민연합)은 "K-ESG 가이드라인으로 인해 공시의 후퇴나 과도한 인센티브로 이어져서는 안 된다. 일부 인센티브가 필요하다고는 하나, 포상을 받은 기업에게 과도한 인센티브가 부여된다면 정부와 기업 간의 유착 등이 발생하는 등 부정적 영향도 발생할 수 있다"고 지적했다. 평가기관들의 대주주 적격성 심사, 평가기관들의 평가대상 기업에 대한 자문도 일정 수준 제한시키는 한편, 일정 자격 요건을 갖춘 인력 보유 여부 및 평가 모형에 대한 투명한 공개도 필요하다. 경실련 역시 산업부에 ESG 평가기관들이 평가 기준과 평가 결과를 투명하게 규제하도록 힘써달라고 촉구했다. ESG 평가의 출발점은 검증된 객관적 데이터와 신뢰할 만한 정보이기 때문이다.

사실 ESG가 투자기관들의 평가 기준에서 비롯됐다는 역사적 배경을 이해한다면, 평가 지표가 난립하고 동일한 기업에 상이한 평가가 존재하는 것은 당연한 일이 아닐 수 없다. ESG는 투자기관들이 기업의 비재무적 위험과 기회 요소를 판별하기 위한 지표로서 등장했고, 기업의 비재무적 요소는 스펙트럼이 매우 넓어 투자자들과 평가기관마다 투자 철학 및 가치, 방식에 따라 얼마든지 결과가 다를 수 있다. 국가별로 봐도 ESG 이슈에 대한 관점이 다르고 이슈별로 사회적 합의 수준도 상이하다. 게다가 ESG를 오랫동안 연구하고 그 틀을 개발해온 유럽이나 미국이 주도하는 글로벌 ESG 평가에는 당연히 지역별·국가별 특수성이 반영돼 있지 않다. K-ESG의 개발은 오히려 ESG의 기준을 획일화하여 그 기준만 통과하면 ESG 경영을 잘 실천하고 있다는 '면죄부'를 줄 소지가 있다. 이는 마치 각 금융기관별로 마련된 대출 기준을 한국은행이 하나로 통일해, 그 기준만 통과하면 누구한테나 대출을 해준다는 개념과도 비슷할 수 있다.

ESG 평가 지표의 난립은 시장에서 자연스럽게 정리되도록 놔둬야 한다는 의견도 있다. ESG는 투자자의 비재무적 투자 기준이고, 이 지표의 정확성이 떨어지면 해당 기업은 투자자의 선택을 받지 못하게 된다. 이러한 현상은 2001년 노벨경제학상을 받은 조지 애컬로프George Arthur Akerlof 교수가 제시한 레몬시장 이론으로 설명될 수 있다.

'레몬시장'은 정보 불균형으로 파는 쪽보다 사는 쪽에 불리한 계약이 이뤄지는 상황을 말한다. 이 레몬시장 이론을 경제에 적용하게 되면, 시장경제가 어려워지는 상황에서 정부가 민간 영역에 개입해 개선시키려고 할 때, 시장에서 가장 비효율적인 부문에 공적자금을 투하하게 되는 아이러니가 발생하게 된다.[8] 동유럽 국가들이 자본주의를 도입하면서 효율성이 가장 떨어지는 기업을 가장 마지막까지 정부 소관으로 남겨두거나 2008년 금융위기 당시 미국 정부가 지출하기로 한 8000억 달러의 구제금융 등이 대표적인 예이다. 시장에서 양질의 제품은 사라지고 정부 지원을 받는 저가품(레몬)만 남게 되면 해당 산업의 발전은 기대하기 어렵다. 이런 관점에서 K-ESG도 정부가 직접 지표를 관리하거나 특정 기업을 지원하는 방책으로 활용된다면, 본래의 설립 취지는 퇴색되고 말 것이다. (이에 대해 산자부는 기업에 대한 정부 차원의 ESG 평가 계획은 없다고 입장을 밝혔다.)

그렇다고 기후위기와 산업재해, 생태계 파괴 등 우리의 삶과 사회에 막대한 영향을 끼치는 ESG를 무작정 시장에만 맡겨두는 것도 리스크가 있다. 정부는 룰 세터와 심판 역할에 충실해야 한다. 정부가 선수로 뛰려 하거나 특정 선수를 지원한다면, 한국에서 ESG 평가 산업의 발전은 기대하기 어렵다.

K-ESG는 기업들이 자발적으로 ESG 경영을 실천하고 자율적으로 공시를 확대할 수 있도록 방향을 제시하는 가이드라인이다. ESG 경영 활성화를 위한 정부의 가장 큰 역할은 시장에서 자율 감시가 가능하도록 공시를 강화하는 것이다. 경실련은 "K-ESG로 인해 금융당국의 공시 계획(거래소 ESG 공시 의무화 등)과 국회에 발의된 사업보고서에

ESG 정보공시 의무화 법안이 묻혀서는 안 된다"고 우려의 목소리를 내기도 했다.

K-ESG는 이제 시작이다. "천 리 길도 한 걸음부터"라는 속담처럼, 정부는 K-ESG 발표를 출발점으로 ESG 평가 내용을 시장에 투명하게 공개하여 ESG 경영이 잘 정착할 수 있도록 책임을 다해야 할 것이다.

함께 보면 좋은 참고자료

 산업통상자원부, 'K-ESG 가이드라인' 보도자료
http://www.motie.go.kr/motie/ne/presse/press2/bbs/bbsView.
do?bbs_cd_n=81&cate_n=1&bbs_seq_n=164932

 K-ESG 가이드라인 v1.0 자료
https://eiec.kdi.re.kr/policy/callDownload.do?num=220829&filenu
m=2&dtime=20211201175416

ESG 경영을 바라보는
기업들의 고민

ESG 경영의 어려움을 토로하는 기업들의 속내

"ESG 경영으로 단기간에 큰 적자가 난 기업에도 과감히 투자하겠습니까?"

2021년 4월, '대한민국 ESG 경영포럼' 자문회의에서 한 CEO는 현재 국내 기업들이 처한 ESG 경영에 대해 이 같은 문제를 제기했다. 자산운용사의 CEO들이 "ESG 성과가 뛰어난 기업에 대한 투자를 늘리겠다"고 하자 "많은 기업들이 친환경 설비와 재생에너지 등 ESG에 엄청난 투자를 하고 있는데 자본시장에선 재무 성과만 보는 것 같다"고 지적하며 의문을 나타낸 것이다. 투자자들에게 던진 질문이었지만, 이 한마디에는 ESG 경영을 바라보는 국내 기업들의 현실적 고민이 고스란히 담겨 있다.

이 회의에 참석한 주요 기업 CEO들은 ESG 경영에 대한 생각을 솔직하게 얘기하며 ESG 경영 노하우와 애로 사항을 공유했다. S그룹의 SVSocial Value 위원장은 "ESG를 왜 하는지는 알겠는데 무엇을 어떻게 해야 할지 모르겠다는 게 기업들의 고민이다. 기업으로선 의사결정을 내리기 힘들고 난제들만 가득한 상황"이라며 어려움을 토로했는데, 그만큼 경영진들이 ESG에 대해 관심도 많고 고민도 많다는 것을 잘 알 수 있다.

전국경제인연합회가 조사한 '국내 매출 500대 기업의 ESG 준비 실태 및 인식 조사' 결과를 봐도 CEO의 66.3%가 ESG를 중점 사항으로 여기는 것으로 나타났다. 동시에 ESG 전략 수립 시 애로 요인을 묻

매출 500대 기업이 바라보는 ESG 인식

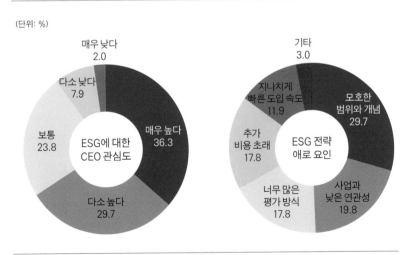

(단위: %)

ESG에 대한 CEO 관심도
매우 낮다 2.0
다소 낮다 7.9
보통 23.8
매우 높다 36.3
다소 높다 29.7

ESG 전략 애로 요인
기타 3.0
지나치게 빠른 도입 속도 11.9
추가 비용 초래 17.8
너무 많은 평가 방식 17.8
모호한 범위와 개념 29.7
사업과 낮은 연관성 19.8

자료: 전경련

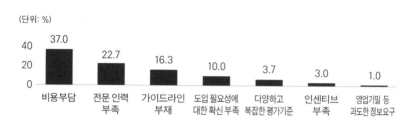

중소벤처기업 1000개사 대상 설문 중 ESG 경영 도입·실천 시 애로 사항

(단위: %)

비용부담	전문 인력 부족	가이드라인 부재	도입 필요성에 대한 확신 부족	다양하고 복잡한 평가기준	인센티브 부족	영업기밀 등 과도한 정보요구
37.0	22.7	16.3	10.0	3.7	3.0	1.0

자료: 중소벤처기업진흥공단

는 질문에 대해 29.7%는 'ESG의 모호한 범위와 개념'을 꼽았고, 그다음으로는 자사 사업과 낮은 연관성(19.8%), 기관마다 상이한 ESG 평가 방식(17.8%), 추가 비용 초래(17.8%), 지나치게 빠른 ESG 규제 도입 속도(11.9%) 등을 언급하며 어려움을 호소했다.

ESG 경영에 대한 현실적 문제는 중소, 중견기업으로 갈수록 더욱 극명해진다. 중소벤처기업 진흥공단이 중소벤처기업 1000개사를 대상으로 조사한 '중소벤처기업 ESG 대응 동향'에 따르면 ESG 경영 도입·실천이 어려운 가장 큰 원인으로는 비용 부담(37.0%)이 가장 컸다. 저탄소 경영으로 전환할 때 발생하는 공정 개선, 설비 도입 등의 비용이 여력이 부족한 중소기업에는 상당한 부담으로 작용하고 있다.

ESG 경영에 대한 경영진의 고민은 고스란히 실무진에게로 이어진다. 자동차 엔진용 부품을 만드는 중견기업의 팀장은 부품을 납품하는 대기업으로부터 갑작스러운 ESG 지표를 요구받아 어떻게 준비해야 할지가 막막하다. 대기업과의 지속적 관계 유지를 위해 경영진은 무조건 ESG 경영을 실행하겠다고 선언했지만, 이를 수행해야 하는 실무진 입장에서는 난감하기만 하다. 결국 팀장은 거래처를 놓칠 수 없어 은행 대출을 늘려서라도 ESG 경영을 준비해야 했다. 탄소 배출이 비교적 많은 화학섬유업체의 공장장은 친환경을 위해 기존의 고체연료에서 LNG로 전환하는 등 원가가 큰 폭으로 증가하면서 코로나로 어려워진 실적 관리에 대한 부담이 한층 가중됐다.

대기업뿐만 아니라 중소기업에도 ESG 경영에 대한 요구가 커지고 있지만 이처럼 대부분의 중소기업은 ESG 경영 필요성에 공감만 할 뿐, 실행 능력을 갖추지 못하고 있다. ESG에 적용할 시스템을 구축하려면 상당한 자원과 비용이 필요한데, 자금·인력이 부족한 중소기업엔 그만한 여력이 없다.

ESG 경영에는 어쨌든 비용이 든다

ESG 경영은 장기적 관점에서는 자본비용을 감소시키고 뛰어난 재무적 성과를 보여준다. 런던 비즈니스 스쿨의 이오니스 이오누 교수는 ESG 전략과 재무 성과 사이의 연관성을 찾기 위해 1990년대 초부터 ESG 정책을 적극적으로 펼친 미국 기업 90개와 ESG 성적이 낮은 기업 90개를 비교 분석했다. 두 집단은 ESG 의지만 다를 뿐, 동일한 산업군에 속하고 수익성과 매출 성과가 유사한 기업으로 구성됐다. 조사 결과, 20년 동안 ESG 성적이 우수한 기업들은 자기자본이익률이 더 높은 경향을 보였고, 이 같은 추세는 단발적이 아니라 지속적으로 나타났으며 항상 ESG 성적이 뛰어난 집단이 더 좋은 성과를 보였다. 20년 동안 매수 및 보유주식 수익률을 기반으로 비교해도 ESG 점

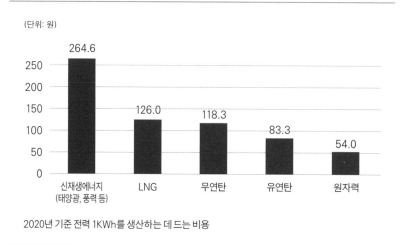

에너지원별 발전원가

(단위: 원)

- 신재생에너지 (태양광, 풍력 등): 264.6
- LNG: 126.0
- 무연탄: 118.3
- 유연탄: 83.3
- 원자력: 54.0

2020년 기준 전력 1KWh를 생산하는 데 드는 비용

자료: 국회예산처

수가 높은 기업들이 18년간 ESG 점수가 낮은 기업보다 높은 수익률을 기록했다.

그렇지만 당장의 1원이 아쉬운 기업들 입장에서 ESG 경영에 비용이 드는 것은 사실이다. 특히 ESG 경영의 한 축인 친환경 경영을 하기 위해서는 신재생에너지로의 전환이 필수적이다. 하지만 현시점에서 신재생에너지의 생산비용은 너무나 비싸다. 국회 예산정책처가 발간한 '발전원가 기준 에너지 효율성 분석'에 따르면 2020년 기준 신재생에너지 발전원가는 264.6원이다. 원자력(54원)과 비교하면 5배나 비싸다. 유연탄(83.3원), 무연탄(118.3원), LNG(126원) 등과 비교해도 높은 수준이다.

발전원가가 상승하면서 신재생에너지 수익률도 악화했다. 수익률은 발전원가에서 정산단가를 빼는 방식으로 계산하는데, 정산단가란 발전사들이 한국전력에 전기를 판매할 때 1메가와트시MWh당 받는 가격이다. 발전원가에서 정산단가를 뺀 신재생에너지 차익은 2016년 −97.1원에서 2019년 −101.4원으로 확대됐고, 2020년에는 −185.4원으로까지 늘어났다. 원전(5.6원), LNG(−27.5원), 무연탄(−38원), 유류(−71.5원) 등과 비교해 수익성이 가장 낮다.

해외 주요국들과 비교해봐도 국내 신재생에너지 발전비용은 높은 수준이다. 2020년 상반기 기준 국내 태양광발전 비용은 1MWh당 106달러로 미국(44달러), 중국(38달러), 독일(58달러) 등과 비교해 2~3배 이상 높다. 육상풍력 발전비용도 105달러로 미국(37달러), 중국(50달러), 독일(50달러)보다 비싸다. 재생에너지 발전에 유리한 조건을 갖춘 외국과 달리 한국은 사업부지 확보가 까다로워 재생에너지 확대가 쉽지 않기 때문이다.

또한, 직원 복지 및 재택근무 전환을 위한 업무 환경 개선 등 사회적 기업으로서 가치를 추구함에 있어서도 그에 상응하는 비용은 소요된다. 지배구조 강화 측면에서 의도치 않은 지분 확보를 할 경우, 비용 추가가 예상될 수 있다.

ESG 경영이 부채질한
그린플레이션의 우려

ESG 경영으로 물가가 오른다

기업들이 ESG 경영을 실행하면서 단기적으로 비용이 상승하면 그 부담은 제품 가격으로 전이될 가능성이 있다. 특히 '친환경'에 대응해 기업들은 탄소 배출을 줄이고, 정부는 정책을 통해 친환경 기술을 개발하도록 장려한다. 탄소 배출을 줄이기 위해 투자한 비용은 결국 기업 생산 원가에 반영되고 최종적으로는 소비자에게 전가된다. 또한 친환경 에너지 수요가 늘면서 구리, 알루미늄 등 원자재 값이 오르고, 화석연료 에너지 생산이 줄면서 에너지 가격도 올라 경제 전반의 물가가 상승하는 현상을 '그린플레이션Greenflation'이라 한다. 그린플레이션은 친환경을 뜻하는 '그린Green'과 '인플레이션Inflation(물가 상승)'의 합성

어다.

2021년 9월 기준으로 유럽의 천연가스 가격은 사상 최고치인 메가와트시MWh당 97.73유로를 기록했는데 1년 전과 비교해 무려 400% 폭등했다. 천연가스 가격의 고공 행진은 탄소중립을 적극적으로 추진하는 유럽의 영향으로, 유럽 각국은 2015년 파리협정 이후 석탄발전소를 폐쇄하고 풍력발전소를 대거 늘렸다. 유럽 전력 발전의 16%가 풍력에 의존하고 있었는데, 최근 들어 바람이 약해지면서 풍력발전량이 급감하면서 전력 공급에 차질이 빚어졌다. 부족한 전력 생산을 위해 유럽의 국가들은 천연가스 발전소 가동률을 높이기 시작했고, 그 결과 천연가스 가격이 치솟은 것이다. 난방 수요가 늘어나는 겨울에는 천연가스 가격 급등과 그에 따른 전기요금 인상, 뒤따른 물가 상승의 도미노 현상이 우려된다.

친환경 재생에너지 발전과 전기차에 필수적인 원자재 가격들도 급등세다. 친환경 재생에너지 인프라를 구축하려면 태양광 패널, 풍력 터빈 등 관련 장비 생산을 늘려야 하는데, 이로 인해 각종 금속 원자재 수요가 늘어난다. 배터리와 태양광 패널, 풍력발전용 타워에 쓰이는 알루미늄은 2020년 말 1톤당 2000달러에서 2021년 9월 기준 2851달러까지 상승했다. 배터리용 수산화리튬도 2021년 9월 기준 가격이 연초 대비 3배 수준인 1톤당 15만 4500위안까지 급등했다. 구리 역시 1톤당 1만 달러까지 급등했는데, 알루미늄은 최대 생산지인 중국이 탄소중립을 위해 제련 공장 가동을 줄이면서 더욱 가격이 상승했고, 구리도 전 세계 생산의 40% 이상을 차지하는 칠레와 페루에서 환경 규

작년 말 대비 변동률	유럽 천연가스 411.2%	유연탄 296.1%	리튬 208.0%	알루미늄 44.1%	구리 16.8%
2021년 9월	97.774	399.1	15만 4500	2851	9041
2020년 12월 (각 월말 기준)	19.125 (유로/MWh)	100.75 (달러/t)	5만 (위안/t)	1978 (달러/t)	7741 (달러/t)

자료: 한국자원정보서비스·한국석유공사 등

제를 강화하면서 채굴이 위축됐다.

그린플레이션의 악화는 글로벌 인플레이션로 이어질 우려가 있다. 예를 들어 에너지와 각종 원자재 등 원료 가격의 인상은 반도체 가격 인상으로 이어지고, 반도체 가격 인상은 휴대폰부터 자동차까지 연쇄적으로 인플레이션을 일으킬 수 있다. 수요가 늘어나는 반면 각국 정부가 생산을 억제하면서 원자재 가격은 상승 압박을 받고 있다. 이로 인해 에너지와 자동차 등의 가격 상승으로 이어지면서 인플레이션을 부채질하고 전 세계 경제에 큰 영향을 줄 것으로 예상된다.

친환경 사업이 오히려 환경을 해친다

더 큰 문제는 기후위기를 극복하기 위한 인프라 건설이 오히려 온실가스 배출의 주범에 해당하는 원자재 수요를 늘리는 구조적 모순을 야기시킨다는 것이다. 투자은행 모건스탠리 인베스트먼트의 루치르 샤르마 총괄 대표는 "미국을 포함한 각국 정부가 기후 재앙에 대처하기 위한 방안이 그린플레이션이라는 예기치 않은 결과를 일으켰다"면서 구조적인 모순에 대해 지적했다. 친환경 재생에너지 인프라를 구축하려면 태양광 패널, 풍력 터빈 등 관련 장비 생산을 늘려야 하고, 이로 인해 각종 금속 원자재 수요가 늘어난다. 그런데 태양광 패널 제작에 필수적인 알루미늄은 생산과정에서 심각한 오염을 유발한다. 또한 태양광·풍력발전소에 필요한 구리 소비량은 전통적인 전력시설보다 6배나 많다. 탄소 배출 감축을 위해 각국 정부가 녹색경제를 추구하는 과정에서 구리와 알루미늄, 니켈, 리튬 등 필수 금속 원자재 가격을 상승시키는 동시에, 온실가스 배출의 주범인 원자재 수요를 늘리는 모순이 발생한 것이다. 지구온난화를 방지하기 위해서는 탄소 배출을 줄여야 하지만 금속 원자재 생산과정에서 화석연료 사용과 탄소 배출이 불가피하다. 탄소중립 정책이 촉발한 에너지 가격 상승이 역설적으로 태양광 등 신재생 산업에 타격을 주게 된 것이다.

ESG면 비싸도 산다고?

제품 생산에 있어 비용이 증가하면 기업은 그 비용을 가격에 반영시키고 해당 제품은 비싸진다. 그런데 비싸진 이유가 ESG 경영 활동에 의한 것이라면 소비자들은 기꺼이 구매할 의사가 있다는 설문조사 결과들이 여러 언론을 통해 나오고 있다.

대한상공회의소(대한상의)가 조사한 'ESG 경영과 기업의 역할에 대한 국민인식' 결과에 따르면 응답자의 63%가 기업의 ESG 활동이 제품 구매에 영향을 준다고 답했다. 또한 응답자의 88.3%는 친환경, 사회공헌, 근로자 우대 등 ESG 활동이 우수한 기업의 제품이라면 추가 가격

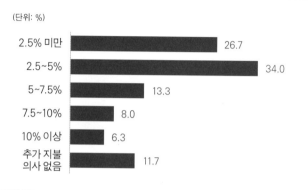

ESG 우수 기업 상품 구매 시 추가 지불 의향

(단위: %)

2.5% 미만	26.7
2.5~5%	34.0
5~7.5%	13.3
7.5~10%	8.0
10% 이상	6.3
추가 지불 의사 없음	11.7

자료: 대한상공회의소, 언론 종합

을 더 지불할 의사가 있다고 했다. 추가 지불 금액에 대해서는 10명 중 3명(34%)이 경쟁사 동일 제품 대비 2.5~5%가 적당하다고 했고, 5% 이상 지불 가능하다는 답변(27.6%)도 많았다.

《매경이코노미》도 'ESG 경영에 관한 인식' 설문조사를 했는데, ESG 등급이 우수한 기업의 상품이 환경비용 등 이유로 다른 기업 상품보다 비싸다면 어떻게 하겠느냐는 질문에 10명 중 6명(60.3%)은 '가격이 비싸도 큰 차이가 없으면 ESG 등급이 높은 기업 제품을 구입한다'고 답했다.

MZ 세대들의 생각도 비슷했다. 아르바이트 플랫폼 알바몬이 대학생을 대상으로 조사한 'ESG 경영 관심 정도' 설문 결과를 보면, 기업의 ESG 경영 실천 유무가 평소 제품 구매 선택에 영향을 미치는지의 질문에 대해 78.1%가 'ESG 경영 유무'를 중요하게 생각하거나 고려하는 편이라고 답했다. 또한 ESG 경영을 인지하고 있는 대학생들 10명 중

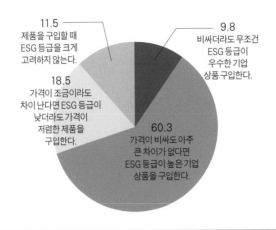

(단위: %)

11.5
제품을 구입할 때
ESG 등급을 크게
고려하지 않는다.

9.8
비싸더라도 무조건
ESG 등급이
우수한 기업
상품 구입한다.

18.5
가격이 조금이라도
차이 난다면 ESG 등급이
낮더라도 가격이
저렴한 제품을
구입한다.

60.3
가격이 비싸도 아주
큰 차이가 없다면
ESG 등급이 높은 기업
상품을 구입한다.

자료: 매경이코노미

8명(78.9%)은 'ESG 경영을 하는 기업의 제품에 더 높은 가격을 지불할 의사가 있다'고 답해 제품 가격이 비싸더라도 ESG 경영을 실천하는 기업의 제품을 구매할 의사가 있는 것으로 나타났다.

이런 언론의 설문조사 결과를 보면 기업들의 ESG 경영에 따른 비용 상승 걱정은 기우杞憂처럼 들린다. 하지만 설문 결과만 믿고 ESG 경영에 따른 비용 상승분을 그대로 가격에 반영시킨 후 '이 제품은 ESG 경영을 통해 만들어졌습니다'라는 홍보 문구만 붙인다고 소비자들이 다 사줄 것이라고 생각한다면 큰 착각이다.

소비자들이 비싸도 파타고니아의 의류를 구매하는 이유는 파타고니아의 친환경 중시도 있지만, 무엇보다 품질 자체가 좋기 때문이다. 파타고니아의 고기능 쉘 제품은 고어텍스나 기능성 원단과 같이 검증받은 원단으로 만들어 내구성이 좋고 품질과 기능이 오래 유지된다. 《매경이코노미》 설문조사에서도 ESG 등급이 높지만 품질이 낮은 제품과 ESG 등급이 낮지만 품질이 높은 제품 중 어떤 제품을 구입할지 묻는 질문에 10명 중 6명(57.5%)은 ESG 등급이 낮지만 품질이 높은 제품을 선택했다.

고객이 ESG에 기꺼이 비용을 지불할 수 있다는 의미는 ESG 경영을 통해 자신에 돌아오는 가치가 명확할 때 대가가 비싸도 내겠다는 의미다. 이것은 마치 비싸도 몸에 좋고 환경에 좋은 유기농 식품을 구매하는 행동과 비슷하다. 유기농 식품을 소비함으로써 가족의 건강과 지구 환경에 도움이 된다는 확실한 가치value가 돌아오기 때문에 일반 식품보다 가격이 비싸도 구매하는 것이다.

기업은 '비싸도 ESG가 붙으면 소비자가 사겠지'라는 안일한 생각 대신 ESG 경영으로 비용이 상승한다면 상승한 만큼 어떤 가치를 소비자에게 제공하고 또 그 가치가 소비자에게 어떤 효익을 주는지에 대해 전달 방법까지 고민해야 한다(파타고니아는 역설적으로 블랙프라이데이 때 자신들의 제품을 사지 말라고 홍보했다). 기업과 소비자 간의 공감대가 충분히 형성돼야만 ESG 경영에 따른 가격 상승에도 소비자는 납득하고 자신의 지갑을 열어 '돈쭐(돈+혼쭐)'을 낼 것이다.

너무나 많은 규제,
대응만 하다가 시간이 간다

    ESG가 2021년의 산업계의 핫이슈로 떠오르면서 국회와 정치권도 바빠졌다. ESG와 관련된 법안을 만들고 통과시키기 위해서다. 하지만 기업의 효율적인 ESG 경영을 지원하기 위해 만든 법안이, 그 수가 너무 많아 오히려 기업들의 발목을 잡을 가능성이 높다. 전경련(전국경제인연합회)은 2021년 8월까지 21대 국회에 계류 중인 ESG 관련 법안을 IMF 분류 기준에 따라 전수조사했는데, 계류 중인 ESG 법안은 총 97개로 사회와 관련된 법안이 71개(73.2%), 뒤이어 E(환경) 관련 법안 14개(14.4%), G(지배구조) 관련 법안 12개(12.4%) 순이었다.

    환경 부분에서는 기후변화(탄소발자국, 기후대응)에 관한 법안이 6개(42.9%)로 가장 많았고, 천연자원(에너지효율, 토지사용) 관련 법안이 3개,

ESG 관련 조항 내용별 분류

구분	규제	처벌	지원	일반	총합계
조항 수	130개	66개	18개	30개	244개
비중(%)	53.3%	27.0%	7.4%	12.3%	100%

자료: 국회 의안정보시스템(2021.8.13. 기준)

기회와 정책(재생에너지, 청정에너지 등) 관련 법안이 3개, 환경오염·폐기물 법안이 2개였다. 사회 분야에서는 인적자본(노동 환경, 근무 여건 등) 관련 법안이 38개(53.5%)로 절반을 차지했고, 관계(사회적 책임투자) 25개 (35.2%), 생산책임(생산품 안전, 개인정보 보호 등) 8개(11.3%) 순으로 나타났다. 지배구조는 공정거래법 개정안 8개(66.7%), 상법 개정안 3개(25.0%), 자본시장법 1개(8.3%) 순으로 나타났는데, 이미 기업규제 3법이 통과됐음에도 불구하고 특수관계인 처벌 강화, 과징금 상향 등 기업에 대한 소유·지배구조 규제를 강화하는 개정안이 다수 발의됐다.

관련 법안 수도 많지만 ESG 계류법안 244개 조항을 유형별로 분석해보면, 규제 및 처벌 신설·강화 조항이 196개로 80.3%을 차지해 지원조항의 10배가 넘었다는 것이 더 큰 문제이다. 규제 조항은 국가나 지자체가 행정 목적을 실현하기 위해 국민의 권리를 제한하거나 의무를 부과하는 사항을 말하는데, 예를 들면 석탄 산업에 투자를 금지하도록 하거나 성별 임금격차 보고서 제출을 의무화하도록 하는 조항 등이 해당한다. 처벌 조항은 형법상 형벌(징역, 금고 등)과 행정벌(과태료, 과징금)을 부과하는 조항으로, 사업장의 안전보건 사항을 확인하지 않은 사업주에게 1000만 원 이하 과태료를 부과하는 사항 등이 이에 해

환경 분야 법안 및 규제 주요 내용

구분	법안명	주요 내용
기후변화	기후위기 대응을 위한 녹색금융 촉진 특별법안	• 금융기관은 화석연료를 주로 사용하는 산업에 대해 화석연료 절감 계획에 따라 금융서비스 제공을 제한할 수 있음
	한국수출입은행법 개정안	• 한국수출입은행이 자금을 공급함에 있어서 석탄화력발전소 사업에 투자할 수 없도록 금지함

자료: 전경련, ESG 관련 제21대 국회 계류법안 현황(2021.9.7.) 및 국회 의안정보시스템(2021.8.13. 기준)

사회 분야 규제 및 처벌 주요 내용

법안명	규제 내용	위반 시 처벌 조항
산업안전보건법 일부 개정법률안	중대재해 입은 근로자와 그 가족, 목격자에게 심리상담을 시행해야 함(제41조의2 1항)	(제175조 5항) 500만 원 이하 과태료 부과
	유급휴가를 이유로 근로자에게 해고 또는 불리한 처우 금지(제41조의2 3항)	(제170조) 1년 이하 징역 또는 1000만 원 이하 벌금 부과
남녀고용평등법 일부 개정법률안	사용주는 근로자가 배우자의 출산휴가가 끝난 이후 그 근로자를 휴가 이전과 같은 업무·같은 임금을 지급하는 업무에 복귀시켜야 함	(제37조 4항) 500만 원 이하 벌금 부과
산업안전보건법 일부 개정법률안	사업주에게 명예산업안전감독관 위촉의무 부과, 근로수당 지급 등으로 감독관 활동 보장해야 함(제23조)	(제175조) 500만 원 이하 과태료 부과

자료: 전경련, ESG 관련 제21대 국회 계류법안 현황(2021.9.7.) 및 국회 의안정보시스템(2021.8.13. 기준)

당한다. 이런 규제 및 처벌 조항이 지원 조항의 10배가 넘었다는 것은 ESG 경영을 지원하겠다고 만든 법안이 실상은 당근이 아닌 채찍에 더 가까운 내용들이라는 의미다.

　산업계 반대로 국회에 계류 중인 'ESG 4법' 역시 자유로운 기업 활동을 막는 겹규제가 될 것이라는 우려가 나오고 있다. 'ESG 4법(국민연

ESG 4법 주요 내용 및 재계의 우려 사항

	주요 내용	우려
국민연금법	기금 운용 목적을 '장기적 재정 안정'에서 '지속가능성 확보'로 변경	기금 존재 목적인 '수익 추구'에서 이탈
국가재정법	환경·사회·지배구조에 관한 지침 준수 여부로 기금 운용 평가	ESG 관련한 공시·평가 기준 부재
조달사업법	공공조달 시 ESG 반영 의무화	객관적 평가 기준 훼손 가능성 높아
공공기관운영법	공공기관 경영평가에 ESG 경영 노력 포함	수익성 포기하게 돼 재정 취약 악화

자료: 국회 의안정보시스템, 전경련, 언론 종합

금법·국가재정법·조달사업법·공공기관운영법)'은 연기금과 조달 사업 등에 ESG 경영 평가를 적용하겠다는 내용이 골자인데, 아직 국제적인 ESG 평가 기준이 없는 상황에서 정확한 기준 없이 ESG 평가를 적용한다면 기업 활동이 자의적인 평가에 휘둘릴 수밖에 없다는 지적이다. 또한 연기금 관련 일반법 역할을 하는 국가재정법에 ESG 고려를 의무화하는 규정은 신중히 검토해야 한다는 주장도 제기되고 있다.

무엇보다 국내 중소기업들은 이러한 ESG 규제에 대응할 수 있는 환경이 아직 마련되지 못하고 있다. 중기중앙회가 300개 중소기업을 대상으로 실시한 '중소기업 ESG 애로 조사' 결과에 따르면, ESG 경영 도입 환경이 준비되지 않아 어렵다고 대답한 기업이 무려 89.4%에 달했다. ESG 경영을 돕겠다는 취지도 중요하지만 너무나 많은 규제에 대응하다가 ESG 경영의 '골든타임'을 놓치는 우를 범하지 말아야 한다.

2장

·

130조 달러를 둘러싼
ESG 게임의 시작

글로벌 머니의 95%가
ESG로 몰린다

2030년, 130조 달러 규모로 커지는 ESG 시장

세계 최대 자산운용사인 블랙록의 래리 핑크 CEO가 '지속가능성'을 기업의 투자 기준으로 천명하면서 전 세계의 돈은 ESG로 몰리기 시작했다. 이전부터도 ESG에 대한 투자는 지속적으로 증가해왔지만, 래리 핑크 CEO의 'ESG 중심 투자' 선언으로 ESG에 대한 관심과 투자는 급속도로 늘어났다.

ESG는 유럽과 미국을 중심으로 그 규모가 커지고 있는데, 펀드평가사 모닝스타에 따르면 2020년 말 글로벌 ESG 펀드 자산 규모는 1조 6502억 달러(약 1800조 원)에 달했다. 코로나 팬데믹 이후 주식형 펀드로 유입되는 돈은 줄었는데, ESG 펀드 유입액은 오히려 늘어났다.

2020년 4분기 ESG 펀드에 유입된 자금(1523억 달러)과 출시된 펀드 수(196개) 모두 분기 사상 최대치를 기록했다. 특히 유럽은 글로벌 ESG 펀드 자산의 약 80%를 차지하고 있다. ESG를 투자 지표로 활용하는 연기금까지 포함한 ESG 투자자산은 ESG 펀드 자산의 40배 수준에 이른다.

글로벌지속가능투자연합GSIA에 따르면 전 세계 ESG 투자자산은 2020년 상반기 기준 40조 5000억 달러(약 4경 6100조 원)로 추산된다. 2012년 13조 2000억 달러(약 1경 5048조 원), 2018년 30조 6800억 달러(약 3경 4900조 원)로 자산 규모의 증가세는 계속 이어지고 있고, 최근의 투자자와 기업들의 관심도를 고려하면 2030년에는 전 세계 ESG 투자자산은 130조 달러(약 14경 8200조 원)까지 늘어날 전망이다. 이 수치는

세계 ESG 투자자산 성장 추이

(단위: 조 달러)

※ 누계 기준, 2021년 이후는 전망치
※ 세계 투자자산에서 ESG전략 활용 비중

자료: 도이치뱅크

전 세계 투자자산의 95%에 해당되는 규모로 거의 모든 투자에서 ESG를 고려하게 된다는 것이다. 다시 말해 앞으로 글로벌 투자를 받으려면 기업은 필수적으로 ESG 경영을 해야 한다.[9]

블룸버그 인텔리전스Bloomberg Intelligence도 글로벌 ESG의 자산 규모가 커질 것으로 분석했다. 전 세계 ESG 자산 성장률을 지난 5년간의 15%라고 가정했을 때, 2025년 ESG 자산은 약 53조 달러로 이는 전 세계 운용 자산 140.5조 달러의 3분의 1 이상을 차지하는 규모이다. 현재 글로벌 ESG 자산의 절반은 유럽이 차지하고 있지만, 2020년 이후 미국의 ESG 자산이 급격히 늘어나면서 2022년 이후에는 미국이 최대 ESG 자산 규모를 기록할 것으로 전망됐다.

ESG에 대한 관심은 ETF(상장지수펀드) 시장에서도 나타나고 있다. 전 세계 ESG ETF 누적 자금 유입액은 2021년에 1350억 달러를 넘어섰고, 향후 5년간 1조 달러 이상이 ESG ETF로 유입될 전망이다. 2020년 1~3분기 ESG 펀드에 투자된 금액은 2030억 달러인데, 그중 24%에 해당하는 약 490억 달러가 ESG ETF로 유입됐고, 2020년 11월에는 최대 규모인 130억 달러를 기록하기도 했다. 글로벌 ESG 채권 시장은 현재 2.2조 달러에서 2025년에는 11조 달러로 커질 전망이다.

국내 금융시장의 자금도 ESG 중심으로 흐르고 있다. 2018년 ESG 채권 신규 발행액은 상장금액 기준으로 1조 원 수준이었는데, 2020년에는 40조 원을 훌쩍 뛰어넘었다. 국내 은행들은 대출 금리 우대에 ESG 기준을 적용하고, 국내 자산운용사들도 ESG 투자를 확대하고 있다. 신한자산운용은 자산운용 전반에 기후변화 요소를 반영한다는 계획과 함께 국내 주식형 공모펀드 포트폴리오에서 일정 수준 이상의 ESG 등급을 확보한 기업 비중이 70%가 넘도록 관리한다고 밝혔다. 키움 투자자산운용은 외부 평가기관의 평가 결과 없이 ESG 투자를 할 수 있게 비상장사에 대한 ESG 내부 평가 방법을 마련했고, 국내 토종 사모펀드 IMM 프라이빗에쿼티는 국내 사모펀드 중에서는 최초로 ESG 실사 시스템을 도입하기로 했다.

글로벌 머니를 둘러싼 ESG 경영 본격화

ESG로 전 세계 돈이 몰려들고 있는 이유는 대의적인 배경도 있겠지만 투자자 입장에서는 '수익률이 좋기' 때문이다. '착한 펀드는 투자수익률이 높지 않다'는 편견이 깨진 것이다. MSCI에 따르면 2001년부터 10년간 MSCI 전 세계 지수(MSCI ACWI 지수)와 ESG 전략을 더한 MSCI ACWI ESG 리더스 지수 수익률을 비교했더니 ESG 리더스 지수가 연평균 0.5%포인트 높은 것으로 나타났다. 코로나 팬데믹 상황에서 안정적 수익을 낸 ESG 펀드도 있었다. 네덜란드 자산운용사 NNIP가 글로벌 지속가능 주식 전략으로 운용하는 펀드 자산의 1년(2021년 2월 기준) 수익률은 28.3%로, 같은 기간 MSCI 월드(17%)보다 11%포인트 높았다. 유럽 지역을 대상으로 한 ESG 펀드의 수익률(20.2%)도 MSCI 유럽(8.87%) 대비 11%포인트 높은 수치를 기록했다. 금융상품의 생존력에 있어서도 ESG는 빛을 발했다. 모닝스타는 ESG 펀드 745개를 포함한 유럽 펀드 4900개를 분석했는데, 10년 전 ESG 펀드 중 72%가 살아남은 데 비해 전통적인 펀드는 45.9%만 존재했다. ESG 투자수익률이 수

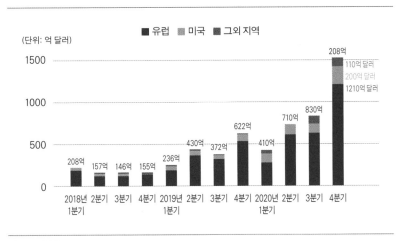

ESG 투자 펀드 현황(2018~2020년)

(단위: 억 달러)

■ 유럽 ■ 미국 ■ 그외 지역

자료: 도이치뱅크

치로 증명된 이상 이를 마다할 투자자는 없다. 당연히 ESG로 돈이 몰릴 수밖에 없는 것이다.

글로벌 머니가 ESG로 몰려들고 있다는 얘기는, 역으로 기업들 입장에서는 ESG 경영에 제대로 대응하지 못하면 자금을 회수당할 수 있다는 의미이기도 하다. 실제로 2020년 2월 네덜란드 최대 공적연기금 운용공사APG는 탄소 배출을 야기하는 석탄 사업을 한다는 이유로, 한국전력에 투자했던 6000만 유로(약 800억 원)를 회수했다. 1조 1000억 달러(약 1260조 원) 규모의 세계 최대 국부펀드인 노르웨이 국부펀드 GPFG를 운용하는 니콜라이 탕엔 노르웨이 중앙은행 투자관리청NBIM 은 ESG 성적이 나쁜 기업을 투자 포트폴리오에서 제외하겠다고 밝혔다. 유럽 최대 행동주의 펀드인 스웨덴의 세비앙 캐피털 역시 "ESG를 지키지 않는 기업에 페널티를 주겠다. ESG 목표를 제대로 세우지 않는

자료: 넷플릭스 〈오징어게임〉 포스터 중

기업에는 이사회 임원 선임 안에 반대표를 던질 것"이라고 강력하게 경고했다.

　130조 달러, 14경 8200조 원이라는 어마어마한 글로벌 머니를 차지하기 위해 전 세계 기업들의 ESG 게임이 본격적으로 시작됐다(참고로 한국의 국내총생산 규모는 약 1조 6240억 달러, 미국의 국내총생산 규모는 약 14조 4000억 달러).

ESG 게임의 기준, 택소노미

EU, 친환경 사업의 원칙을 제시하다

모든 게임에는 룰rule이 있다. 130조 달러라는 천문학적 규모의 글로벌 머니가 제대로 된 ESG 사업에 투자되기 위해서는 무늬만 'ESG'인 사업들을 걸러낼 필요가 있다. 이 기준으로 제시된 것이 바로 '택소노미'이다.

택소노미Taxonomy란 사전적으로는 '분류학', '분류', '분류체계'를 의미한다. 그리스어로 '분류하다'라는 'tassein'과 '법, 과학'이라는 'nomos'의 합성어인데, 학문의 목적에 맞게 구성된 분류체계를 뜻한다.

ESG가 세계적인 이슈가 되면서 많은 기업들은 저마다 ESG 경영을 선언하고 친환경 활동을 홍보하기 시작했다. 그러다 보니 기업이 친환경적인 경제활동을 하는지 판단할 수 있는 기준이 필요해졌다. 예를 들어 태양광과 풍력발전 사업은 대표적인 친환경 에너지 사업이다. 그런데 태양광 패널을 설치하기 위해 산림을 훼손하고 산을 깎는다면 과연 친환경 산업이라 할 수 있을까? 풍력발전으로 오히려 해양 환경이 위협받는다면 그것은 ESG에 부합된다고 할 수 있을까?

국내의 경우, 2017년 5372개이던 전국의 태양광발전소는 2021년 6월 기준 9만 1017개로 네 배 이상 늘었다. 그러나 산지에 태양광을 설치하기 위해 벌목된 나무는 2017년부터 3년간 249만 그루에 이르렀고, 이로 인해 4년간 훼손된 산림 면적은 8만 3554ha에 달한다. 국제재생에너지기구IRENA에 따르면 단위면적당 태양광 설비가 차지하는 밀도에서 한국은 네덜란드와 일본, 독일에 이어 세계 4위에 올랐다.해상풍력의 경우는 어업에 영향을 미친다. 해상풍력 설비 반경 500m까지

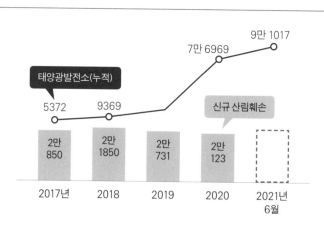

태양광 설비 증가에 따른 산림 훼손

자료: 조명희 의원, 한국에너지공단

선박 운항이 제한되면서 어장 훼손이 우려되기 때문이다. 정부 목표인 2030년까지 12GW 규모의 해상풍력 단지가 남서해안 등지에 조성되면 여의도의 1000배 면적에 해당하는 2800km² 해역에서 어업 활동이 어려워진다. 수심 50m가 넘어서면 설치 비용이 크게 늘어나기 때문에 해상풍력은 어선 및 유람선 통행이 많은 연근해에 조성된다. 게다가 풍력 터빈 작동에 따른 소음까지 발생하면 환경 피해까지 더해진다. 환경을 생각한다는 친환경 에너지들이 오히려 환경을 해치고 있는 셈이다.

EU(유럽연합)가 녹색산업 분류체계, 즉 '택소노미'를 발표한 것도 이러한 배경에서다. 녹색산업에 대한 명확한 정의를 내리고, 어떤 경제활동이 녹색산업에 해당하는지 해당하지 않는지를 가려보겠다는 것이다. EU는 기업의 위장 친환경 행위, 이른바 '그린 워싱Green Washing'을 걸러내고 친환경 활동을 독려하기 위한 분류체계를 만들게 됐고, 이로 인해 친환경 활동에 대한 기준이 명확해지면 기업들 입장에서도 ESG 경영에 대한 목표 설정과 성과 관리가 한결 수월해진다. 한국 정부가 만든 '녹색분류체계(K택소노미)'도 이러한 EU의 택소노미 규정을 벤치마크한 것이다.

6대 환경 목표로 녹색산업을 판가름하다

택소노미는 '무엇이 녹색산업이고 무엇이 ESG인가'에 대한 가이드라인을 제시한 것으로, 환경적으로 지속가능한 경제활동을 업종에 따라 정의하고 판별한다. 그린 워싱을 방지하고 기업의 투명성을 강화하기 위해 EU는 2014년 10월 기업의 ESG 정보공개를 의무화하는 비재무 정보 보고 지침NFRD Non-Financial Reporting Directive을 제정했다. 이것이 EU 택소노미의 출발점이다. EU 집행위원회는 2018년 3월 '지속가능 금융행동계획'을 발표하며 ESG 제도를 재정비했는데, 그 첫 번째 액션 플랜이 EU 택소노미다. 녹색 금융을 판별하기 위한 택소노미는 은행과 금융회사, 투자자와 금융감독기관, 녹색 채권 발행자, 정책 입안자 등 다양한 주체를 대상으로 한다. 이후 2019년 12월, EU 집행위원회는 EU의 새로운 성장 전략 및 기후대응 전략으로 '유럽 그린딜'을 발표했고, 뒤이어 유럽 기후법 제안을 통해 2050년 기후 중립을 달성하기 위한 법적 구속력을 부여했다.

2020년 3월, EU는 지속가능한 금융전문가 그룹Technical Expert Group을 통해 택소노미 개발을 위한 보고서와 심사 기준을 포함한 보고서를 발표했는데, 이 보고서에는 철저한 기술심사 기준에 근거해 2018년 12월부터 약 2년에 걸쳐 200명 이상의 전문가와 두 번의 공청회를 통해 수렴된 의견이 담겨 있다. 이 분류체계는 2020년 6월 22일 EU 관보에 실렸고, 마침내 같은 해 7월 EU 택소노미 규정이 발표됐다. EU 택소노미는 2022년부터 적용되어 EU 내 기업과 금융기관에 정보 공개 의무를 부담함에 따라 강력한 영향력을 발휘한다. 택소노미는 지속가능한 친환경 산업으로 130조 달러의 막대한 투자자금이 유입되도록 촉진하는 장치인 셈이다.

EU 택소노미는 6가지 환경 목표와 4개의 판단 조건을 제시하는데, 이를 모두 충족해야만 환경적으로 지속가능한 경제활동, 즉 녹색산업으로 인정한다.

6가지 환경 목표에는 ① 기후변화 완화mitigation(온실가스 감축), ② 기후변화 적응adaptation, ③ 수자원, 해양자원의 지속가능한 이용 및 보호, ④ 순환경제로의 전환, ⑤ 오염 방지 및 관리, ⑥ 생물 다양성과 생태계 보호 및 복원 등이 포함돼 있다. 판단 조건은 하나 이상의 환경 목표 달성에 상당한 기여, 다른 환경 목표에 중대한 피해를 주지 않을 것, 최소한의 사회적 안전장치 준수 등이 기준이 된다. 이 조건들은 기술 선별 기준Technical Screening Criteria: TSC에 의해 판단되고, 경제협력개발기구OECD 내 다국적 기업에 대한 가이드라인도 함께 참고되고 있다.

6대 환경 목표 중 핵심은 기후변화이다. 현재 기후변화 리스크 완화, 기후변화 리스크 적응 등 두 가지 영역의 세부 지침이 나온 상태로, 특히 원전과 천연가스가 쟁점 사항이다. 택소노미에서 배제되면 미래 지속가능성에 중대한 영향을 끼치는 만큼 각 산업별 이슈 하나하나가 중요한데, 원자력은 2020년 보고서에서는 택소노미에 포함되어 기대를 모았지만 2021년 기준으로 천연가스와 함께 결정이 유보됐다.

6대 환경 목표 중 하나 이상에 상당 수준 기여하면서 나머지 환경 목표들에 대해 중대한 피해를 주지 않아야 한다. 또한 OECD 다국적 기업 가이드라인이나 유엔 기업과 인권에 관한 지침 원칙과 같은 최소한의 사회적 안전장치를 준수해야 한다. 이와 함께 기술 선별 기준TSC에 부합할 것을 요구한다.

판단 조건은 성과 기준에 해당한다. EU 택소노미에 따르면 기업의

EU 택소노미 6대 환경 목표 및 판단 조건

환경 목표	판단 조건
① 기후변화 완화 mitigation (온실가스 감축) ② 기후 변화 적응 adaptation ③ 수자원, 해양자원의 지속가능한 이용 및 보호 ④ 순환경제로의 전환 ⑤ 오염 방지및 관리 ⑥ 생물 다양성과 생태계 보호 및 복원	① 하나 이상의 환경 목표 달성에 상당한 기여 (Substantial Contribution) ② 다른 환경 목표에 중대한 피해를 주지 않을 것 (Do No Significant Harm: DNSH) ③ 최소한의 사회적 안전 장치 준수 (Minimum Social Safeguards) ④ 기술 선별 기준(Technical Screening Criteria: TSC)에 부합

자료: 언론 종합

ESG 경영 활동은 기후변화 완화, 기후변화 적응, 수자원의 지속가능한 이용과 보호, 순환경제로의 전환, 오염 방지 및 관리, 생물 다양성과 생태계의 보호 및 복원 등 6대 환경 목표 중 하나 이상 달성하는데 상당 수준 기여해야 한다. 그리고 이 활동들은 판단 조건에 기반한 4단계에 걸쳐 지속가능한 경제활동인지 선별된다.

첫 번째 단계에서는 기업이 벌이는 사업이 기술 선별 기준에 적합한지를 판단한다. 자동차 생산의 경우 '2025년까지 이산화탄소CO_2 배출을 50g CO_2/km 이하로 한다'는 기준치가 설정돼 있어, 이를 충족시키지 못하면 지속가능한 사업이 아니라고 판단한다. 표는 유럽표준산업분류NACE를 기반으로 6가지 환경 목표 중 기후변화 완화 및 적응과 관련된 활동들을 구분해놓은 것이다.

두 번째 단계는 첫 번째 단계에서 적합하더라도 다른 환경 목표에 중대한 해를 끼치는 활동이라면 그것은 지속가능하지 않다고 판정하는 DNSHDo No Significant Harm 기준이다. 특히 두 번째 조건인 다른 환경 목표에 중대한 피해를 주지 않는다는 DNSHDo No Significant Harm

유럽표준산업분류 기반 기후변화 완화 및 적응 관련 활동들

NACE 대분류	활동	완화	적용	NACE 대분류	활동	완화	적용
임업	신규 조림	✔	✔	전기, 가스, 증기 및 공기조절 공급업	바이오에너지 열병합발전	✔	✔
	산림 복원	✔	✔		태양열 냉난방	✔	✔
	재조림	✔	✔		지열 냉난방	✔	✔
	기존 산림 관리	✔	✔		가스 냉난방	✔	✔
	산림 보전	✔	✔		바이오에너지 냉난방	✔	✔
농업	다년생 작물 재배	✔	✔		폐열 냉난방	✔	✔
	비다년생 작물 재배	✔	✔	상하수도, 폐기물 및 복원업	집수, 처리, 공급	✔	✔
	가축 생산	✔	✔		중앙집중식 폐수처리	✔	✔
제조업	저탄소 기술 제조	✔	✔		하수 슬러지 혐기성 소화	✔	✔
	시멘트 제조	✔	✔		비유해 폐기물 분리수거 및 운송	✔	✔
	알루미늄 제조	✔	✔		유기성 폐기물 혐기성 소화	✔	✔
	철강 제조	✔	✔		유지성 폐기물 퇴비화	✔	✔
	수소 제조	✔	✔		비유해 폐기물 물질 회수	✔	✔
	기타 무기질 기초 화학물질 제조	✔	✔		매립 가스 포집 및 활용	✔	✔
	기타 유기질 기초 화학물 제조	✔	✔		대기 중 이산화탄소 직접 포집	✔	✔
	비료와 질소화합물 제조	✔	✔		인위적 배출가스 포집	✔	✔
	원료 플라스틱 제조	✔	✔		이산화탄소 수송	✔	✔
전기, 가스, 증기 및 공기조절 공급업	태양광발전	✔	✔		포집된 이산화탄소 영구 격리	✔	✔
	태양열발전	✔	✔	운수 창고업	철도 여객 운송	✔	✔
	풍력발전	✔	✔		철도 화물 운송	✔	✔
	해양에너지발전	✔	✔		대중교통	✔	✔
	수력발전	✔	✔		저탄소 교통 인프라(육상)	✔	✔
	지열발전	✔	✔		승용차와 상용차	✔	✔
	가스발전	✔	✔		도로 화물 운송서비스	✔	✔
	바이오 에너지 발전	✔	✔		도시 간 정기 버스 운송	✔	✔
	송배전	✔	✔		수상 여객 운송	✔	✔
	전기 저장	✔	✔		수상 화물 운송	✔	✔
	열에너지 저장	✔	✔		저탄소 교통 인프라(수상)	✔	✔
	수소 저장	✔	✔	정보 통신업	데이터 처리, 호스팅, 관련 활동	✔	
	바이오매스, 바이오갓, 바이오 연료 제조	✔	✔		온실가스 감축 데이터 기반 솔루션	✔	
	가스 공급 네트워크 개보수	✔	✔	건축, 부동산, 건물	건물 신축	✔	✔
	지역난방/냉방	✔	✔		건물 개조	✔	✔
	히트펌프 설치 및 운영	✔	✔		개별 조치 및 전문 서비스	✔	
	태양열 열병합발전	✔	✔		매입 및 소유	✔	
	지열 열병합발전	✔	✔	금융 및 보험	손해보험		✔
	가스 열병합발전	✔	✔	전문적, 과학적, 기술적 활동	기후변화 적응을 위한 엔지니어링 활동 및 관련 기술 컨설팅		✔

자료: EU TEG 리포트 및 한국기업지배구조원 리포트 10권 6호 '기후변화 완화 및 적응에 기여하는 경제활동'

단서는 기업들에게 큰 부담이다. 6대 환경 목표 중 하나를 상당 수준 충족하더라도 나머지 5가지 영역에서 악영향을 끼치지 않아야 한다. 기후변화 대응 기술이라면 기후변화 완화, 순환경제, 수자원 등을 고려해야 한다. 여기에 각 분야별로 기술 선별 조건을 따지다 보니 기업들 입장에서는 "EU 택소노미가 너무 어렵다"는 의견들이 나온다. UN의 책임투자원칙PRI도 EU 택소노미 분석 보고서를 통해 펀드 적용 시 문제점과 함께 DNSH의 숫자가 많아 주객이 전도됐다고 지적했다.

세 번째 단계는 최소한의 사회적 안전장치를 충족한다는 것을 입증해야 하는데, OECD의 '다국적 기업 행동 지침'이나 UN의 '비즈니스와 인권에 관한 지도 원칙' 등의 준수를 의미한다. 이 조건으로 EU 택소노미는 환경 분야뿐만 아니라 사회 분야까지도 포함하는 투자의 지침으로 영역을 넓게 됐다.

마지막 단계는 지속가능한 경제활동으로 인정된 사업의 경우, 재무상태표상 기후변화 완화 노력, 녹색 자산 비율GAR 등 성과 지표가 ESG 정보 공시에 포함돼야 한다. 기업은 ESG 경영 활동에 EU 분류체계를 적용해 전체 매출 중 분류체계에 부합하는 매출의 비중을 계산하고, 금융기관은 포트폴리오에 EU 분류체계를 적용해 전체 투자 포트폴리오 중 분류체계에 부합하는 투자의 비중을 계산한다. 금융기관은 기업이 발표한 ESG 관련 공시를 참고해 대출 및 투자를 결정하기 때문에 기업에는 상당한 부담이 된다. EU에서는 2022년부터 종업원 500명 이상의 대기업에 환경 관련 비재무적 성과NFRD에 대한 정보를 제공하도록 의무화했는데, 유럽 내 약 6000개 기업과 은행, 보험사,

자산운용사, 투자펀드, 연기금 등이 해당한다. EU 택소노미는 녹색금융 영역뿐만 아니라 유럽의 경제체제를 근본적으로 전환시킬 기준으로 적용될 전망이다.[10]

수력발전은 친환경 산업일까? 아닐까?

택소노미에 따라 EU 내 기업들의 전체 매출액 대비 환경 목표 달성 활동 비율 의무적 공시 방안이 법안에 명시되면서, EU 택소노미는 기업들에게 실질적인 영향을 끼치게 된다. ESG로 글로벌 머니 유입이 가속화되는 상황에서 ESG 경영 포트폴리오 전략을 어떻게 짜야 하는지에 따라 기업의 명운이 갈리게 된다. 예를 들면 석탄발전, 수력발전, 풍력발전을 EU 택소노미 기준에 놓고 봤을 때, 석탄발전과 수력발전은 판단 기준 중 환경 목표 기여도와 기여 요건 충족에 부합되지 않아 탈락된다. 그리고 남은 풍력발전은 다른 환경 목표에 중대한 피해를 주지 않는지와 최소한의 사회적 안전장치 준수 여부를 판단, 이를 클리어함으로써 녹색산업으로 인정받게 된다. 이런 과정을 통해 수많은

EU 택소노미에 의한 친환경 산업 판단

구분	판단 기준	결과
석탄발전, 수력발전, 풍력발전	환경목표 기여도가 얼마나 되는지?	석탄발전 탈락
수력발전, 풍력발전	상당한 기여 요건 충족하는지? 예) 1kwh 전력 생산 시 CO_2 100그램 미만 배출요건 등	수력발전 탈락
풍력발전	중대한 피해를 일으키는지? 최소 사회적 안전장치를 준수하는지?	풍력발전 해당

자료: KDB 미래전략연구소

산업의 친환경 여부를 가려내고 그린 워싱을 방지하는 것이다.

EU 외에 여러 국가 및 기관에서도 녹색 경제활동을 규정하는 택소노미를 구축하고 있다. 기후변화 이니셔티브CBI의 기후 채권 택소노미, 국제표준기구ISO의 녹색 융자 택소노미, 그리고 중국과 일본에서도 국가 단위의 분류체계를 비교 분석하고 있다. EU 택소노미는 그중에서 제일 먼저 표준화됐고, 유사한 분류체계 중 가장 체계적이고 포괄적인 내용을 포함하고 있다. 타 기관의 택소노미는 녹색 채권 발행과 같이 구체적인 목적 하에 만들어진 반면, EU 택소노미는 전체 산업을 포괄하고 종합적인 내용을 담고 있다. 유럽 그린딜의 포괄적이고 지속가능한 경제개혁 추진에 있어 명확한 방향을 제시하는 나침반과 같은 역할을 수행하고, 기업과 산업의 ESG 활동을 이끌겠다는 의미를 지니고 있다.

결정적으로 ISO 택소노미 등의 다른 택소노미가 구속력을 갖지 않은 데 반해 EU 택소노미는 법규라는 특징이 있다. 규정regulation은 법적 구속력을 가지며 발효되는 순간 모든 회원국에 직접 적용된다. 국내법으로 전환하지 않더라도 모든 EU 국가에서 동일한 효력을 발휘하게 된다. 만약 금융회사가 EU 택소노미에 해당되지 않는 산업군을 테마로 ESG 금융상품을 판매하다 적발되면 EU의 초감독기구인 ESAEuropean Supervisory Authorities가 일시적으로 해당 금융상품의 판매를 중지시키는 등의 벌칙을 부과할 수 있다.

다만 택소노미는 아직 완성된 것이 아니므로 장기적인 접근이 필요하다. 수많은 시행착오와 보완 및 수정이 요구될 전망인데, 이 과정에

	EU 녹색 택소노미	기후변화 이니셔티브(CBI)의 기후 채권 택소노미	국제표준화 기구(ISO)의 녹색 융자 택소노미
수립 연도	2020년	2013(정기적으로 개정)	초안에 관한 비밀투표 마감 (2020년 9월)
배경	2018년 EU의 지속가능 금융행동계획 중 첫째 주요 행동 분야	녹색 채권 시장의 성장에 부합하도록 녹색 채권으로 인정할 수 있는 사업의 체계적인 분류와 정의 시스템 요구	프로젝트(project), 자산 (asset), 활동(activity) 이 녹색인지 평가해 채권과 대출을 포함하는 녹색 금융 상품으로 적격한 투자 범주 규정과 표준화 필요
대상 섹터	농림업, 제조업, 전기·가스·증기 및 공기조절 공급, 상하수도·폐기물 및 복원, 운수·창고, 정보통신, 부동산·건물, 금융 및 보험, 전문적·과학적 및 기술적 활동	에너지, 교통, 물, 건물, 토지 이용 및 해양 자원, 산업, 폐기물 및 오염 제어, 정보통신기술(ICT)	농림어업, 제조업의 에너지와 자원 효율성, 전력·가스·스팀·에어컨공급, 물·하수·폐기물·복원, 운송, 정보통신, 부동산·건설 섹터의 활동
사용자	EU 내 금융 상품을 제공하는 금융 시장 참여자 대기업 EU와 회원국	채권 발행자, 투자자, 정부 및 지자체	녹색 융자 상품의 발생자, 발기인, 금융기관 등
특징	가장 광범위하고 구체적인 텍소노미이며, 다른 다수의 기구 및 국가 분류 체계들이 기준으로 활용함	금융권이 주로 기준으로 참고하는 대표적인 금융권 녹색 분류 체계의 역할을 해옴	EU의 그린 택소노미의 내용과 연계되며 특히 EU 택소노미 DNSH의 주요 내용을 차용함

자료: 한경매거진, 산업연구원

서 이해관계자의 의견 수렴이 중요하다. 정책의 실효성을 높이기 위해서는 이해관계자들의 의견 수렴을 위한 긴 합의 과정이 요구된다. 정보 공유도 절대적으로 필요하다.

무엇보다 중요한 것은 택소노미를 바라보는 기업들의 인식 전환이다. 택소노미가 단순히 지키면 좋을 가이드라인이 아니라, 기업들의 생존이 걸린 이슈임을 인지해야 한다. 택소노미로 자사의 사업이 친환경으로 분류됐다 하더라도, 택소노미를 통해 어떤 가치가 창출되고 어느 정도의 실익이 있는지 면밀히 검토하고 전사적인 공감대를 마련하는 일이 중요하다고 할 수 있다.

친환경 꽃이
피었습니다

ESG 게임의 첫 번째 탈락자, 좌초자산 '석탄 산업'

넷플릭스의 K드라마 〈오징어게임〉에서 제일 먼저 등장하는 공식 게임은 '무궁화 꽃이 피었습니다'이다. 이 게임에서 절반 이상의 탈락자가 발생하면서 오징어게임이 단순한 '유희'가 아닌 살벌한 '생존' 게임임을 참가자들은 뼈저리게 실감한다. ESG 게임에서도 제일 먼저 탈락자를 가리는 게임은 아마도 탄소중립과 관련한 친환경 유무일 것이다.

세계적인 탄소중립 기조 하에서 환경오염의 주범으로 꼽히며 탄소중립을 위해 가장 먼저 사라져야 할 산업 중 하나로 석탄 산업이 꼽힌다. 석탄 산업은 환경에 악영향을 미칠 뿐 아니라 경제적으로도 좌초자산이라는 평가가 대두되면서 ESG 차원에서 탈석탄화가 빠르게 진행되고 있다.

좌초자산stranded assest이란 시장의 환경 변화 등 예상하지 못한 이슈로 자산 가치가 하락해 상각하거나 부채로 전환되는 자산을 의미한다. 기존에는 경제성이 있어 많은 투자를 해왔지만 시장 환경이 변화해 가치가 하락하거나 부채가 돼버리는 자산이다. 미 서부 시대, 마차 사업이 호황을 누리면서 말은 중요한 자산이었다. 부자들은 농장을 인수해 수많은 말을 키워 부를 축적했다. 그러나 자동차가 등장하면서 마차의 시대가 저물고, 부를 창출하던 말은 그저 사료값만 축내는 애물단지가 됐다. 이런 애물단지를 '좌초자산'이라고 부른다. 쓸 수는 있지만, 경제적으로 더 이상 가치나 수익을 내지 못하는 계륵鷄肋 같은 자산이다.

석탄 산업의 경우, 투자 규모가 줄어들면서 기존 석탄발전소 등 활용이 줄어든 자산은 부채로 인식될 수 있다. 친환경 에너지로의 전환과 각종 탄소 규제 등으로 석탄발전은 기후위기 시대에 좌초자산에 해당하는 것이다. 탄소를 많이 배출하는 철강, 플라스틱, 조선 사업 등도 좌초자산 가능성이 높다.

영국의 기후행동 금융 씽크탱크 카본트랙커Carbon Tracker는 전 세계 6685개의 석탄발전소를 대상으로 분석한 결과, 2018년 기준 42%가 수익성이 없으며 2040년에는 72%가 마이너스가 될 것으로 전망했다 (연료비는 평균 약 10% 감소하고, 기존 기후 정책 영향만 반영).

또한 2025년 이후에는 모든 신규 석탄발전의 경쟁력이 없어진다고 분석했는데, 국가별 분석을 보면 단기간 내에 패러다임 전환이 일어나는 것을 알 수 있다. 미국과 인도는 그리드 패리티Grid Parity, 즉 재생에너지 발전 단가와 기존 화석 에너지 발전 단가가 같아지는 균형점 전환이 발생해 2018년 기준으로 고비용 석탄발전 비중, 다시 말해 경쟁력이 떨어지는 석탄발전 시설의 비중이 70%와 62%이다. 하지만 한국, 일본, 베트남 등은 0%이다. 이들 국가는 석탄발전 단가가 가장 저렴해 경쟁력이 떨어지는 석탄발전 시설이 하나도 없다는 얘기다. 이러니 석탄발전소 건설을 중단할 수 없는 것이다. 그러나 2030년이 되면 미국, 인도, 중국, 일본, EU 등 많은 나라에서 고비용 석탄발전 시설 비중이 100%인 것으로 나타났다. 한국도 99%로 전망됐다. 이 시기가 되면 그

국가별 그리드 패리티 비교(경쟁력이 낮은 석탄발전 시설의 비중)

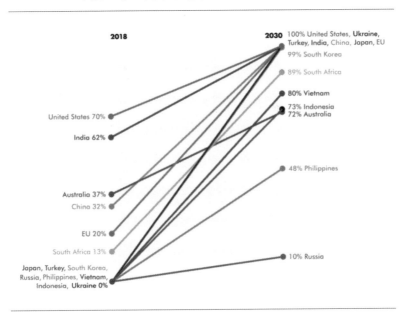

자료: 카본트랙커

어떤 석탄 시설도 단가 상승으로 경쟁력이 없어져 좌초자산으로 변한 다는 의미다. 불과 10년 사이에 0%에서 100%로 시장의 판이 180도로 바뀌는 것이다.

좌초자산은 재무제표에 반영돼 있지 않기 때문에 현재 시점에서 평가를 하기가 모호한 측면이 있다. 하지만 투자자가 기업 가치를 평가할 때는 매우 중요한 요소이다. 지금은 가치가 있을지라도 2030년에 가까워질수록 이 가치는 급격히 떨어질 가능성이 높기 때문이다.[11]

글로벌 석유업체인 로열더치셸은 2021년 2분기에 최대 220억 달러 (26조 4000억 원)를 손실 처리한다고 밝혔고, 브리티시페트롤리엄BP도 최대 175억 달러 규모의 자산을 손실 처리하기로 했다. 표면적 이유는 저유가 추세와 코로나 팬데믹 여파라고 했지만, 미국 경제전문지《포춘》은 석유 공룡기업들의 자산상각을 '빙산의 일각'이라고 지적하며 "석유업계가 아직 뽑아 올리지 않은 화석연료 대부분은 영원히 땅에 묻힌 채 좌초자산이 돼야 한다"고 강력하게 비판했다. 석유업체가 그동안 투자해온 유전은 흡사 자동차가 등장해 가치가 사라져버린 마차의 말과 처지가 비슷하다. 이들 기업에 투자할 투자자는 점점 줄어들 것이고, 이로 인해 자본비용(자본 조달에 드는 비용)은 오르고 기업 가치는 하락해 결국엔 역사의 뒤안길로 사라지고 만다.

미국의 '셰일혁명'을 이끈 대형 셰일 기업 체사피크 에너지Chesapeake Energy는 2020년 6월 코로나 사태에 따른 원유 수요 감소 및 국제 유가 약세로 파산을 맞이하고 말았다. 2020년 1분기 순손실액은 약 83억 달러로, 특히 석유·천연가스 자산의 평가손실이 85억 달러에 달했다. 1989년 설립된 체사피크는 미국의 셰일혁명을 주도한 개척자로, 2008년에 약 1500만 에이커(약 6만 km²)에 달하는 시추권을 확보하는 등 미국 셰일오일 업계 2위까지 오르기도 했다. 그런 체사피크의 파산은 단순히 이 회사만의 문제가 아닌 셰일오일 업계가 안고 있는 근본적인 문제를 상징한다. 눈앞의 이익만을 생각해 좌초자산에 계속적으로 투자를 하면 가치 창출은 고사하고 막대한 채무로 재정이 휘청거리는 상태를 맞이한다. 체사피크도 시추를 위해 미국 전역에서 공격적으로 토지를 임대하면서 빚이 쌓이게 된 것이다. 더 큰 문제는 에너지 기업을 중심으로 확대되는 자금 조달 리스크가 회사채 시장으로 확대될 가능성이다. 연방준비위원회가 민간기업의 부채를 대신 떠안는다는 비난을 감수하면서 회사채 매입에 나선 것도 이 때문이다.

　파리기후협정에서 합의한 '지구 평균온도 1.5~2도 낮추기'를 위해

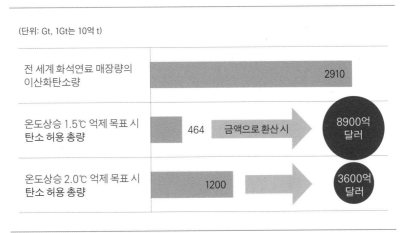

에너지 산업 좌초자산 규모

(단위: Gt, 1Gt는 10억 t)

전 세계 화석연료 매장량의 이산화탄소량	2910	
온도상승 1.5℃ 억제 목표 시 탄소 허용 총량	464　금액으로 환산 시	8900억 달러
온도상승 2.0℃ 억제 목표 시 탄소 허용 총량	1200	3600억 달러

자료: 파이낸셜타임스, 언론 종합

각국마다 탄소절감 목표를 설정해 추진 중인데, 이 목표를 달성한다고 가정하면 석유와 가스, 석탄 업계에서 발생할 좌초자산 규모는 2도 목표에서 3600억 달러, 1.5도 목표에서는 8900억 달러가 될 것이라고 분석됐다.[12] 이는 지구의 탄소허용 총량과 글로벌 에너지 기업이 보유한 매장 자원의 탄소량을 근거로 계산한 값이다.

좌초자산을 놔야 더 큰 부를 쥘 수 있다

한국의 좌초자산 규모도 심각하다. 카본트랙커는 좌초자산 위험이 가장 높은 나라로 한국을 꼽았는데, 수익성이 떨어지는 석탄화력발전을 보조금으로 뒷받침하며 태양광과 풍력발전의 경쟁력을 깎아내린다는 이유에서였다. 한국 좌초자산 규모는 1060억 달러로 2위 인도(760억 달러)와도 큰 격차를 보였다. 에너지경제연구원 역시 석탄화력발전소의 좌초자산이 5600억 원에서 1조 원 이상 발생할 것이라고 분석했다.

이러한 경고에도 불구하고 국내 산업계는 좌초자산에 대한 미련을 버리지 못하고 있다. 한국전력은 인도네시아 석탄발전소 투자가 예비 타당성 조사에서 두 번이나 적자 사업으로 평가됐는데도 끝내 발전소 건설을 강행하기로 했다. 이 사업에는 수출입은행, 무역보험공사, 산업은행 등 한국 공적 금융기관이 투자를 진행한다. 환경단체들은 "국제사회 흐름에 역행한다"고 비판했지만, 한전은 인도네시아 전력공사와 25년간 정해진 요금에 전력판매 계약을 맺어 손실이 발생하지 않고 환경 영향도 종합적으로 검토했다고 해명했다. 포스코 자회사도 삼척화력발전소를 짓는 등 6기의 석탄발전소가 새로 건설되고 있다. '그린뉴딜', '2050 탄소중립'을 외치면서 한쪽에서는 석탄발전소를 새로 짓는다.

반면 선진국들은 석탄발전을 줄이고 재생에너지를 늘리면서 사업자·노동자·지역사회 지원대책을 동시에 추진하고 있다. 탈원전과 탈석탄을 동시 추진하는 독일은 1990년 전력 생산의 57%를 석탄·갈탄에, 28%를 원자력에 의존했지만 2020년에는 석탄·갈탄은 23%로, 원전은 11%로 줄었다. 대신 신재생에너지는 44%로 대폭 확충했다. 일조량이 적은 악조건에서도 일관된 지원정책으로 태양광발전을 획기적으로 늘렸다. 또한 석탄발전소를 빨리 폐쇄할수록 큰 보상을 주는 경매제를

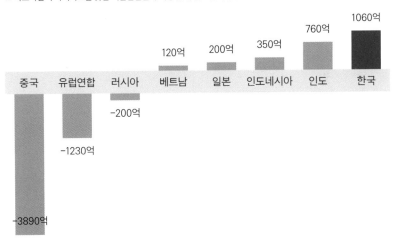

석탄화력발전소로 인한 국가별 좌초자산 규모

(단위: 달러)
※ 좌초자산이 마이너스인 곳은 석탄발전을 수익성 있게 만드는 시장구조가 없어 영업손실을 피할 수 있는 곳

중국	유럽연합	러시아	베트남	일본	인도네시아	인도	한국
-3890억	-1230억	-200억	120억	200억	350억	760억	1060억

자료: 카본트랙커, 기후솔루션, 언론 종합

도입해 기업의 자발적인 사업 전환을 유도하고, 노동자들의 직업 전환과 생계 지원, 지역사회 재생도 적극적으로 추진했다. 누구도 일방적으로 희생시키지 않겠다는 '정의로운 전환just transition'의 정책적 시행이었다.

블랙록과 골드만삭스 등 초대형 자산운용사들이 석탄 이용 기업들과 손절하고 태양광·풍력 등 재생에너지 기업의 투자를 늘리고 있는 상황에서, 당장이야 손해가 나지 않겠지만 자동차의 등장으로 등 떠밀려 사라져간 말처럼 시대 변화를 읽지 못해 ESG 게임의 탈락자가 되지 않을까 걱정이 드는 것은 어쩔 수 없다. 《신기후전쟁New Climate War》의 저자 마이클 만 펜실베이니아 주립대학 교수는 "돌이 부족해서 석기시대가 끝난 게 아니다"라며 재생에너지의 경제성 향상과 투자자 행동주의로 인해 화석연료 시대는 결국 자산이 대거 좌초된 채 끝날 것이라고 전망했다. 130조 달러의 막대한 부를 거머쥐기 위해서는 좌초자산부터 정리해야 다음 게임으로 넘어갈 수 있다.

천연가스는
좌초자산인가? 아닌가?

경제성만 놓고 보면 미래 가치가 유망한 천연가스

세계 최대 자산운용사 블랙록의 래리 핑크 CEO가 "발전용 석탄을 통해 25% 이상의 수익을 창출하는 회사들은 투자 포트폴리오에서 제외할 것"이라고 연례 서신을 통해 경고한 것처럼 글로벌 투자자들은 좌초자산과 빠르게 결별 선언을 하고 있다. 그러나 투자자들이 바라보는 좌초자산의 판단 기준은 어디까지나 '경제적 수익을 얻을 수 없는 자산', 즉 '수익으로서의 가치가 없는 자산'이다. 만약 경제적 수익 창출이 보장된다면 환경에 악영향을 끼쳐도 좌초자산으로 보지 않겠다는 것이다.

그런 관점에서 이슈로 떠오른 것이 천연가스다. 금융자산관리회사

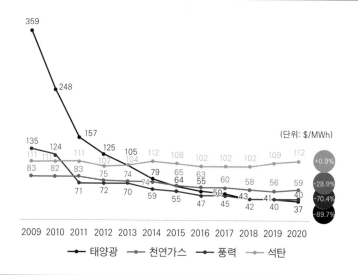

자원별 발전비용 비교

(단위: \$/MWh)

359
248
157
135 124 111 125 105 112 108 102 102 102 109 112
111 111 102 104
83 82 83 75 74 79 65 63 60 58 56 59
71 72 70 74 64 55 50 43 41 40
59 55 47 45 42 40 37

+0.9%
-28.9%
-70.4%
-89.7%

2009 2010 2011 2012 2013 2014 2015 2016 2017 2018 2019 2020

━●━ 태양광   ━●━ 천연가스   ━●━ 풍력   ━●━ 석탄

자료: LAZARD

라자드Lazard의 분석에 따르면, 1MWh 발전당 소요되는 태양광발전
비용은 2009년 359달러에서 2020년 37달러로 약 90%가 절감됐다.
풍력은 같은 기간 약 70%, 천연가스는 약 29% 감소했다. 반면 석탄은
102~112달러에서 변동이 없다. 경제적 수익성 측면에서 보면 천연가
스는 비용 효율성이 좋고 미래 가치가 유망한 자산이다. 이 때문에 좌
초자산을 언급할 때 많은 언론과 투자자들은 석탄발전에만 집중하고
있다.

환경 측면에서는 천연가스도 탄소 배출의 주범

그러나 에너지 원별로 이산화탄소 발생량을 보면 얘기가 달라진다.

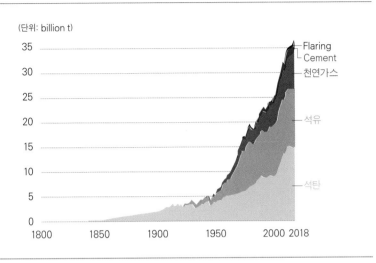

(단위: billion t)

자료: 카본트랙커

글로벌 카본 프로젝트Global Carbon Project가 전 세계에서 발생하는 이산화탄소 총량을 연료 유형별로 분석한 결과, 석탄이 약 40%로 가장 많은 비중을 차지하고, 그다음으로 석유와 천연가스가 약 34%와 21%로 높은 비중을 차지하고 있다.

전기발전 영역에서 봐도 1KWh 발전당 배출하는 이산화탄소는 석탄이 1001g으로 가장 높고 석유와 천연가스도 840g과 469g으로 매우 높게 나타났다. 반면 풍력은 12g, 태양광은 48g으로 거의 10분의 1 수준이다.[13] 환경적 관점에서 보면 천연가스는 석탄과 마찬가지로 좌초자산인 셈이다.[14]

그런데 이런 천연가스LNG를 한국 정부가 'K-택소노미'에 추가하면서 미국의 싱크탱크인 에너지경제·재무분석 연구소IEEFA가 거세게 비난했다. 환경부는 "LNG가 화석연료는 맞지만, 투자가 위축될 수도 있다는 산업계의 요구가 크고 석탄에서 LNG로 전력 발전을 전환하는 정부 방침에 보조를 맞추기 위해 한시적으로 LNG를 넣었다"라고 LNG를 친환경으로 해석한 것에 대해 해명했다.

그러나 IEEFA는 "LNG는 엄연한 화석연료다. LNG가 포함된다면, 세계 ESG 투자자들이 한국 투자를 꺼릴 수 있다"고 강하게 비판했다. 탄소를 배출하는 LNG가 K-택소노미에 포함되어 기후위기를 가속화시키는 LNG 발전소에 투자하는 경우가 발생하면 세계 금융시장에서 신뢰와 투자 경쟁력을 잃게 될 것이라고 경고했다. 투자 불이익을 걱정한 산업계의 요구로 추가한 'LNG'가 오히려 글로벌 투자자들에게는 마이너스 요소로 작용할 수 있다는 것이다.

전문가들도 LNG를 포함한 K-택소노미의 제정은 화석연료 발전 활동에 녹색인증을 부여해 '그린 워싱'을 정부가 인정해주는 것이라고 우려의 목소리를 냈다.

그저 에너지 발전 단가를 낮추고 수익성만 따지는 식의 경제적 관점에서만 좌초자산을 논의한다면, 인류가 직면한 근본적인 문제 해결은 영원히 불가능하다. 선진국들은 수익과 환경을 모두 고려하는 방식으로 ESG 게임의 룰을 바꿔나가면서 130조 달러 시장을 선점하려 하고 있다. 한국도 ESG 게임의 탈락자가 되지 않으려면 좌초자산에 대한 근원적인 접근과 해결 방안을 지금부터라도 마련해야 할 것이다.

원전:
환경이냐 전력이냐, 그것이 문제로다

전력난에 너도나도 다시 빼든 원전 카드

원자력발전(원전原電)은 탄소중립 이슈에서 그 이름만큼이나 뜨거운 감자다. 탈원전을 제기했던 국가들이 전력난을 이유로 다시 원전을 도입하기로 하면서 한국도 고민스러운 상황에 빠졌다.

중국 정부는 2035년까지 4400억 달러(약 518조 원)를 투입해 최소 150기(총 147GW)의 원자력발전소 건설을 추진한다. 150기는 중국을 제외한 전 세계 국가가 지난 35년간 세운 원전의 수보다 많다. 이는 베이징 크기의 대도시 10곳 이상에 전력을 공급할 수 있는 규모로, 계획이 완료되면 1994년에 뒤늦게 원전 시장에 진입한 중국은 앞으로 5년 내 미국을 제치고 세계 최대 원자력발전국이 될 전망이다. 중국은 원전을 통해 영국과 스페인, 프랑스, 독일 등 선진국들이 생산하는 탄소 배출량을 전부 합친 것보다 많은 연간 약 15억 톤의 탄소 배출을 줄일 수 있다고 주장하며, '2030년 탄소피킹 실행계획'을 통해 원자력발전을 능동적으로 추진하겠다고 선언했다. 향후 2060년까지 2990기에 달하는 화력발전소를 청정에너지 발전소로 대체한다는 구상이다.

중국이 원전에 능동적인 자세로 전환한 이유는 2021년에 경험했던 심각한 전력난 때문이다. 중국원자력산업협회는 "태양광이나 풍력은 가동시간이 4시간에 불과하지만 원전은 24시간 가동이 가능한 유일 발전소로, 원자력은 가장 안정적이고 효율적이며 청정한 저탄소 전력원"이라고 강조했다. 친환경 에너지에만 의존해서는 엄청난 양을 소비하는 중국의 전력을 감당할 수 없기 때문에 원전 도입이 절대적으로 필요한 것이다.

중국뿐이 아니다. 탈원전의 대표 국가였던 프랑스의 에마뉘엘 마크롱 대통령은 점진적 탈원전 기조에서 벗어나 원자력발전 연구개발 R&D에 약 1조 4000억 원(10억 유로)을 투입한다는 내용이 담긴 '프랑스 2030'을 발표했다. 2050년 탄소중립 목표를 달성할 불가피한 수단으로 소형 모듈 원전Small Modular Reactor: SMR(전기출력 300MWe급 소형 원자로로 미국 핵잠수함과 항공모함에서 쓰던 원전) 건설을 결심하고 국민 설득에 나선 것이다. 마크롱 대통령은 '원전 스톱'을 외친 탈脫원전론자로 2035년까지 원전 비율을 50%로 낮추겠다고 선언하며 2020년에는 원전 2기 가동을 중단하기까지 했다. 그런데 이번 발표로 자신의 탈원전 정책을 180도 뒤집었다.

영국도 원전 재도입에 동참했다. 영국은 소형 모듈 원전SMR 등 대규모 원자력발전 프로젝트에 대해 예산을 지원 계획을 밝혔다. 또한 프랑스 포함 유럽 10개국 16명의 경제 및 에너지 장관들은 원자력 발전의 필요성을 강조하는 "우리 유럽인들은 원자력발전이 필요합니다 Nous, Européens, avons besoin du nucléaire!"라는 공동 기고문을《르 피가로》를 비롯한 유럽 여러 신문에 게재하기도 했다.

프랑스와 영국 역시 이유는 전력난이다. 전 세계적인 '탄소중립' 선언으로 원자재 시장이 출렁이면서 1년 사이 국제 석탄 가격은 1톤당 56달러에서 243달러, 국제 유가는 서부텍사스산WTI 원유 기준으로 배럴당 41달러에서 82달러로, LNG 국제 현물 가격은 5달러에서 33달러 등 4~6배나 급등했다. 친환경 에너지 비율은 높은 유럽은 2021년에 바람이 불지 않는 등 이상기후로 인해 심각한 전력난을 겪어야 했다. 결국 대체재인 LNG로 발전을 해야 했지만 원자재 대란 속에서 발전비용은 기하급수적으로 늘어났고, 이를 감당하지 못해 정전 사태가 속출하기도 했다. 환경도 중요하지만 당장의 경제와 민생 안정을 무시할 수는 없었다.

만성적인 전력난을 겪고 있는 브라질도 전력 생산량 확대를 위해 네 번째 원전 건설 계획을 세우고 있다. 일본 역시 후쿠시마 사고 이후 탈원전을 선언했다가, 원전 재가동을 승인했다. 원전의 빈자리를 채우기 위해 LNG를 수입하는 과정에서 무역수지 적자국으로 돌아섰기 때문이다. 일본 정부는 원전 발전 비중을 22~23%까지 유지하는 안으로 선회하며 기준을 충족할 경우 재가동을 승인하기로 했다.

원전을 사이에 둔 팽팽한 줄다리기

이렇게 되자 원전을 'EU 그린 택소노미'에 포함할지를 놓고 찬성 국가들과 반대 국가들 간의 갈등이 고조되고 있다. 원전을 포함한 원자력 관련 기술은 현 EU의 그린 택소노미에는 포함돼 있지 않다. 그린 택소노미 규정 중 6개 환경 목표 가운데 하나 이상의 달성에 기여하면서, 그 과정에서 다른 환경 목표에 중대한 피해를 주지 않는 'DNSHDo No Significant Harm' 원칙이 있는데, 원자력은 이 DNSH 원칙에 걸려 택소노미에 포함되지 않았다.

독일로 대표되는 반대 국가 룩셈부르크, 포르투갈, 덴마크, 오스트리아, 스페인, 아일랜드 등 7개국은 영국 글래스고에서 원자력을 그린 택소노미에 포함시키는 것에 반대하는 공동 성명을 발표했다. 이 성명에서 "국가 에너지 시스템의 일부로 원자력을 찬성하거나 반대할 주권을 인정하지만, 택소노미에 포함시키면 택소노미의 무결성, 신뢰성 및 유용성이 영구적으로 손상될 것"이라고 지적했다. 택소노미를 기준으로 하는 ESG 금융상품의 투자처에 원자력이 포함되면 ESG 상품 전반의 신뢰 저하가 우려된다는 것이다.

반면 프랑스 등 찬성 국가들은 "원자력발전은 저렴하고 안정적이고 독립적 에너지원이며, 기후변화와의 전쟁에서 승리하려면 탄소 배출이 없는 원전이 필요하다"며 그린 택소노미에 원전을 추가해야 한다고 주장한다. 저렴하고 안정적으로 전기를 공급하는 원전이 에너지 가격 변동으로부터 유럽의 소비자들을 보호한다며 높아진 전력 가격에 불만인 여론에 호소했다.

전력난으로 인한 가격 상승으로 유럽연합EU 지도부도 원전 도입을 지지하고 있다. EU 집행위원장은 "재생에너지가 더 필요하지만 안정적인 에너지원인 원자력과 재생에너지로 전환할 동안 필요한 가스도 중요하다"고 말했다. 이런 상황을 놓고 보면 원전이 그린 택소노미에 포함될 가능성은 높아 보인다.

하지만 원전이 그린 택소노미에 포함된다고 해서 원전에 대한 투자가 크게 늘어나지는 않을 것으로 예상된다. 우선 ESG 투자자들은 원전 도입을 원치 않는다. 약 9조 유로(1350조 원 정도)의 투자자산을 운용하는 '넷제로 자산 소유자 동맹Net-Zero Asset Owner Alliance'은 원자력을 녹색산업으로 분류하는 것에 우려를 나타냈다. 블룸버그도 "EU가 그린 택소노미에 원자력 에너지를 포함할 경우 투자자의 반발에 직면할 것"이라고 전망했다.

또 하나의 이유는 경제성이다. 선진국에서는 이미 재생에너지 경제성이 원전을 크게 앞서고 있기 때문이다. 자산운용사인 라자드의 보고서를 보면, 미국 시장에서 원자력 전기는 2011년부터 재생에너지(풍력) 전기보다 비싸다. 2020년 기준 원전이 1MWh당 163달러로, 평균 37달러인 재생에너지보다 4배 비싼 것으로 평가됐다.

원전을 둘러싼 세계적인 흐름이 갈팡질팡하고 있는 가운데, 한국판 택소노미인 'K택소노미'에서는 원자력이 배제됐다. 850조 원 자산 규모의 국민연금 등이 2022년부터 투자 결정에 K택소노미를 활용할 예정인데, 2021년 10월 26일 공개된 환경부의 '한국형 녹색분류체계 및 적용 가이드안'에 따르면 태양광·풍력·수력과 LNG 발전, 친환경 자동

EU와 한국의 금융 지원 발전 부문 비교

유럽연합(EU)		한국
태양광·풍력·수력 등 청정에너지 발전 지원	신재생	태양광·풍력·수력 등 청정에너지 발전 지원
지원 여부 심층 논의 중	LNG 발전	2030년까지 지원
	원전	배제 결정
지원	원자력을 통한 수소 생산	배제 결정

자료: 환경부, 언론 종합

차 제조를 포함한 총 61개 산업 분야가 '녹색경제활동'으로 인정됐다. 반면 원전과 원자력을 이용한 수소 생산 등 원자력 관련 내용은 모두 배제됐다. 원자력 관련 기술 개발에 대한 자금 조달도 문제지만, 유럽이나 중국의 사례를 반면교사反面敎師로 삼아 탈원전에 따른 전력난에 어떻게 대비할 것인지도 고민해야 할 숙제이다.

전력난 해소의 대안, 소형 모듈 원전

심각한 전력난 해소를 위해 원전 도입, 특히 소형 모듈 원전Small Modular Reactor: SMR에 대한 관심이 높아지면서 마이크로소프트MS 창업자인 빌 게이츠가 액체 나트륨(소듐)을 냉각재로 사용하는 SMR, 소듐냉각고속로Sodium-cooled Fast Reactor: SFR를 건설하겠다고 발표해 주목을 끌고 있다. 현재 널리 사용하는 경수로 원자력발전소는 물을 냉각재로 이용한다. 액체 나트륨을 냉각재로 사용하게 되면 폐연료를 다시 사용할 수 있어 방사성 폐기물도 줄어든다. SFR은 기존 원전에 비해 사용 후 핵연료가 최대 95%까지 줄어든다는 연구 결과도 있다.[15]

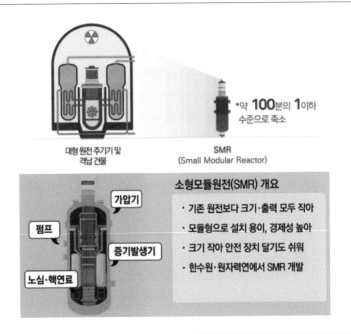

자료: 매일경제, 국토일보,언론 종합

소형 모듈 원전SMR이 전력난 해소 및 기후위기의 대안으로 떠오르고 있지만, 한편에서는 SMR도 위험하다며 경제성, 안전성, 기술성의 한계를 지적하고 있다. SMR은 수십, 수백 기를 건설해야 경제성을 확보할 수 있기 때문에 말만 소형이지 실제로는 소형이 아니라는 것이다. 빌 게이츠가 발표한 소듐 사용의 원전SFR은 공기와 수분에 노출됐을 때 폭발과 화재 위험이 커 '고속도로의 아킬레스건'이라고 부르기까지 한다. 설령 소듐의 안전성 문제를 해결한다고 하더라도 실증로 건설을 위한 부지 선정도 문제이다. SMR이 상용화되기 위해서는 넘어야 할

산이 한두 개가 아니다.[16]

　탄소중립은 인류 생존과 지구환경을 위해 반드시 가야 하는 길이다. 그러나 그 길은 오랜 시간 걸어야 하는 멀고도 험한 길이다. 전력난으로 경제가 멈추고 생활이 어려워져 중간에 버티지 못하고 길 위에서 쓰러진다면 탄소중립은 아무 의미가 없다. 친환경 신재생에너지로의 완전 전환을 위해 탄소중립만큼이나 '에너지 중립'도 중요하다. 환경과 전력의 밸런스를 맞춰가면서 한 걸음 한 걸음 탄소중립을 향해 나아가는 지혜와 인내가 필요한 시점이다.

새로운 게임의 등장, 소셜 택소노미

ESG에는 'S(사회)'도 있다

2021년 7월 28일, EU는 〈소셜 택소노미Social Taxonomy〉 보고서 초안을 발표했다. '사회적으로 지속가능한' 경제활동이 무엇인지 판별하는 원칙과 기준을 정리한 보고서였다. 그동안 EU 택소노미는 환경 측면에서 지속가능한 투자에 대한 비재무적인 정보의 기준과 원칙을 제시해왔다. 2022년부터 시행되는 '그린 택소노미'는 기후변화에 대응을 중심으로 한 환경에만 국한돼 있다. 이번에 발표한 〈소셜 택소노미〉는 ESG 경영 실행에 있어 무엇이 실질적인 사회적 공헌인지를 판별하는 기준을 제시한다. '환경'뿐만 아니라 '사회' 및 '지배구조' 분야에서 지속가능한 경제활동이 무엇인지 구체화했다는 점에서 의의가 있다. 4개의

소셜 택소노미 구조

수직적 차원 (상품·서비스가 적정한 삶의 기준 향상)	인간의 기본 욕구(basic needs)에 대한 접근권 개선	물, 음식, 주거, 보건, 교육 등
	기본적 경제 인프라에 대한 접근권 개선	교통, 통신과 인터넷, 청정에너지, 금융의 포용성, 폐기물 관리 등
수평적 차원 (경제활동 과정에서 이해관계자의 인권 존중·보호)	노동자들에 양질의 일자리(decent work) 보장	사회적 대화, 차별 금지 및 평등, 아동노동 금지, 강제노동 금지, 좋은 고용 조건, 보건과 안전, 숙련 및 평생교육, 사회보장, 가치사슬 내의 노동자들에 대한 영향
	소비자들의 이익 증진	상품과 서비스의 안정성과 품질, 소비자 개인정보·프라이버시·사이버 보안의 보호, 책임 있는 마케팅 관행
	포용적이고 지속가능한 지역사회 조성	평등하고 포용적인 성장, 주거와 생활 지원, 인권 옹호자의 시민 공간의 존중(표현·집회의 자유 보호)

자료: 법무법인 지평, 2021.7.20.

사회 목표를 제시하고 있는데, 수직적 차원은 인간다운 삶의 기준 향상을 제시하고 수평적 차원의 사회 목표는 좋은 일자리decent work 창출, 소비자 이익 증진, 지속가능한 커뮤니티 조성 등의 세 가지 목표를 추구한다.

수직적 차원은 상품과 서비스가 '적정한 삶의 기준adequate living standard'을 향상시켰는지에 대한 내용이다. 수평적 차원은 경제활동 과정에서 '이해관계자들의 인권보호'가 핵심이다. 좋은 일자리를 만들고, 소비자의 이익을 증진시키며, 지역사회의 지속가능성장을 추구하는 것들이 여기에 해당한다.

소셜 택소노미를 두 가지 차원으로 나눈 이유는 자본의 흐름을 '이해관계자들의 인권을 존중하는 기업 또는 활동' 쪽으로 유도하려고 하는 의도와 함께 ESG 금융이 '소외받은 사람들의 기본적 삶의 질 개선'을 위해 쓰이도록 하기 위해서다. 수평적 차원은 모든 경제활동에 공통적으로 적용되며 이에 관한 근거 기반은 '유엔 기업과 인권 이행지침UNGPs'이다. 이에 반해 수직적 차원은 특정 분야의 경제활동에만 적용되는데, 참고 준거로는 '유엔 지속가능발전목표SDGs'의 일부 조항 등을 제시하고 있다.

특히 소셜 택소노미에서는 EU의 공급망 기업실사due diligence가 눈에 띈다. 대기업은 공급망에서 환경 및 인권에 대한 활동의 확인·보고·개선 의무 부여, 리스크 발생 시 해당 내용과 대책 공개, 위반 시 벌금 부과 또는 피해 보상 등을 제시해야 한다. 영국(2015), 프랑스(2017), 네덜란드(2020)는 이미 법제화했고, 독일도 공급망 실사법LkSG을 제정했다. 이 법은 2023년부터 3000명 이상의 직원을 가진 회사에 적용되며, 2024년에는 1000명 이상 기업으로 확대된다.

소셜 택소노미로 블루워싱을 가린다

소셜 택소노미의 등장은 새로운 ESG 게임의 시작을 의미한다. 환경에만 치우친 ESG 경영을 사회 영역으로 확대시킴과 동시에, 겉으로만 사회적 이슈를 해결하는 이른바 블루워싱blue washing(기업의 반사회적 활동을 위장하는 행위)을 걸러내는 역할도 하기 때문이다. 소셜 택소노미는 동반성장의 중요성을 강조하면서, 모든 이해관계자가 지속가능한 성장을 할 수 있는 원칙을 제시한다.

이번 소셜 택소노미는 초안 보고서로 기본 논의만을 담고 있다.

소셜 택소노미의 판단 조건으로 사회 목표의 달성에 '상당한 기여 substantial contribution'를 하거나 이에 '중대한 피해를 주지 않는do no significant harm'지를 제시했지만 이에 대한 세부 기준은 밝히지 않았다. 2022년에는 그린 택소노미와 소셜 택소노미와의 관계를 어떻게 정립할지, '최소한의 사회적 안전장치' 조건과 소셜 택소노미 또는 거버넌스 부분을 어떻게 정합적으로 해석할지 등을 본격적으로 논의할 것으로 보인다. 소셜 택소노미가 입법화되기까지는 많은 노력과 기간이 소요되겠지만 규범적 근거인 UN의 SDGs와 UNGPsUN Guiding Principles on Business and Human Rights(유엔 기업과 인권에 관한 이행원칙)에 대한 국제적 합의가 존재하는 점 및 유럽을 중심으로 UNGPs의 원리에 근거한 '인권실사 의무화법'이 제정되고 있는 점 등을 고려하면 오랜 시간이 걸리지는 않을 듯하다. 다만 정부와 기업, 시민단체 각각의 시선에서 바라보는 '사회적으로 지속가능한' 경제활동이 무엇인지에 대한 논의는 계속해서 진행되고 해결해야 할 과제이다. EU의 택소노미를 벤치마킹하고 있는 한국 정부 역시 소셜 택소노미의 동향을 예의 주시하고 있다.[17]

ESG 경영 잘하는
기업을 찾습니다

돈은 있는데 줄 기업이 없다

국내 대형 은행의 요청으로 임원급 본부장님들 대상의 ESG 온라인 강의를 한 적이 있었다. 금융 기업은 일반 기업과 달리 타 기업에 금융을 지원하는 활동으로 ESG 경영을 실천하고 있는데, 강의가 끝나고 본부장님들께 ESG 경영을 함에 있어 어떤 어려움이 있으시냐고 질문을 드렸었다. 그러자 한 본부장님께서 이런 말씀을 하셨다. "저희 은행은 기업들의 ESG 경영을 서포트하기 위해 여러 금융상품들을 준비했습니다. 그런데 국내에서 ESG 금융 혜택을 받을 수 있는 조건을 갖춘 기업들이 그다지 많지 않습니다. 아직은 초기라서 그럴 수도 있고 ESG 경영을 잘하는 기업을 찾기가 쉽지는 않습니다."

많은 기업들이 ESG 경영을 선언하고 1년여 정도 지났지만 여전히 국내 기업들의 ESG 경영 행보는 시행착오 중이다. 국내에 상장돼 있는 ESG 상장지수펀드ETF를 살펴보면 상황이 어떤지를 알 수 있다

2020년 말부터 2021년 9월까지 약 1년간의 ESG ETF 수익률을 보면, 국내 증시에 상장된 10개 ETF 중 7개가 25% 넘게 상승한 것으로 나타났다. 한국거래소에 따르면 1년간 상승률이 가장 높은 ESG ETF는 VI자산운용의 FOCUS ESG리더스다. FOCUS ESG리더스 주가는 43.48% 상승했는데, 'KRX ESG Leaders 150지수'를 추종하고, 한국기업지배구조원KCGS이 평가한 ESG 통합 점수를 고려해 투자 종목을 편입한다. ESG ETF 중 개인투자자들이 가장 많이 순매수한 것은 KB자산운용의 KBSTAR ESG 사회책임투자로, 상승률은 약 30%였다. 삼성자산운용의 KODEX 200ESG · KODEX MSCI KOREA ESG유니버설, 미래에셋자산운용의 TIGER MSCI KOREA ESG유니버설의 상승률도 모두 20%를 넘었다.

이처럼 ESG에 대한 관심이 높아지면서 주요 자산운용사의 ESG ETF 상품 출시도 계속해서 늘고 있다. 그런데 이들 ETF의 종목 구성 내역을 보면 정말 ESG 경영을 잘하는 기업들로 이루어졌는지 고개를 갸우뚱하게 된다.

KODEX 200 ESG ETF의 주요 구성 종목 내역을 살펴보면 삼성전자, SK하이닉스, 네이버, 카카오, 삼성SDI, LG화학, 현대차 등 KOSPI 시가총액 상위 기업들이 그대로 포진해 있다. 이 ETF는 KOSPI 지수와 큰 차별성 없는 수익률의 궤적을 보여주고 있다. TIGER MSCI

KOREA ESG유니버설도 삼성전자, SK하이닉스, 카카오, 네이버, 삼성 SDI 등으로 비슷한 구성 내역이다. 이 ETF 역시 코스피 지수와 거의 비슷한 수익률을 기록했다.

해당 ETF에 속한 대기업들은 일부 물의를 일으킨 기업도 있지만, 전반적으로 ESG 경영을 잘 실천하고 있는 기업들이다. 하지만 ESG라는 명칭이 상품에 들어간 만큼 다른 금융상품과는 다르게 좀 더 ESG 경영을 잘하는 기업들이 들어가야 투자자들도 납득할 수 있다. 투자자들도 분명 ESG가 들어간 ETF에 투자할 때에는 ESG 경영을 잘하는 기업에 투자하기를 원했을 것이다. 투자를 통해 개인도 ESG를 실천할 수 있기 때문이다.

하지만 국내 ESG 펀드는 기존 주식형 펀드와 차별점이 거의 없다. ESG 펀드가 추종하는 벤치마크 지수가 대부분 KOSPI 200지수를 추종하고 있어 투자하는 종목은 대부분 겹치게 된다. 물론 모든 ETF가 KOSPI 지수를 추종하는 것은 아니다.

그렇지만 현재 출시된 대부분의 국내 ESG ETF는 KOSPI 200지수 흐름을 따르면서 자산운용사별로 자체적으로 종목을 선정한다. 시가총액, 투자 적합성, 기업 실적 대비 저평가 정도, 재무 리스크 등을 고려해 기업들을 선정하고, 거기서 다시 기업지배구조, 사회공헌, 환경 등 비재무적 요소를 평가해서 최종적으로 종목을 구성한다. 하지만 ESG 관련 기업의 정보 부족과 함께 ESG 경영 우수기업 수 자체가 그다지 많지 않아 선정되는 기업들은 중복될 수밖에 없다. 이러다 보니 ESG 펀드에 대기업들이 대거 포함되어 무늬만 ESG란 지적이 나오게

된다.[18]

미국에 상장된 ETF도 마찬가지 상황인데, 블랙록에서 운용하는 ESGU ETF와 뱅가드사에서 운용하는 ESGV ETF의 주요 구성 종목은 애플, 마이크로소프트, 아마존, 알파벳(구글), 메타(구 페이스북) 등으로 기존의 시가총액 순위와 크게 다르지 않다. 미국 역시 수익률을 만족시키면서 ESG 경영을 잘하는 기업을 찾는다는 게 쉽지 않다는 것을 보여주고 있다.

우수 ESG 기업 찾기는 하늘의 별 따기

시중은행들도 ESG 붐을 타고 ESG 금융상품을 출시해 기업들에게 우대금리 혜택 등을 제공한다. 국민은행은 ESG 평가 기준과 내부 신용등급 요건을 충족하면 최대 0.4%p의 우대금리를 주는 'KB그린웨이브 ESG 우수기업대출'을 출시했다. 신한은행은 동반성장위원회가 시행 중인 '협력사 ESG 지원사업'을 통해 선정된 'ESG 우수 중소기업'을 대상으로 0.2~0.3%p 우대금리를 제공하는 ESG 특화대출 상품인 '신한 ESG 우수 상생지원대출'을 출시했다. 이 상품을 통해 한 달 동안 2200억 원 규모의 대출이 이루어졌다. NH농협은행도 'NH친환경기업우대론'을 출시해 한국환경산업기술원의 환경성 평가 우수기업과 녹색인증 기업에 최대 1.5%p 우대금리와 추가 대출 한도를 지원한다. 우리은행은 환경산업기술원 환경성 평가 등급 'BBB' 이상 기업에 대출한도와 금리를 우대하는 '우리 ESG 혁신기업대출'을 출시했는데, 친환경 관련 인증서 보유 기업에 0.1%p의 우대금리를 제공하고, 기타 조건에 따라 1.0~1.5%p 우대가 적용된다.

문제는 이런 ESG 금융상품을 제공할 만한 조건을 갖춘 기업, 특히 중소기업들이 국내에 많지 않다는 것이다. 사실 ESG 경영에 대응하기 어렵다는 중소기업이 10곳 중 7~8곳이나 되는 상황에서 ESG 경영까지 잘하는 중소기업이 지금 시점에 있을 리가 만무하다. 포도나무에 포도가 달려 있지만 너무 높아서 따 먹지 못하고 "저 포도는 너무 시어서 맛이 없을 거야"라며 등 돌려 가버리는 여우의 우화처럼, ESG 금융의 혜택을 받아야 할 많은 중소기업이 자칫 높은 허들에 ESG 경영으로부터 등을 돌려버리지는 않을까 걱정스럽다. ESG는 결코 신 포도가 아니다. 조금만 나무의 높이를 낮춰 중소기업들이 ESG 경영의 달콤함을 맛볼 수 있다면 더 많은 우수한 ESG 기업들이 생겨날 수 있을 것이다.

ESG 게임의 최종 승자는
'진정성' 있는 기업

무늬만 친환경, '진정성' 없는 ESG 워싱 기업들

2021년 9월, 글로벌 커피체인점 S사는 자사 50주년과 세계 커피의 날을 기념해 친환경 메시지를 전달하는 '리유저블 컵 데이' 행사를 진행했다. 음료를 주문한 고객에게 다회용 컵을 무료로 제공했는데, 이 날 하루에만 받을 수 있는 '한정판' 다회용 컵을 구하기 위해 사람들이 몰리면서 주문한 커피를 받는 데 1시간이 넘게 걸리고 8000명 이상이 동시에 주문 앱에 몰려 접속이 지연되는 사태가 발생했다. 대기 번호는 650번까지 기록하며 대기 행렬이 이어졌고 이른 시간에 리유저블 컵이 소진되기도 했다. 행사 자체는 대성공이었다. 그러나 후폭풍이 만만치 않았다.

디자인이 예쁘기로 유명한 S사의 컵을 사기 위해 불필요한 음료를 10개 이상이나 구입해 마시지도 않고 그냥 버리는 소비자가 있는가 하면, 집에 이미 수십 개의 텀블러가 있는데도 '예쁘다'는 이유만으로 또 컵을 구입하려는 소비자도 많았다. 게다가 이 다회용 컵 소재는 '폴리프로필렌'이다. 일회용 포장재로 사용하는 일반 플라스틱으로 오염물질, 세균 등 문제로 재사용이 바람직하지 않아 친환경과 거리가 멀다. 실제 권장 사용 횟수도 20회에 불과하다. 심지어 컵 표면은 잉크로 인쇄되어 재활용이 더욱 어렵다. 그저 '예쁜 쓰레기'라고 비판이 나오는 이유이다.

환경 차원에서도 문제지만 근로자의 노동 측면에서도 문제가 불거졌다. '리유저블컵 데이' 행사로 매장 곳곳에서는 직원과 손님 간 실랑이가 벌어졌고, 갑작스런 주문 폭주로 직원들은 엄청난 노동 강도에 시달렸다. 직원들의 근로 환경을 고려하지 않은 일방적이고 과도한 마케팅에 대한 직원들은 불만을 토로했고, 결국 "리유저블컵 이벤트, 대기음료 650잔에 파트너들은 눈물짓는다"라는 메시지를 새긴 트럭 시위로 이어지게 됐다.

환경을 살리자는 좋은 취지로 행사를 개최했지만 '진정성' 없는 보여주기식의 행동으로 S사는 '그린 워싱'의 비난을 피할 수 없었다. 실제로 환경에 도움이 되지 않음에도 친환경으로 포장해 홍보했기 때문이다. 또한 이번에는 근로자들의 트럭 시위까지 발생하면서 'ESG 워싱' 논란까지 일었다. 그동안 좋은 일자리를 창출하는 기업으로 많은 상도 받고, 이를 적극적으로 홍보해왔지만 정작 그 안에서 일하는 직원들의 저임금 노동, 낮은 처우 등에 대해서는 외면하고 있었다. "종업원은 회사 문을 나서는 순간 또 다른 고객이다"라는 진리를 S사는 망각하고 있었던 것이다.

이처럼 S사의 사례와 같이 ESG가 이슈로 떠오르면서 '진정성' 없이 '친환경'이라는 트렌드에 올라타려는 ESG 워싱 기업들이 늘어나고 있다. 탈석탄 탄소중립을 내세워 ESG 경영을 선언한 철강회사와 증권회사가 석탄화력발전소에 투자를 해 시민환경단체와 지역주민들이 반발을 한 사례도 있다. 삼척에 건설되는 이 석탄발전소는 완공되면 30년 동안 3억 9000만 톤에 달하는 온실가스를 배출하는데, 영국의 1년 온실가스 배출량과 같은 규모이다. 또한 발전소에서 배출되는 미세먼지와 황산화물, 질소산화물 등 대기오염물질로 30년간 최대 1081명의 사망자 발생이 우려되는데 그 피해는 고스란히 지역주민들이 입게 된다. 그러나 철강회사는 삼척석탄발전 건설을 일정대로 추진하겠다는 입장을 고수했는데, 정부가 확정한 9차 전력수급 계획에도 포함됐고 이산화탄소 배출량을 최소화한 친환경 발전소라는 것이 이유다.

증권회사 역시 탈석탄 금융을 실행하겠다고 선언하고 ESG 비전도 선포했지만, 삼척 석탄화력발전소 운영을 목적으로 설립된 민간석탄발전사의 회사채를 단독으로 주관해 발행했다. 신규 석탄발전소 건설을 위한 대출과 채권 투자 중단을 약속했지만, 전 세계적인 탈석탄 흐름에 역행하는 선택을 한 것이다.

ESG 워싱에 점점 더 엄격해지는 평가 기준

이런 기업들이 등장하면서 "ESG는 사기일 가능성이 높다"라는 언론의 기사와 전문가들의 주장도 나오고 있다. 녹색 채권이나 소셜 펀드의 명목으로 조달된 자금을 본연의 목적 이외에 쓰는 기업, 각종 사건·사고로 ESG 중 어느 하나가 안 좋으면 다른 영역에서 점수를 올려 평가 등급을 높이는 기업, 충분한 인력 및 시스템, 방법론 등이 없는 상태에서 ESG 등급을 산출하는 자격 미달의 평가기관 등이 모두 ESG 워싱의 대상이다.

ESG 워싱 기업에 대해 해외에서는 더욱 엄격하다. 테슬라Tesla는 전기차를 생산하는 '친환경 제품' 회사 이미지가 강하지만, 제품을 생산하는 과정에서 다량의 온실가스를 방출하고 있다. '친환경 기술'을 중시하는 MSCI는 테슬라의 전기차가 탄소를 발생시키지 않는다는 이유로 만점에 가까운 점수를 준 반면, 공장의 '생산과정'을 중시하는 FTSE는 테슬라에 0점을 주었다. 직원 복지와 관련된 경영 정보에 대해서도 테슬라는 공개하지 않는 데이터가 많은데, '지속가능경영'을 위해 공시 확대를 필수로 여기는 서스테이널리틱스Sustainalytics는 공시 지표를 엄격히 평가한다. CEO인 일론 머스크가 돌출 행동이나 깜짝 발언을 하면 기업 가치에 영향을 주는 사건 혹은 쟁점을 의미하는 '컨트러버셜Controversial 이슈' 반영 방식에 따라 지배구조 점수를 변경하고 이는 ESG 등급에 영향을 미친다.

오마하의 현인, 워런 버핏이 이끄는 버크셔 헤서웨이는 2박 3일간의 온·오프라인 주주총회를 통해 경영자가 직접 다양한 주주들의 질문에

꼼꼼히 답변하는 등 '주주 친화 경영'으로 유명하다. 하지만 2021년 주주서한에서 "기후변화 대응과 직원 성·인종 다양성에 대해 버크셔가 어떤 노력을 해왔는지 정보를 공개하라는 2건의 주주제안에 반대해달라"고 요청하면서 ESG 흐름과 반대되는 모습을 보여 문제가 불거졌다. 2020년 투자 포트폴리오의 석탄 투자 비중이 높다는 지적도 있다. 버크셔 헤서웨이는 천연가스 파이프라인과 전력업체에 투자하고 있고, 2020년 석유업체 셰브론 지분을 41억 달러어치 추가 매수했다. 이는 당연히 투자의 귀재인 워런 버핏의 통찰력과 판단력에서 나온 것이다. 2020년 4월 말 서부 텍사스산WTI 원유 선물은 −37달러에 이를 정도로 폭락했지만, 2021년 10월 12일 종가 기준으로 WTI 원유 선물 가격은 80달러를 넘어섰다.

수익 측면에서는 최고의 기업이지만, 워런 버핏과 동업자 찰리 멍거를 중심으로 경영되고 있는 버크셔 헤서웨이의 폐쇄성을 두고 FTSE는 사회와 환경 부문에서 관련 정보를 공개하지 않는다는 이유로 0점을 주었다. 서스테이널리틱스 역시 S&P100 기업에서 ESG 등급 최하위 수준으로 평가했고, 버크셔 헤서웨이를 'S&P500 ESG 지수'에서 제외했다.

글로벌 금융사의 그린 워싱, ESG 워싱 사례도 많다. 독일 도이치뱅크 계열 운용사 DWS는 기준에 부적합한 펀드를 ESG 상품으로 분류해 ESG 투자 규모를 허위로 공시했다는 의혹이 제기되면서 독일과 미국 금융 당국이 조사에 착수했다. DWS는 2020년 지속가능성 보고서에서 전체 운용자산(9000억 유로)의 약 50%(4590억 유로)가 ESG 관련

//DWS	Vanguard®	FRANKLIN TEMPLETON
"전체 운용자산 중 50%는 ESG 관련 자산"	"ESG ETF 운용 확대"	"ESG 펀드 운용 증가"
실제론… "ESG 평가 시스템 없고 극히 일부에 불과한 허위공시" 고발	실제론… "테크핀 ETF를 ESG로 명칭만 바꿔" 폭로	실제론… "ESG와 무관한 기업에 투자하며 ESG경영 촉구 행동주의도 부족" 비판

HSBC	JPMorganChase
"2030년까지 1조달러 규모 에너지 효율화하겠다"	"기후변화 대응 위해 전체 펀드 중 47%가 ESG 요소 반영"
실제론… "2016년 파리협정 이후 화석연료 누적 파이낸싱 글로벌 13위" 지적	실제론… "글로벌 화석연료 파이낸싱 은행 순위 1위" 오명

자료: 뉴스웨이, 언론 종합

자산이라고 발표했지만, DWS의 지속가능성 책임자는 DWS가 적절한 ESG 평가 시스템을 보유하고 있지 않으며 실제 ESG 기준에 적합한 펀드는 극히 일부에 불과해 공시가 허위라고 폭로했다.

미국 전문투자자문사인 뱅가드그룹은 US ESG ETF의 수익률 제고를 위해 구글과 애플 등에 투자하면서 일반 테크핀 ETF를 명칭만 ESG로 바꾼 것에 불과하다는 비판을 받았다. 미국 투자금융사인 프랭클린 템플턴 인베스트먼 역시 자사 ESG 펀드가 ESG와 무관한 기업에 투자됐다는 문제가 제기됐다.

영국 금융그룹 HSBC는 2050년 탄소 제로 선언을 하면서 2030년까지 약 1조 달러의 기업 에너지 효율화 지원 계획을 발표했지만 화석연료 파이낸싱 중단 계획이 없다는 지적을 받았다. JP모건체이스는 전체 펀드의 47%가 ESG 요소를 반영하고 있다고 밝혔지만, 여전히 전체 기업 금융자산 중 약 20%가 고탄소 배출 업종이 차지하고 있고 2016년 이후 화석연료 파이낸싱 누적 금액도 3167억 달러로 글로벌 화석연료 파이낸싱 은행 순위에서 1위를 차지하는 이중적인 모습을 보이기도 했다.

ESG 워싱은 '이윤을 추구하는 경영 본연의 목적과 환경, 사회적 가치를 추구하는 ESG'를 동시에 전개하는 과정에서 기업이 진정성을 잃고 이익 추구로 내달릴 때 발생하는 잘못된 행동이다. 일시적인 판단 착오로 발생할 수도 있지만, 애초부터 ESG에는 관심도 없이 그저 홍보 수단으로만 이용하려는 기업들도 존재한다. ESG 마케팅을 내세워 친환경 굿즈들을 판매 및 증정하는 기업들이 늘고 있지만 이런 것들이 실제로 친환경적인가에 대해서는 전혀 검증되지 않았다. 친환경, ESG를 그저 홍보 문구로만 이용해 마케팅으로 이득을 보고 실질적으로는 쓰레기만 발생시키는 '위선 경영'인 셈이다.

테라초이스가 제시한 7가지 그린워싱 판단 기준

소비자 입장에서 그린 워싱, ESG 워싱을 가려낼 수 있는 방법이 있을까? 캐나다의 친환경 컨설팅 기업인 테라초이스TerraChoice가 제시한 '그린 워싱을 가려내는 7가지 기준'을 이용하면 '무늬만 친환경'인 ESG 워싱 기업을 판단하는 데 도움이 된다.

① 상충효과 감추기(친환경적인 특정 속성만 강조해 다른 속성의 영향은 감추는 행위)

② 증거 불충분(근거 없이 친환경이라고 주장)

③ 애매모호한 주장(광범위하거나 오해를 일으킬 수 있는 용어 사용)

④ 관련성 없는 주장(내용물은 친환경과 무관한데 용기가 재활용된다는 이유로 친환경 제품이라고 표기)

⑤ 유해상품 정당화(환경적이지 않지만 다른 제품보다 환경적일 때 친환경이라 주장)

⑥ 거짓말(거짓을 광고)

⑦ 부적절한 인증 라벨(인증받은 상품처럼 위장)

예를 들어 플라스틱 용기 겉면에 종이 포장을 한 후 '페이퍼 보틀'이라는 명칭을 붙여 홍보했다면, 이는 오해를 일으킬 수 있는 용어를 사용했기에 '③번 애매모호한 주장'에 해당한다. 앞에서 등장했던 석탄발전소 사례에서 이 발전소를 '국내 최고의 환경친화적 명품 발전소'라고 홍보자료에서 소개했는데, 이는 '⑤번 유해상품 정당화'라고 할 수 있다. S사는 리유저블 컵 사례는 플라스틱 컵을 생산할 때 배출되는 온실가스 사실은 감춘 채 친환경이라고 홍보해 '①번 상충효과 감추기'에 해당한다.

인터넷, 유튜브 등을 통해 ESG 정보를 얻고 공유하는 요즘의 소비자들, 특히 MZ 세대들은 ESG 워싱 기업에 대해 냉철한 평가와 함께 행동으로 표출한다. ESG 게임의 모든 룰을 숙지하고, 그 기준에 맞춰 마지막까지 완벽하게 ESG 경영을 수행했다고 해도 ESG 워싱이 수면 위로 드러나면 '게임 오버'이다. ESG 게임의 최종 승자는 '진정성'을 지닌 기업이다.

"우리는 깐부잖아":
ESG 경영은 승자 독식 게임이 아니다

"사회에 공헌하는 것은 기업에 사치나 선택이 아니라 기업의 장기적 성공에 반드시 필요하다."

《ESG 파이코노믹스Pieconomics》의 저자 알렉스 에드먼스 런던비즈니스스쿨 교수는, 사회적 가치와 이윤을 동시에 창출하는 ESG 경영의 핵심은 '사고를 전환하는 것'이고, 전제는 '비즈니스와 사회는 적대관계가 아니다'라는 점을 강조한다. 기업들은 ESG 경영을 하게 되면 비용이 증가하고 그에 따른 이익이나 시장점유율이 감소할 것을 두려워하지만, 알렉스 에드먼스 교수는 이해관계자들에게 투자하면 파이가 줄어드는 것이 아니라 오히려 파이를 키워 궁극적으로는 투자자에게 이익을 줄 수 있다고 설명한다. 조직 구성원이 공동의 목표를 기반으로 장기적 관점에 집중할 때 주주, 근로자, 고객, 공급자, 지역사회 등 모든 사람의 몫을 키우는 방식으로 가치를 창출할 수 있다는 것이다. 책임 있는 기업은 사회를 위한 가치 창출을 통해 이윤을 만들 수 있다. 파이는 이윤이 아니라 사회적 가치를 나타내며, 이윤은 그저 파이의 한 부분일 뿐이라고 에드먼스 교수는 이야기한다.

다보스 포럼의 클라우스 슈왑Klaus Schwab 회장도 저서인 《이해관계자 자본주의》를 통해 그동안 중요시되던 경제적 번영Prosperity을 넘어 여러 이해관계자에 대한 배려와 공익의 중요성을 강조한다. 또한 그 중심에는 People(사람)과 Planet(환경)이 추가돼야 한다고 주장한다.

지금도 많은 기업들은 경쟁을 통해 우위를 창출하고 이익을 확보하고 있다. '기업이 만들어내는 가치는 고정돼 있다'고 상정하고 '파이를 쪼개는' 사고방식으로 경영을 하면서 많은 문제와 갈등 또한 야기됐다. 기업이 직원, 투자자, 공급자, 고객, 사회 등을 고려하지 않고 수익 극대화에만 몰두하면 평판은 땅에 떨어지고 오히려 재무적으로 막대한 손실을 입기까지 한다.

〈오징어게임〉은 얼핏 보면 최후의 승자 1명을 가리는 '승자 독식' 게임처럼 보인다. 그런데 주최 측에서 제시한 룰을 잘 들어보면 "6개의 게임을 모든 이긴 분들께는 거액의 상금이 주어진다"라고 말하고 있다. 승자 한 명이 아닌 '분들', 즉 다수의 승자에게 상금을 주겠다는 것이다. 협력 여하에 따라 보다 많은 사람들이 상금의 혜택을 얻을 수 있다. 다만 차이점은, 오징어 게임은 협력하면 할수록 파이(상금)가 줄어들지만, ESG 게임은 협력할수록 파이가 늘어난다는 점이다.

앞으로 다가올 130조 달러라고 하는 거대한 ESG 파이는 정해진 수치가 아니다. 기업들의 파이 키우기 사고방식에 따라 얼마든지 더 커질 수 있다. 기업들이 ESG 경영을 수행함에 있어 신경 써야 하는 부분은 130조 달러 시장에서 우리 기업이 얼마나 더 많이 가져올 수 있을까가 아니라 환경 및 사회공헌을 통해 ESG 시장을 얼마나 더 키울 수 있느냐이다. ESG 파이를 키우고자 하는 기업은 파이의 크기를 늘리는 것을 목표로 하면서 동시에 구성원의 파이 조각이 줄어들지 않도록 노력해야 한다.

ESG 경영은 승자와 패자로 나뉘는 이분법적 경쟁이 아니다. 지수평가에 따라 등급이 매겨지고 언론이 발표하는 ESG 순위에 들고 못 들고의 승자패자Win or Lose 관계는 ESG 파이 키우기를 저해할 뿐이다. 우수한 ESG 경영을 실행하는 기업의 사례가 해당 업종 내 다른 기업들에도 전파되고, 그 업종의 우수 사례는 다시 다른 업종으로 확산되어 모두가 ESG 사고로 업무를 수행할 수 있는 'ESG 생태계ecosystem'를 만들어나가야 한다.

〈오징어게임〉의 명대사, "우리는 깐부잖아(깐부: 딱지치기, 구슬치기 등의 놀이를 할 때 네것 내것 구분 없는 같은 편을 뜻하는 은어)"처럼 ESG 경영을 하는 모든 기업은 다 같은 편이다.

3장

기업의 미래 가치를 높이는 ESG 경영 전략

ESG 경영에 대해
다시 생각하다

경영 전략은 시대 흐름의 반영

20여 년간 경영 전략 업무를 해오면서 수많은 경영 방법을 접하고 연구해왔다. 품질경영, 6시그마경영(6시그마는 생산 현장에서 품질 수준을 측정하는 것으로서 100만 건당 3~4개의 불량이 존재하는 수준을 의미한다. 제조 공정과 서비스 프로세스의 결함을 줄임으로써 고객 만족을 높이고 궁극적으로 기업의 가치 증대에 기여한다), 지속가능경영, 인재경영, 그리고 4차 산업혁명 시대를 맞이해서는 디지털 경영까지 정말 다양한 경영 전략들이 트렌드처럼 왔다가 사라졌다.

경영 전략은 시대의 흐름을 반영한다. 품질이 강조될 때가 있는가 하면, 인재를 중요시할 때도 있다. 스마트폰이 처음 등장했을 당시에

는 모든 업무에 '스마트'라는 단어가 붙으면서 '혁신'이 강조됐고, 4차 산업혁명 시대가 도래했을 때는 AI(인공지능), 사물인터넷IoT, 빅데이터 등 IT를 기반으로 한 디지털 경영혁신이 주류로 급부상했다. 명칭이나 방식은 달라도 모든 경영 전략이 추구하는 바는 동일했다. 바로 기업의 이익 및 가치(주가) 극대화였다. 품질을 강조하든, 인재를 강조하든, IT를 이용하든 기업들이 경영 방식을 달리하면서 시행착오를 겪는 이유는 급변하는 환경에 맞게 기업의 이익과 가치를 계속해서 높이기 위해서다. 이 사실은 지금 이 사회를 지탱하고 있는 자본주의가 사라지지 않는 이상은 불변의 진리와도 같다.

이런 관점에서 보면 ESG 경영 역시 새로운 경영 전략의 하나로 해석될 수 있다. ESG가 내포한 거창하고 범지구적인 의의가 경영과 결합하는 순간, ESG 경영이 추구하는 지향점은 해당 기업의 목표가 될 수밖에 없다. 경영經營이란 기업이나 사업체를 설립 목적에 맞게 효과적이고 효율적으로 관리, 운영하는 활동을 의미한다. 여기서 설립 목적은 창업주나 CEO 혹은 기업의 성격에 따라 다를 수 있다. 파타고니아의 이본 쉬나드 회장처럼 회사 설립목적 자체가 지구환경을 지키기 위해서라면, 당연히 그 기업의 모든 경영활동은 지구환경을 지키는 것에 집중돼야 하고 결과도 목적에 부합됐는지에 따라 평가돼야 한다. 공기업이나 비영리단체Non Profit Organization: NPO에서도 ESG 경영을 실행할 수 있는데, 이들 조직은 영리 추구보다 공익을 우선시하고 있어서 이익보다는 ESG 본연의 활동에 더 집중해서 경영을 수행할 수 있다(물론 공기업도 적자를 내서는 안 된다).

그렇지만 자본주의 토대에서 만들어지고 자라난 대부분 기업들의 설립 목적은 '이윤 극대화', '수익 창출'이다. 속된 말로 표현하면 '돈을 벌기 위해' 회사나 사업체를 만드는 것이다. 설령 사회 기여, 인류 공헌이 기업의 비전이라 할지라도 민간 기업들의 기저에는 '이윤 추구'라는 가장 기본적인 마인드가 깔려 있음을 부정할 수 없다. 자본주의 사회에서 이 목적은 결코 나쁘거나 잘못된 것이 아닌 당연하고 자연스러운 것이다. 기업이 이익을 내지 못하면 내부 직원들은 고용 안정에 불안함을 느끼고 최악의 경우에는 해고에 이르기까지 한다. 직원 및 가족들의 생활보호와 사회적 안정을 위해서라도 기업의 이윤 추구는 자본주의 사회에서 가장 기본적인 지향점이라 할 수 있다.

결국 ESG 경영 역시 경영 전략의 하나로 간주한다면, '기업의 ESG

활동을 통해 기업 가치(실적, 주가 등)를 높이는 경영 방식'이라고 정의할 수 있다. E, S, G 각각의 요소들이 기업 비전 및 목표 설립, 사업 전략과 비즈니스 모델 구축, 마케팅·홍보, 인사·HR, 기술개발·R&D, 재무 등 모든 경영 활동에 녹아들어 설립 목적에 맞게 기업을 효율적으로 관리, 운영하는 것이 ESG 경영이다.

ESG 경영의 핵심은 ESG를 통한 기업 가치의 향상

ESG 경영에 대해 많은 언론과 전문가들은 나름의 시각으로 개념을 설명하고 있는데, 공통적으로 언급되는 내용을 정리해보면 '기업이 이윤 추구뿐만 아니라 비재무적 부문에서도 친환경적Environmental 및 사회적Social 책임을 가지고, 투명한 지배구조Governance를 기반으로

ESG 경영의 개념

지속가능한 발전을 이루도록 하는 경영'을 ESG 경영이라고 얘기하고 있다. 여기서의 핵심은 '지속가능한 발전'으로, ESG 경영을 지속가능경영의 연장선상으로 보는 이유도 이 때문이다.

ESG 경영에 있어 특히 중요한 점은 ESG 경영 개념에 대한 전사적인 공감대 형성이다. ESG 담당 부서나 특정 조직에서만 수행하는 ESG 활동만으로 ESG 경영을 완수했다고 안심해서는 안 된다. CEO가 내세운 ESG 경영 철학 하에서 전사 조직과 사원들이 비전과 목표를 공유해 유기적으로 ESG 활동을 수행해야만 의미 있는 ESG 경영이라 할 수 있다. ESG 경영의 성공적인 수행을 위해서는 기업 내 임직원 모두가 ESG 사고를 가지고 업무에 임해야 한다. 여기서 말하는 'ESG 사고 思考'란 환경(E)과 사회(S)를 생각하면서 투명하고 공명정대(G)하게 사업

ESG 사고

ESG 경영의 성공적 추진을 위해서는
기업 내 임직원 모두가 ESG 사고로 업무 수행

ESG 사고(思考)

환경(E)과 사회(S)를 생각하며
투명하고 공명정대(G)하게
사업을 하겠다는 마음

을 하겠다는 마음을 의미한다. 마케팅 업무를 하든, 영업 활동을 하든, 전략 기획 업무를 하든, 홍보 업무를 하든, 재무관리를 하든 어떤 부서에서 어떤 업무를 하든 'ESG 사고' 관점으로 일을 해야 성과 역시 ESG에 맞는 결과가 나오게 된다.

정승같이 벌어 정승같이 쓰는 것이
ESG 경영

ESG 경영도 경영 방식의 하나이므로 경영 활동을 통해 리스크 요인들을 제거해 비용은 낮추고 기회를 발굴해 새로운 가치 창출로 수익은 높여 실적으로 나타낼 수 있어야 한다. 그리고 개선된 실적은 기업 가치 상승으로 이어져 투자자들로부터 좋은 평가와 투자를 받게 된다. ESG 경영은 지속가능경영을 통한 기업 가치 상승으로 완성된다. 이 부분이 기존의 CSRCorporate Social Responsibility(기업의 사회적 책임)과 차별되는 지점이다.

《넥스트 자본주의, ESG》의 저자 조신 교수 역시, ESG의 중요한 특징으로 투자자 주도, 수익률 중시를 꼽으면서 CSR과 ESG의 근본적 차이는 '투자자 주도성'에 있다고 언급한 바 있다. 조신 교수는 "정부

CSR은 결과, ESG는 과정과 결과 모두 중시

CSR

개 같이 벌어
정승 같이 쓴다

돈을 많이 번 기업이
사회에 '좋은 일'을 하면서 책임을 다한다

ESG

정승

✖ 같이 벌어
정승 같이 쓴다

기업이 이익 창출 과정에서 '좋은 일'을 함으로써
사회 기여도 및 기업 가치를 높인다

규제와 이해관계자들의 요구가 CSR 활동의 동력이라면, ESG는 투자자들의 압력에 기인한다. 따라서 CSR은 '비용'으로 인식되며 최소한의 수준에서 그친다. ESG는 투자자와 자본시장에서 촉발된 만큼 수익률이 중요하다. 아무리 사회문제 해결에 도움이 돼도 수익률이 낮으면 안 된다는 게 핵심이다"라고 ESG 경영에 있어서 수익을 창출하는 일이 무시돼서는 안 된다고 강조했다.[19]

문제는 'ESG'와 '경영'이라는 이율배반적인 두 단어가 만나면서 발생하는 딜레마이다. TPSToyota Production System(도요타의 간판 생산방식), TBMTime-Based-Management(시간기반경영)을 비롯해 품질경영, 6시그마 경영, 인재경영, 디지털 혁신 경영 등 지금까지 등장한 수많은 경영 전략들은 기업의 성과를 극대화하는 수단, 즉 '경영'의 목적인 '이윤 극대화'를 서포트하기 위해 등장한 개념들이다. 방법은 다를지언정 지향하는 방향은 동일했다. 그런데 ESG 경영은 기존의 경영 전략들과 그 성격이 다르다. ESG 자체가 '이윤 극대화'라는 자본주의의 목적 자체를 바꿀 정도로 강력한 의미와 영향력을 지니고 있기 때문이다.

기업의 지속가능경영을 위해 요구되는 환경, 사회, 지배구조의 비재무적 요인인 ESG는 분명 장기적 관점에서 환경에도 좋고 사회적 가치도 창출하면서 자본비용도 낮아진다. 하지만 단기적 측면에서는 당장 기업에게 비용 부담으로 다가온다. 친환경 시설을 도입하거나 ESG 컨설팅을 받는 데에는 비용이 든다. 직원 복지, 노동 환경 개선 등에도 일시적으로 비용은 발생한다. '경영'은 이윤을 극대화하는 활동인데 'ESG'는 비용을 발생시킨다. 이 두 개념의 충돌 때문에 기업, 특히 사업 현장의 실무진들은 ESG 경영 수행에 혼란과 어려움을 겪고 있다. ESG 경영을 통해 환경과 사회에도 좋은 일을 하면서 실적과 기업 가치도 올려야 하는 미션 임파서블 같은 업무를 수행해야 하는 현실적 난관에 직면하고 있다.

사회적 가치 창출과 이윤 추구는
동시에 이룰 수 있을까?

마이클 포터 교수가 제시한 CSV(사회 공유 가치)

자본주의 사회에서 기업의 제1목적은 경제적 이윤 창출에 있지만, 그 과정에서 기업은 환경오염, 자원고갈, 부정부패 등 여러 가지 사회문제를 야기했다. 그로 인해 기업은 경제적 책임 외에도 법적·사회적·환경적 책임 등 보다 폭넓은 책임 이행을 요구받게 됐다. 과거에는 'Good for business = Good for society', 즉 기업의 이익이 창출되면 그 기업의 부wealth가 종업원에게 주는 월급, 국가에 내는 세금, 배당을 통한 주주 가치 혹은 사회 기여·기부 등을 통해 우리 사회에도 전반적으로 좋은 일로 실현된다는 공식이 성립됐다. 한국도 1990년대 이전까지는 국가의 성장이 대부분 대기업에 의해 주도됐고, 대기업들은 고용을 증대하고, 투자를 계속하는 방향으로 사회적 책임을 충실하게 수행해왔다. 또한 CSR의 등장으로 사회에 대한 기업의 책임과 역할은 한층 더 강화됐고, 기업들은 지역사회 및 국제사회를 위해 다양한 사회공헌 활동을 펼쳐나갔다.

그러나 상위 1%로 부의 쏠림 현상이 집중되면서 양극화 현상이 발생하고, 많은 기업이 막대한 비용을 투자해 CSR을 실천해왔음에도 불구하고 기업을 둘러싼 환경은 양극화, 실업, 빈곤 등의 극심한 문제로 그 위험 요소가 점차 커져만 갔다. 기업이 이런 사회적 문제 해결에 동참할 것을 요구하는 목소리도 점차 고조됐다. 기업 입장에서는 사회적 가치와 이윤을 동시에 창출해야 하는 어려운 문제에 직면했다. 이러한 고민을 해결하기 위해 경영의 대가인 하버드대학의 마이클 포터 교수는 'CSV'를 제시했다.

CSVCreating Shared Value는 '경제적 가치와 사회적 가치를 동시에 창출해 공유 가치의 총량을 확대하는 비즈니스 모델'로서 기업의 긍정적인 사회 변화 유도(사회 이익)와 비즈니스 가치 증대(기업 성과)를 연결시키는 경영 방식이다. 2011년, 마이클 포터 교수와 마크 크레이머(FSG 대표)가 하버드비즈니스리뷰HBR에 발표한 논문 〈The Big Idea: Creating Shared Value〉에 처음 등장했는데, 당시 CSV는 '기업이 운영하고 있는 지역사회의 경제, 사회적 조건을 동시에 향상시키면서도 기업의 경쟁력을 강화할 수 있는 운영 방식 및 정책'이라고 소개됐다.

CSV의 핵심은 기업이 직면한 사회, 환경적 이슈에서 새로운 비즈니스 기회를 모색하는 데 있다. 즉 해결하고자 하는 사회문제를 비즈니스 모델에 포함시킴으로써 사회문제 해결과 기업의 이윤 창출을 동시에 이루는 것이다. 기업의 주력 사업에 창의적이고 혁신적인 기술, 운영 방법, 전략 등을 이용해 사회·환경적 문제를 해결하는 새로운 비즈니스를 운영하고 이를 통한 가치 창출도 함께 실현한다. CSV는 사회 공헌 활동을 통해 매출과 이익을 증대시키고, 사회 문제를 기업의 경제적인 가치 창출 활동에 일체화integrated시켰다는 점에서 CSR과 근본적으로 다르다. 그렇기에 CSV는 자사의 비즈니스와 관련이 없는 분야에서 사회공헌을 하는 경우는 거의 없다. 불우한 가정의 어린이들을 돕거나 독거노인의 생활을 돕는 이벤트적인 사회공헌 활동은 기업의 가치창조 활동과는 전혀 무관하므로 CSV라고 볼 수 없다.

이런 관점에서 놓고 보면 ESG 경영은 CSV의 연장선상에 있다고 볼 수 있다. 환경, 사회적 공헌 활동을 통해 기업의 실적 및 가치를 높인다는 개념은 ESG 경영과 CSV가 공통적으로 추구하는 방향이다. 마이클 포터 교수가 CSV를 처음 제시했을 때만 해도 현실적인 한계와 반대 의견에 많이 부딪혔다. '사회 활동에 투자할 돈이 있으면 배당을 늘리거나 종업원 복지에 더 신경 써라'라는 식으로 주주 가치 극대화나 종업원에 대한 복지 향상 등을 내세우며 CSV를 제대로 이해하지 못하고 비판을 하기 일쑤였다. 하지만 CSV는 한정된 자원을 나눠 갖는 개념이 아니라 사회적 가치 창출을 통해 파이가 더 커지는 개념이다.

CSV의 연장선상에 있는 ESG 경영

미국의 홀푸드 마켓The Whole Foods Market은 지역사회 농부들의 농산물을 유통한다. 매장 내 직원은 그 지역 커뮤니티의 장애인이나 노인들을 고용하기도 하며, 그 수익을 지역사회에 다시 돌려준다. 이렇게 되면 홀푸드 이용 고객들은 자연스럽게 자신의 지역사회를 위한 활동을 하게 되고, 홀푸드를 이용할수록 '의미 있는' 일을 하고 있다는 의식을 가지게 되어 더 홀푸드를 이용하게 된다. 사회에 '기부'하지 않아도, 사업을 통해 사회의 많은 이슈를 해결하고 있다. 이것이 CSR과 CSV의 차이점이다.

유니레버는 사회문제 해결과 자사의 비즈니스를 가장 잘 연결시킨 대표적인 기업으로 꼽힌다. '일상에서 지속가능한 삶을 만든다Making sustainable living commonplace'라는 미션 아래 2010년 '유니레버의 지속가능한 삶 계획Unilever Sustainable Living Plan: USLP'을 세우고 지금까지도 실천하고 있다. USLP의 지향점은 크게 세 가지다. 첫째, 건강 및 위생 개선 관련해서는 10억 명 이상의 건강 및 위생을 개선한다. 둘째, 환경 영향 감소 관련해서는 2030년까지 비즈니스의 환경 영향을 50% 이상 감소한다. 셋째, 삶의 질 개선 측면에서는 최하위 계층 수백만 명의 삶의 질을 개선하는 것이 목표이다.

특히 유니레버는 "환경에 대한 부정적 영향과 성장 간의 연결고리를 끊는 것이 목표다"라며 환경에 대한 남다른 시각을 강조한다. 보통의 기업들은 성장할수록 이에 비례해 환경에 대한 부정적 영향이 커지기 마련인데, 유니레버는 환경에 대한 부정적 영향을 50% 이하로 줄이고, 성장과 환경 영향 사이의 연관성을 끊겠다고 선언한 것이다. 다시 말해 기업이 성장할수록 환경에 대한 부정적 영향도 그에 비례해 같은

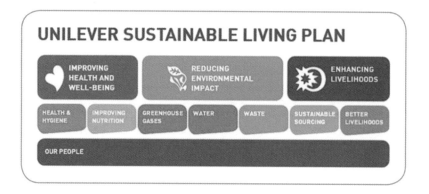

자료: 유니레버 HP

속도로 나빠지지 않게 하겠다는 의미다.

　최근 많은 기업이 하고 있는 상품이나 서비스 구매를 통한 수익 일부의 기부 역시 CSV이다. 탐스 슈즈Tom's Shoes는 고객이 신발을 살 때마다 아르헨티나에서 신발이 없어서 고생하는 아이들에게 신발을 기부하는 시스템을 도입했다. 고객들은 탐스 슈즈를 살 때마다 좋은 일을 하는 셈이고, 사회를 위해 기여하고 있다는 의식을 갖고 더 소비하게 된다. 파타고니아가 실행 중인 '지구를 위한 1%'도 같은 맥락에서 도입된 시스템이다. 사회적 가치를 창출하면서 기업의 이익도 극대화할 수 있다는 것을 실제로 보여준 것이다.

　CSV가 세상에 나온 지 벌써 10년이 됐다. 당시 '지속가능경영'이라는 용어로 CSV도 기업들 사이에서는 유행처럼 번졌었고, 유니레버처럼 경영 철학에 녹아들어 성장을 책임지는 원동력으로 자리 잡은 기업들도 많다. ESG 경영의 화두라 할 수 있는 '사회적 가치와 기업 이윤의 동시 창출'의 해법으로 10년 만에 다시 소환된 CSV는 지금이야말로 가장 필요한 경영 모델이 아닌가 싶다. 정말 시대를 앞선 마이클 포터 교수의 선견력先見力에 감복하지 않을 수 없다.

SASB의 중대성 지도는
ESG 경영 수행을 위한 안내판

선택과 집중이 필요하면 SASB 중대성 지도를 봐라

어느 기업체 신규 임원을 대상으로 한 ESG 강연을 마쳤을 때 한 분이 이런 질문을 하셨다.

"ESG가 중요한 건 알겠는데 우리 회사와 직접적으로 무슨 연관성이 있는지 잘 모르겠습니다. ESG를 하면 회사 실적에 도움이 됩니까?"

그러자 여기저기서 질문이 쏟아져 나왔다.

"요즘 MZ 세대들 이해하기가 유행인데 유연한 조직 문화가 ESG 경영에 도움이 되나요?" "ESG 경영을 하라고 위에서 지시는 왔는데 무엇부터 챙겨야 할지 도통 모르겠습니다. 뭐부터 챙겨야 하나요?" "ESG 공시 의무 때문에 보고서를 작성해야 하는데 어떤 지표와 기준으로 작성해야 하는지 막막합니다."

질문의 내용은 다양하고 고민의 깊이도 각각이었지만, 질문하시는 분들의 공통적인 생각은 하나였다. ESG라는 망망대해에 던져진 자신들을 인도해줄 '길잡이'가 필요하다는 것이다. 이런 질문들이 나올 때마다 필자는 이렇게 답을 한다. "SASB 중대성 지도를 한번 보시면 도움이 될 겁니다. ESG 경영을 하는 데 있어 우선적으로 무엇을 챙겨야 할지 파악할 수 있으니까요."

SASB는 미국의 비영리기관인 지속가능회계기준위원회Sustainability Accounting Standards Board를 뜻하는 용어로, 2012년에 ESG 정보의 중요성 기준ESG materiality standards을 마련했는데 이를 'SASB 스탠더드'라고 한다. 그리고 미국 내 기업들이 환경, 사회, 지배구조 이슈, 즉 ESG에 주목하고 이를 충실히 공시할 수 있도록 기업실적보고서(10-K)에 포함되는 산업별 지속가능성 이슈들의 우선순위를 정한 '중대성 지도Materiality Map'를 작성해 ESG 경영의 가이드라인 제시와 함께 투자자들을 설득하는 자료 및 지표로도 활용되고 있다.

11개 산업군의 총 77개 세부 산업별 ESG 정보공개 지표를 제시하고 있어, 기업들은 중대성 지도를 통해 자신이 속한 산업군에서 어떤 이슈들이 중요한 이슈가 될 가능성이 있는지를 파악할 수 있다. 산업군별로 조직 다양성, 노동 관행, 데이터 프라이버시, 비즈니스 윤리 등 다양한 문제에 걸쳐 지속가능성 관련 정보를 제공하고 있어 어느 한 영역에 치우치지 않은 전방위적인 ESG 경영 수행을 지원한다.

블랙록 등 글로벌 투자기관들은 2020년부터 기업들에게 SASB 기

SASB 중대성 지도

분야	이슈	소비재	추출물/광물가공	금융	식품/음료	헬스케어	인프라	재생가능자원/대체에너지	자원전환	서비스	기술/통신	운송
환경	GHG배출											
	대기질											
	에너지관리											
	물폐수관리											
	폐기물/유해물질관리											
	생물다양성영향											
사회자본	인권/지역사회관계											
	고객개인정보											
	데이터보안											
	접속/적정가격											
	제품품질/안전											
	소비자복리											
	판매관행/제품표시											
인적자본	노동관행											
	종업원안전/위생											
	종업원참여/다양성											
비즈니스모델/이노베이션	제품디자인/라이프사이클관리											
	공급체인관리											
	재료조달/효율성											
	기후변화물리적 영향											
리더십/지배구조	사업윤리											
	경쟁적 행위											
	법/규제환경관리											
	중대사고위험관리											
	시스템적 리스크관리											

자료: 한국거래소 ESG 정보공개 가이던스, 데일리임팩트

SASB 중대성 지도와 기업의 ESG 보고서

SASB 중대성 지도의 세부 관리 지표

Industry: Semiconductors　이전　8개의1　다음

General Issue Category: GHG Emissions　이전　8개의1　다음

공개 주제: 온실가스 배출량

회계 메트릭

- TC-SC-110a.1: (1) 전지구적 범위 1 총 배출량 및 (2) 규율화유인물 총 배출량
- TC-SC-110a.2: 장기 및 단기 전략의 논의 또는 Scope 1 배출량 관리 계획, 배출량 감소 목표, 해당 목표 대비 성과 분석

SASB 표준에 기반한 기업의 ESG 보고서

온실가스 배출량

구분		단위	2018	2019	2020
Scope1	CO_2		254,988	103,208	106,640
	CH_4		4,086	6,540	515
	N_2O		113,306	151,415	146,593
	HFCs		131,402	171,672	236,172
	PFCs		420,583	671,204	1,036,958
	SF_6		152,365	169,250	232,692
	NF_3		881,814	852,883	951,838
	합계		1,958,542	2,126,171	2,711,409
Scope2	CO_2	tCO_2.eq	3,948,968	4,706,167	4,829,381
	CH_4		798	1,257	1,317
	N_2O		6,082	5,875	6,221
	합계		3,955,848	4,713,299	4,836,920
Scope3	해외수송(수입)		58,992	33,565	26,849
	해외수송(수출)		20,650	23,598	29,447
	폐기물		8,481	6,655	6,197
	해외출장		2,136	1,687	167
	직원출퇴근		18,841	23,454	37,105
	합계		109,100	88,959	99,765
Scope1	원단위 배출량	tCO_2.eq/억원	4.84	7.88	8.50
Scope2			9.78	17.46	15.16

준과 TCFD(기후 관련 재무정보 공개 태스크포스)의 권고 사항에 부합하는 보고서를 공시하도록 요구하고 있어, SASB에 대한 중요성은 더욱 높아지고 있다. 투자자들이 SASB를 중시하는 이유는 SASB의 각 요소들이 재무지표와 연결돼 있어 해당 이슈들의 관리를 통해 기업 실적 및 가치가 개선될 수 있기 때문이다. 회계기준위원회의 전문가들이 모여 ESG 경영 활동과 재무적 성과의 연관성을 분석하고, 이를 통해 핵심 성과지표Key Performance Indicator를 개발해 동종 산업 간 비교가 가능하면서도 3만 5000개 이상의 상장기업에 적용할 수 있도록 만든 것이 바로 SASB 중대성 지도이다.

　미국 내 기업들을 대상으로 만든 것이라 국내 기업들에게 직접적으로 적용하기에는 다소 맞지 않는 부분도 있겠지만 ESG 경영도 점차 글로벌화돼가고 있는 상황이어서 가이드라인으로 삼기에는 큰 무리가

없다. 특히 산업별, 업종별로 중요시하는 ESG 이슈가 다르므로 SASB 중대성 지도를 통해 ESG 경영의 선택과 집중이 가능하다. SASB 중대성 지도가 만능은 아니겠지만 적어도 ESG 경영을 실천하고자 하는 경영진이나 실제로 업무를 수행하는 실무진에게 어디로 가야 할지, 또 무엇부터 해야 할지를 알려주는 관광지의 '안내판'과 같은 역할은 할 수 있을 것이다.

SASB로 장기 투자자를 끌어들인 제트블루

SASB 지표는 투자자들을 설득하고 장기 투자자들을 끌어들이는 데에도 활용될 수 있다. 2011년, 항공업체인 제트블루의 지속가능성 부서 총괄자 소피아 멘덜슨은 지속가능경영의 일환으로 재활용 프로그램을 추진하고 있었다. CSV에 기반해 공유 가치를 창출을 통해 사회에 이로우면서도 회사의 이익을 극대화하려는 노력을 실행했다. '식수 사용량 줄이기 프로그램' 및 '항공기 물탱크 4분의 3만 채우기' 등을 추진해 연간 2700톤의 이산화탄소를 줄였고, 약 100만 달러의 연료절감 효과도 거두었다. 공항 서비스 장비도 전기차로 교체하고 재생 혼합 제트 연료도 구입해 큰 성과를 얻었다.

그런데 소피아 멘덜슨은 경영 활동에서 그치지 않았다. 이러한 전략을 잘 소통만 한다면 항공 투자자 특유의 단기 지향성에서 벗어나 장기적이고 성장 지향적인 투자자들을 끌어모을 수 있으리라고 판단했다. 그래서 항공업체 최초로 SASB 표준 보고서를 도입했다. 소피아 멘덜슨은 "궁극적인 목표는 주가를 끌어올리고, 투자 기반을 다양화하

자료: 제트블루 HP 및 언론 종합

고, 변동성을 줄이는 것이다. 한마디로 주주들이 우리 주식의 가치를
장기적으로 믿어주길 바랐다. 지속가능 보고서는 이제 스토리텔링이
아니라 모델 지향 데이터 공유로 바뀌고 있다"라고 SASB 표준 도입의
이유를 설명했다. 판단은 적중했다. 정성적이었던 사회적 가치 창출 활

함께 보면 좋은 참고자료

SASB Standard Exploring Materiality 사이트
The Materiality Finder, The Materiality Map(로그인 필요), Materiality
Map Screenshot 등을 제공
https://www.sasb.org/standards/materiality-map/

동들이 SASB 표준을 통해 수치적으로 설명되면서 투자자들은 이해하고 납득했다. 그 결과 제트블루의 자금회전율은 2015년 30퍼센트에서 2017년 39퍼센트로 증가해 업계 최고 수준을 기록했다.[20]

정부보다 무서운
투자자들의 압박

행동주의 펀드에 의해 쫓겨난 다농의 CEO

ESG 경영을 수행함에 있어서 많은 경영진은 국내외 정부의 규제 및 정책이나 소비자 시민단체의 감시 등을 어려움으로 꼽지만, 그보다 더 무서운 것은 아마도 투자자들의 강한 실적 압박일 것이다. ESG 경영에서 ESG 활동을 통한 수익 창출 및 기업 가치 증대가 중요하다고 강조했는데, 이를 무시했을 때 실제로 어떤 일이 벌어졌는지 잘 보여준 사례가 있다.

에비앙Evian 생수로 유명한 프랑스 식품 기업 '다농Danone'의 전前 CEO 엠마뉴엘 파베르Emmanuel Faber는 'ESG의 전도사'로 불릴 만큼 ESG 활동에 앞장선 인물이었다. 다농의 경영이념은 "One Planet,

One Health(하나뿐인 지구, 하나뿐인 건강)"로 파타고니아처럼 경영 철학 자체가 ESG인 기업인데 그 토대를 마련한 사람이 엠마뉴엘 파베르 CEO이다.

파베르는 유럽 최고 경영대학으로 꼽는 HEC 파리 출신으로, 2017년에는 다농 이사회 의장에도 취임해 CEO와 겸직했다. ESG 신봉자인 파베르 CEO는 프랑스 최초로 사회적 기업에 투자하는 펀드를 결성했고 프랑스 정부와 함께 신흥국 개발 프로그램을 만들기도 했다.

방글라데시에서는 그라민 은행과 함께 그라민 다농이라는 사회적 조인트 벤처를 설립했다. 방글라데시에서는 아이들 둘 중 하나는 영양실조를 겪고 있었는데, 이 문제를 해결하기 위해 그라민 다농은 필수 영양소가 담긴 요구르트를 100원도 안 되는 저렴한 가격으로 만들어 제공했다. 요구르트를 만드는 공장에서는 현지인을 채용하고, 판매는 '그라민 레이디'라고 불리는 방문 판매를 활용했다. 여성 일자리가 많지 않은 방글라데시에서 여성들에게는 일자리를, 아이들에게는 영양가 있는 요구르트를 제공해 일석이조의 효과를 얻었다. 그라민 다농은 다농의 생산 기술과 현지의 저렴한 노동력, 소비자를 생각한 상품 개선 등이 하나가 되어 아동들의 영양 상태 개선이라는 사회적 가치를 이끌어냈고, 그라민 다농은 존경받는 기업이 되어 경제 위기 속에서도 지속적으로 성장할 수 있었다.

파베르 CEO는 2019년에 마크롱 대통령의 요청으로 UN기후정상회의UN Climate Action Summit에서 OP2BOne Planet Business for Biodiversity(생물 다양성을 위한 사업)라는 생물다양성 보호를 위한 글로벌 기업연대를 발족시켰다. 당시 마크롱 대통령은 파베르 CEO에게 OECD 후원으로 여성과 소수자들에게 공정한 기회를 보장하는 글로벌 기업들의 연대 프로그램을 추진하라고 요청했고, 이에 파베르 CEO가 기업연대를 발족한 것이다.

온실가스 문제에 있어서도 파베르 CEO는 누구보다 적극적이었다. 회사 내부적으로는 환경을 배려하고 사회적 책임을 강화하는 이해관계자 모델을 정착시켰는데, EPSEarning Per Share(주당순이익) 개념에 탄소 배출량을 반영하는 회계 기법도 개발했다.

2020년 6월 26일, 다농 주주총회에서는 주주의 99%가 '기업의 성장과 변화를 위한 행동계획Pacte'법에 의거해 신설된, '사명을 다하는 기업Entreprise à Mission(이윤창출 외에 사회적 목적을 갖는 새로운 형태의 기업)', 회사의 정체성에 사회적 책임을 포함시키는 이른바 '미션기업'안을 지지했다. 주주들의 찬성으로 '지구와 자원을 보전한다'는 목표와 함께 2030년까지 세계 최대 '비콥B Corp(사회책임 기업 인증)' 기업이 되겠다고 정관에 새겨졌고, 당시 파베르 CEO는 "여러분은 밀턴 프리드먼의 동상을 무너뜨렸어요!"라고 선언하며 이 일을 기념했다. 밀턴 프리드먼은 "기업의 사회적 책임은 이윤을 높이는 것이다"라고 주장한 대표적인 자유주의 시장경제학자이다. 이 밀턴 프리드먼의 동상을 무너뜨렸다는 말을 할 정도로 파베르 CEO에게 있어 다농의 존재 이유는 이윤창출이 아닌 '인류의 건강 증진'과 '지구환경 보전'이었다. 파베르 CEO는 연 120만 유로의 퇴직금도 자발적으로 포기하고 일반 직원들과 같은 종류의 퇴직연금을 수령하기로 했다. 2020년 코로나 팬데믹 시기에

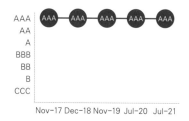

ESG Rating history

MSCI ESG Rating history data over the last five years or since records began.

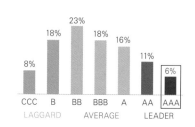

ESG Rating distribution

Universe: MSCI ACWI Index constituents food products, n=88.

자료: MSCI

는 급여의 30% 삭감을 자청하기까지 했다.

ESG 전도사, 파베르 CEO의 ESG 경영 덕분에 다농의 MSCI ESG 평가는 최고 등급인 'AAA'를 지금까지도 유지하고 있다.

그런데 2021년 3월 15일, ESG 경영을 실행해온 파베르 CEO에게 뜻밖의 소식이 들려왔다. 실적 부진, 주가 하락을 이유로 CEO를 사퇴하라는 이사회의 결정이었다. 코로나 사태 등으로 회사 매출이 크게 감소하고 주가가 폭락하면서 주요 투자자인 영국의 블루벨캐피털 파트너스, 미국의 아티잔 파트너스 등 행동주의 헤지펀드들의 압박이 거세진 것이다. 2020년 다농 매출은 코로나 여파로 2019년 대비 6.6% 감소한 281억 유로(약 37조 9000억 원)을 기록했고 주가도 30% 가까이 폭락했다. 이로 인해 다농의 유제품과 유모차, 생수 사업 등은 공장을 폐쇄하고 2000여 명을 감원하는 등 큰 타격을 받았다. 다농의 이사회는 파베르 CEO가 경쟁사에 비해 뒤처진 실적에 안주했고, 지난 7년간 연간 이익 전망치를 세 차례나 하향 조정하는 등 별다른 성과를 거두지 못했다고 비판했다. 블루벨은 2014년 파베르가 CEO가 된 이후 다농의 주가는 2.7% 상승한 반면, 유니레버는 72%, 네슬레는 45% 상승했다고 지적했다.

코로나로 모든 기업이 힘들었는데, 그동안 ESG 경영을 열심히 해온 사람에게 너무한 처사가 아니냐는 비판도 있었지만 경쟁사를 보면 코로나만 탓할 수도 없다. 네슬레Nestle는 코로나 팬데믹 국면에서도 2020년 3분기 유기농 제품 매출이 4.9% 상승했고 2020년 상반기 순이익도 전년 대비 18.3% 증가한 64억 6000만 달러(약 7조 3200억 원)를 기록했다. 코로나로 건강에 대한 관심이 높아진 추세를 적극 반영해 고성장 유기농 제품에 발빠르게 대응한 효과였다. 네슬레는 가공육 부문을 매각하는 대신 채식 전문 브랜드인 스위트어스를 인수해 대안 식품 개발에 돌입했고, 유기농 제품 개발에 대한 투자도 대폭 늘렸다. 자택에 머무는 시간이 절대적으로 늘면서 식품 수요가 다양화되고 건강 제품 및 보건에 대한 관심이 증가한 것을 반영했다.

네슬레 CEO인 마크 슈나이더Mark Schneider는 코로나가 확산되기 시작한 2020년 2월 말, 이탈리아에서 일하는 한 직원으로부터 사람들이 마트에서 식품을 사재기하는 사진을 이메일로 받았다. 이를 본 슈나이더는 직감적으로 앞으로 '통제할 수 없는 큰일'이 닥칠 것이라고 '촉'이 발동했고, 전 직원에게 "모든 제품의 재고를 늘리는 등 만반의 준비를 하자"고 통보했다. 슈나이더 CEO의 메일 덕에 네슬레는 다른 기업들보다 발 빠르게 대처할 수 있었고 그 결과는 실적으로 나타났다. 그의 진두지휘 아래 네슬레는 코로나 위기를 기회로 전환시켰다는 평가를 받고 있다. 참고로 네슬레의 MSCI ESG 등급은 다농보다는 한 단계 낮지만 상위 등급인 'AA'를 수년째 유지하고 있을 정도로 ESG 경영에 있어서도 우수한 평가를 받고 있다.

아이러니한 것은 이번 사태를 주도한 블루벨은 ESG 투자를 이끄는 UN PRI 멤버로 "회사의 성과에 영향을 미칠 수 있는 중요한 ESG 요소에 초점"을 맞추고 있다고 ESG를 강조하는 행동주의 펀드라는 점이다. ESG가 중요하다고 하면서 세계에서 ESG를 가장 잘하는 사람을 내친 것이다. 파베르 CEO 입장에서도 이사회의 사퇴 결정은 억울할 만하다. 이번 사태는 마진이 낮은 사업 부문의 매각을 둘러싼 파베르 CEO와 이사회의 갈등이 빚은 정치적 음모라는 얘기도 있다. 파베르 CEO는 퇴임 후 《파이낸셜타임스》와의 단독 인터뷰를 통해 퇴임을 둘러싼 자신의 입장을 밝히기도 했다.

함께 보면 좋은 참고자료

 ESG 하다 쫓겨난 다농 CEO, 처음 입을 열다…FT,
"ESG 탓은 그들의 변명거리일 뿐"[21]
http://www.impacton.net/news/articleView.html?idxno=1758

 엠마뉴엘 파베르가 다농에서 쫓겨나는 것에 대해 말하다[22]
https://californianewstimes.com/emmanuel-faber-speaks-out-on-his-ousting-at-danone/321827/

다농 사태는 '무엇을 위해 ESG 경영을 실행하는가'에 대해 고민하는 많은 기업들에게 더욱 깊은 고민을 안겨주었다. ESG 전도사인 파베르 CEO의 해임은 투자자 입장에서 ESG는 필요조건이지만 충분조건은 아니라는 것을 증명한 셈이다.

소수 투자자들, 친환경을 요구하다: 엑슨모빌 사례

다농 사태가 일어나고 약 3개월 후인 2021년 6월, 이번에는 세계 최대 정유회사 엑슨모빌ExxonMobil에서 정반대의 사건이 발생한다. 엑슨모빌의 주주총회에서 기후 행동주의 헤지펀드인 엔진넘버원Engine No.1이 엑슨모빌 이사회 의석 가운데 3석을 차지한 것이다. 엔진넘버원은 엑슨모빌 이사회 전체 의석(12석)의 25%를 차지했는데, 엔진넘버원의 엑슨모빌 지분 소유 비율은 겨우 0.02%에 불과하다.

이전부터 엔진넘버원은 엑슨모빌 경영진에 대해 수익률이 낮아지는 석유탐사 사업에 대한 공격적 자본 지출을 줄여 회사 이익을 높이고 주주에게 배당금을 지급할 것을 요구하는 한편, ESG 경영을 위해 4명의 이사 자리를 엔진넘버원이 추천한 사람들로 임명할 것을 요구했다. 하지만 탄소 산업의 미래를 낙관하고 있던 엑슨모빌의 CEO 대런 우즈는 엔진넘버원이 추천한 후보를 수용하지 말도록 주주들에게 요청하고 기후위기에 대응하지 않는 경영 전략을 고수하겠다고 선언했다.

대런 우즈 CEO의 훼방에 맞서 엔진넘버원은 블랙록의 래리 핑크 CEO 등 주요 기관투자자들에게 협조 서한 요청을 보내고 캘리포니아 공무원연금CalPERS 및 뉴욕주 공동퇴직기금 등 주요 연기금을 설득했다. 엔진넘버원은 엑슨모빌이 생존하려면 기후변화에 적극 대응해 친환경 투자를 늘려야 한다고 주장하며 경영 방침을 대폭 수정해 '큰손'들의 지지를 이끌어냈고, 그 결과 3석의 이사회 자리를 차지했다. 엔진넘버원은 "엑슨모빌이 저탄소 기술에 더 많은 투자를 하지 않아 재무 안정성을 위태롭게 하고 있다"고 비판하면서 향후 신재생에너지 전환을 투자 우선순위에 놓을 것이라고 강조했다. 이 일로 모건스탠리는 엑슨모빌에 대한 투자 등급을 '비중 확대'로 올렸다.

엑슨모빌과의 표대결에서 이긴 엔지넘버원은 기업의 ESG 부문을 개선하는 첫 행보로 '엔진넘버원 트랜스폼 500 ETF'를 출시했다. '모닝스타 US 라지캡 셀렉트 인덱스'를 추종하는 이 ETF는 500여 개 기업을 담을 예정인데, 연간 총보수는 0.05%로 0.5~1%가량의 보수를 받는 뮤추얼펀드보다 비용이 저렴하다. 엔진넘버원은 ETF에 투자한 기업들이 온실가스 감축, 성평등 등을 잘 지키고 있는지를 감시할 계획으로, ETF를 통해 의결권을 행사하고 기업의 ESG 책무를 강화하겠다는 방침이다.

이번 엑슨모빌 사태는 에너지 업계에 상당한 충격을 주었는데, 석탄, 석유와 같이 환경을 위협하는 좌초자산 기반의 사업 유지를 더 이상은 용납할 수 없다는 행동주의 펀드 투자자들의 강력한 경고와도 같았다. 대런 우즈 엑슨모빌 CEO는 "우리는 모든 이사들과 협력해 장기적인 주주 가치를 높이고 저탄소 시대에 성공한 기업으로 남기 위해 진전하기를 기대한다"고 성명을 발표했고, 이사회 멤버인 우르슬라 번스 역시 "이번 선거는 ESG 문제에 대한 투자자들의 우려를 보여줬다.

환경 비판에 대한 사측의 대응이 제대로 이뤄지지 않아 이것부터 즉시 해결해야 한다"고 말했다.

블랙록을 포함한 대형 기관들이 엔진넘버원을 지지한 배경에는 기후변화라는 거대한 리스크를 맞아 엑슨모빌을 필두로 한 에너지 업체들이 빠르게 대응하도록 유도한 측면도 있다. 1만 개 이상의 종목에 투자하는 대형 기관들은 특정 기업의 실적보다는 포트폴리오 전체 실적에 초점을 맞추고 있어, 엑슨모빌이 이번 사태로 환경오염을 줄이게 되면 시장 전체의 기후변화 리스크가 감소하기 때문에 기관의 포트폴리오는 수익이 발생한다는 논리다. 엑슨모빌의 이사회 사태가 주가 상승에 직접적으로 연결되지 않았음에도 불구하고, 시장이 엔진원의 행동을 긍정적으로 평가하는 것도 이 때문이다.

다농의 파베르 CEO를 해임한 블루벨캐피털파트너스나 엑슨모빌의 이사회를 장악한 엔진넘버원의 사태는 투자자들이 ESG 경영에 대해 어떤 시각으로 바라보고 있는지를 여실히 보여주었다. ESG를 중시하든 중시하지 않든 방법이 무엇이 됐든지 간에 기업 가치를 훼손하는 일에 대해서는 결단코 용납할 수 없다는 메시지를 경영진에게 던진 것이다.

ESG는 투자자가 기업의 지속가능성을 평가하기 위해 내세운 비재무적 투자 지표이자 기준이다. 그리고 그 투자자는 무엇보다 기업 가치를 중요하게 생각한다. 그렇다면 기업의 ESG 경영 전략 방향은 정해졌다. ESG 경영을 통해 기업 가치를 높이는 것이다.

기업의 미래 가치 창출을 실현하는 ESG 경영 전략

모든 기업이 파타고니아처럼 될 수는 없다
- ESG 경영 목표 수립 -

ESG 경영과 관련해 실무자로부터 자주 듣는 질문 중 하나가 "ESG에 대해서는 잘 이해했는데 막상 업무에 ESG를 도입하려고 하니 '왜 우리 회사가 ESG를 해야 하지?'라는 생각이 듭니다. 예전부터 사회공헌 활동도 잘 해왔고 실적도 나쁘지 않은데, CEO가 ESG 경영을 한다고 하니 하긴 해야겠는데 무슨 목적으로 해야 하는지 갈피를 못 잡겠습니다"라는 ESG 경영 목적의 불분명성에 대한 고민이다.

ESG가 기업들 사이에서 경영 트렌드로 급부상하면서 많은 CEO들은 앞다투어 ESG 경영을 선언하고 실천을 약속했다. 그런데 이 다짐이 명확한 방향성이 없는 채로 실무진에게 전달되면 그저 기존에 하던 사회공헌 활동을 더 열심히 하라는 얘기로밖에 들리지 않게 된다.

ESG 경영은 기업을 둘러싼 여러 이해관계자들의 시각에 따라 요구하는 사항이 달라진다. ESG 투자를 집행하는 투자자는 기업 가치를 우선시한다. 수익률을 포함한 재무적 지표는 물론 비재무적 지표까지 검토해 투자를 결정한다. ESG 평가기관은 평가 지표에 근거해 ESG 경영을 바라본다. 공시된 자료와 언론 및 온라인 등에 흘러 다니는 수많은 기업 관련 정보들, 사내외 인터뷰 등을 토대로 객관적이고 정확한 평가를 매긴다. 그렇기에 기업에 보다 투명하고 정량화된 ESG 경영 자료 공시를 요구한다. ESG 법규제와 정책을 만드는 국가(해외 포함)와 정부는 세계적인 눈높이에 맞게 ESG 경영을 수행하도록 요구하고, 소비자는 ESG 워싱이 되지 않도록 진정성을 갖고 고객 가치를 중시하도록 원한다. 모든 이해관계자의 니즈가 다 중요하고 소홀히 해서는 안 된다. 여력이 된다면 모든 이해관계자의 요구 사항을 다 만족하는 ESG 경영을 하면 좋겠지만 현실적으로는 쉽지 않다.

CEO는 ESG 경영의 목적을 명확히 해야 한다. 외부 투자 비율이 높은 기업이라면 투자자를 중심으로 한 ESG 경영 목표를 세워야 한다. 투자자가 요구하는 것이 친환경이라면 친환경 사업을 우선적으로 실시하고, 조직의 다양성 개선을 요구했다면 그에 맞게 조직을 재정비해야 한다. ESG 평가가 낮아 기업 이미지가 좋지 않은 기업이라면 ESG 평가 등급을 높이는 데 주력할 필요가 있다. 신뢰도와 영향력이 높은 평가기관과 제휴를 맺어 ESG 평가 지표와 평가 모델을 학습하고 그에 맞게 ESG 경영을 추진하면 소기의 목적을 달성할 수 있다.

외부 투자나 평가에 연연하지 않고 고객 가치나 사회적 가치 창출에 집중하려는 기업도 있다. 파타고니아가 대표적이다. 파타고니아의 이본 쉬나드 CEO는 "우리는 큰 회사가 되기를 바란 적이 없다. 최고의 작은 회사가 되기 위해 노력한다. 외부에서의 차입을 원치 않는다"라며 주식시장에 상장하지 않았다. 비상장이므로 ESG 평가를 받을 일도 없고, 투자자들이 요구하는 GRI 글로벌 가이드라인이나 SASB 표준 등에 따라 보고서를 발간하지도 않는다. 그저 자신들이 세운 기준에 따라 매해 〈환경사회 보고서〉를 발간한다. 또한 파타고니아는 비콥 B Corp 인증 기업으로 비콥 성과 보고서를 2년에 한 번 발간하는데, 어떤 ESG 보고서보다 충실하고 진정성이 엿보인다. 해외 수출이 큰 비

ESG 경영을 둘러싼 이해관계자들의 니즈

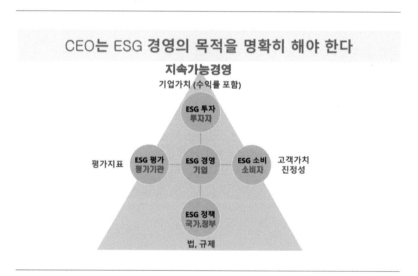

중을 차지하고 있는 기업이라면 EU나 미국에서 진행 중인 규제 및 정책에 맞춰서 경영 목표를 수립해야 할 것이다.

ESG 평가를 우선시하거나 규제 대응을 중요시하는 ESG 경영 목표를 세웠다고 해서 그 목표가 잘못된 것은 아니다. 기업이 처한 환경과 CEO의 철학에 맞게 목표는 세워져야 한다. ESG 경영 목표 수립에 정답이 있지는 않다. 다만 CEO는 기업이 추구하는 ESG 경영의 목적이 평가인지, 투자 유치인지, 고객 가치 추구인지를 명확히 정하고 이를 전사 임직원에게 공유해 흔들림 없이 추진하도록 끌고 나가야 한다. 대외적으로는 거창하고 의미 있는 목표를 내세운다 하더라도, 내부적으로는 직원들이 충분히 납득하고 공감할 수 있는 경영 목표를 수립해 제시해줘야 실무진들도 왜 우리 회사가 ESG 경영을 해야 하는지에 대해 고민하지 않고 업무를 추진할 수 있다.

전 직원이 공감할 수 있는 중장기적 플랜을 수립하라

ESG를 이해하고 개념을 알고 있다 하더라도 이를 경영에 적용해 전략 차원에서 실행하는 것은 또 다른 문제다. 모든 경영 전략이 그렇듯 ESG 경영 전략도 단계적인 추진 과정이 요구된다.

ESG 경영 전략 추진에서 우선적으로 실행돼야 하는 것은 앞에서 설명했듯이 ESG 경영 목표 수립과 전사적 전파를 통한 전 직원의 공감대 형성이다. 이 과정은 ESG 관련 부서에만 맡겨서는 해결되지 않는다. CEO 및 최고경영진이 머리를 맞대고 SDGs(지속가능개발 목표)와 자사의 사업을 매칭시키면서 니즈를 발굴하고 그에 맞는 중장기적인 목

ESG 경영의 비전과 목표 수립 및 전파

경영전략 반영 및 실행조직 명시

글로벌 가이드라인 이해

ESG 경영 목표 제시 (SDGs)

CEO 의사결정 반영
(주주총회, 이사회)

행동강령과 원칙 규정화

중장기적 ESG 경영 계획

각 부서별 목표 수립

KPI 설정 및 반영

관리조직/실행조직 마련

C레벨 책임자, 전문가 배치

실행성과, 평가 및 보고

객관적 ESG경영 성과/평가

개선 방안 제시 및 반영

지속가능보고서 작성/발간

이해관계자 커뮤니케이션

기업의 비즈니스 전략목표와
ESG 경영의 전략목표를 하나로 통합

표를 수립해야 한다. 그렇게 수립된 목표는 주주총회 및 이사회 등을 통해 공표되고, 행동 강령과 원칙 제정으로 전사에 확산된다.

목표가 수립되고 전사적인 공감대가 형성되면 다음 단계에서는 ESG 요소를 경영 전략에 반영하고 실행조직을 정하게 된다. 기존에 추진해온 사업적 전략 목표와 ESG 경영의 전략 목표를 하나로 통합하는 가장 중요하면서도 어려운 단계이다. SDGs에 기반해 니즈를 발굴해 기회 영역과 리스크 요인을 발견해야 하는데, 특히 실적과 ESG 경영 목표를 동시에 만족시키는 혁신적인 아이디어가 요구되기도 한다. 치열한 고민 끝에 해야 할 일이 정해지면 각 사업부서별 목표에 맞게 KPIKey Performance Indicator(핵심성과지표)를 설정하고 조직 및 책임자, 전문가가 배치되어 ESG 경영 전략이 실행에 옮겨지게 된다. 마지막 단계인 ESG 경영 성과에 대한 평가 및 보고는 공시 의무에 따라 지속가능 보고서를 작성하고, 이를 기반으로 이해관계자와 커뮤니케이션하게 된다.

ESG 목표와 자사 사업을 매칭시킨 테이진

사업적 전략 목표와 ESG 경영 전략 목표의 통합 과정을 잘 실천하

일본 화학섬유 기업 테이진의 ESG 경영 계획 수립 과정

중요 과제 (Materiality)	기후변화의 완화와 대응(SDGs 7번, 13번)
기회 영역	**환경 가치 솔루션** 에너지의 효율화, 그린화를 통해 기후변화 완화에 공헌 **안심/안전/방재 솔루션** 고기능 소재 및 IoT 활용으로 안전한 사회 구축에 공헌
관련 사업 및 제품/ 서비스	소재　섬유 제품 차량용 복합 성형 재료, 항공기용 탄소 섬유 중간 재료, 수소 탱크, 수소 파이프라인, 고기능 섬유 보강 재료, 빗물 저장 브록, 냉각 관련 제품 등
리스크 요인	• 환경 관련 규제 강화로 사업에 미치는 영향 • 그룹 CO_2 배출량 증가로 인한 환경 부하 • 자연재해가 본사/영업소에 미치는 영향
KPI	• 각 솔루션의 매출 비율 • CO_2 감축 공헌량 • 자사 그룹 CO_2 배출량 • 공급 체인 CO_2 배출량

자료: 테이진 HP, 재작성

고 있는 기업 중 하나가 일본의 화학섬유 기업인 테이진Teijin, 帝人이다. 테이진은 1918년에 설립된 전통적인 화학섬유 제조업체로, 일본 최초의 인조 섬유 제조회사이자 폴리에스테르 섬유업계의 톱 메이커이다. 탄소섬유, 복합소재 등 첨단소재를 만들어 항공기, 자동차 부품에 제공하는 등 높은 기술력을 보유하고 있다. 테이진이 대단한 이유는 오랜 전통과 기술력만이 아니라, ESG 경영에 있어서도 우수한 성과를 보이고 있기 때문이다. 일본의 경제전문지《동양경제》에서 매년 실시하는 '2021년도 우수 ESG 기업' 순위 중 섬유 제조업체 분야에서 테이진은 1위를 차지했다. 종합 순위에서도 30위를 차지해 화학섬유 제조업체임에도 상위권에 올라 주목을 받았다.

테이진은 화학섬유 분야에서 오랫동안 쌓아온 기술력을 바탕으로 SDGs의 목표와 자사의 사업을 매칭시켜 새로운 니즈를 계속해서 발굴해나갔다. 환경 영역에서는 친환경 소재를 개발해 자동차나 항공기, 수소탱크 등 다른 여러 제품에 제공해 탄소를 줄이는 데 기여했다. 섬유화학 제조 공정에서 확보한 인체에 무해한 소재 개발 기술로 헬스케어 영역에도 진출해 새로운 수익 창출 기회를 마련하는 동시에, 인류 건강 증진이라는 SDGs 목표도 실현하고 있다. SDGs를 자사 제품 및 서비스와 매칭하는 과정에서 기회와 리스크 요인을 면밀히 체크하고, 그에 따른 KPI 설정을 통해 각 사업부서가 명확한 목표 하에 ESG 경영을 추진하게 된다.

ESG 경영 전략 실행의
3단계

CEO가 ESG 경영을 선언하고 회사의 큰 방향이 정해지면 그다음부터는 실무진의 역할이다. ESG 경영 전략의 두 번째 단계에 해당하는 ESG 경영 전략의 실행은 크게 문제 해결-혁신-내재화의 프로세스로 진행되는데, 이 과정은 1회성으로 그치는 것이 아니라 '문제 해결-혁신-내재화-새로운 문제 해결-혁신-내재화…' 이런 식으로 중장기 목표가 실현될 때까지 반복적으로 이루어진다. 이 과정을 통해 ESG 경영의 경쟁우위가 기업의 경쟁력으로 자리 잡게 되고 직원들 역시 어떤 일을 하든지 ESG 사고로 업무를 수행하게 된다.

CEO/경영진

ESG 경영 목표 수립
(SDGs에 기반한
중장기 관점)

문제 해결
SDGs와 사업과의 매칭

혁신
문샷 싱킹
(MoonShot Thinking)

내재화
실천·평가·공유의 반복

① 문제 해결

ESG를 사업 기회로 활용하기 위해서는 SDGs의 목표 중 사업을 통해 어떤 문제를 해결할 수 있을지 파악하는 일부터 선행돼야 한다. SDGs는 빈곤 퇴치, 기아 종식, 양질의 교육, 성평등, 물과 위생, 깨끗한 에너지 등 인간, 지구, 번영, 평화, 파트너십이라는 5개 영역으로 나뉘어 인류가 나아갈 방향을 제시한 17개의 목표Goal로 이루어져 있다. 그리고 각 목표마다 더 구체적인 내용을 담은 세부 목표Target 169개로 구성돼 있고, 세부 목표에는 목표의 이행 사항을 측정할 수 있는 지표 Indicator가 제시돼 있다. 이 목표와 지표를 기반으로 구체적인 문제 해결 방법을 도출하면 그것이 곧 사업 기회로 이어진다.

2017년 설립된 일본의 스타트업 TODOKISUGI의 오키스기 CEO는 대학 시절부터 버려지는 음식물 쓰레기를 어떻게 줄일 수 있을까에 주목했다. 사회공헌에도 관심이 많았던 오키스기 CEO는 SDGs 중 '12번 지속가능한 소비와 생산 양식의 보장'의 세부 목표인 식량 낭비(음식물 쓰레기)를 절반으로 줄이기에 주목하게 됐고, 세부 목표가 제시한 문제 해결을 위한 방법을 모색하기 시작했다. 그러다 발견한 것이 편의점이나 마트에서 버려지는 유통기한이 지난 음식물들이었다. 이 음식물들만 줄여도 엄청난 양의 식량 손실Food Loss을 줄일 수 있었다.

여기에 착안해 오키스기 CEO는 근처 편의점에서 유통기한이 가까워져 50% 이상 할인해주는 식품을 찾아 알려주는 앱을 개발했다. 앱 이용자는 저렴한 가격에 음식을 구매할 수 있어 좋았고, 편의점 입장에서는 음식물 쓰레기를 줄일 수 있어 만족했다. 이 앱의 회원수는

No Food Loss 앱의 문제 해결 사례

SDGs 목표 12. 지속가능한 소비와 생산 양식의 보장	
12.3 2030년까지 소매 및 소비자 수준에서 전 세계적으로 1인당 식량 낭비를 1/2로 줄이고, 수확 후 손실을 포함하여 식량 생산 및 공급 과정에서 발생하는 식량 손실 감소	12.3.1 세계 식량 손실 지수 (GFLI Global Food Loss Indicator)

근처 편의점, 마트 등에서
유통기한이 가까워져
50% 이상 할인해주는 식품을
찾아 알려주는 앱

사회문제 해결
&
매출 5억 엔 이상
회원수 10만 명 이상

10만 명 이상이 됐고 매출은 5억 엔을 기록했다. 게다가 식량 손실이라는 사회문제 해결로 SDGs 실현에도 공헌함으로써 사회적 가치와 이익 창출이라는 두 마리 토끼를 모두 잡을 수 있었다.

② 혁신: 문샷 싱킹

ESG 경영을 수행하는 데 있어 기업들이 자주 내뱉는 말이 '현실적으로 어렵다', '불가능하다'이다. 특히 2050년 탄소중립 실현과 같이 시간은 부족하고 달성 목표치는 너무 높은 과제에 대해서는 더욱더 ESG 경영을 실행하기가 어렵게 느껴진다. 도전적 과제를 부여받은 실무진 입장에서는 혁신적이고 창의적인 아이디어로 어떻게든 해답을 찾아야 하지만 기존의 방식대로는 해결책을 찾기 쉽지 않다.

이렇게 목표가 너무 높아 불가능해 보이는 미션을 해결하는 방법 중 하나가 문샷 싱킹이다. '문샷 싱킹MoonShot Thinking'은 미국의 존 F. 케네디 대통령에게서 비롯됐다. 1962년 9월에 케네디 대통령은 달에 탐사선을 보내겠다고 선언해 세계를 깜짝 놀라게 했는데, 달을 조금 더 잘 보기 위해 망원경의 성능을 높이는 것이 아니라 아예 달에 갈 수 있는 탐사선moonshot을 제작하겠다는 것이었다. 이처럼 문샷 싱킹은 달에 로켓을 쏘아 보내는 것과 같이 새로운 문제에 도전하는 창의적이고 혁신적인 생각을 의미한다. 말도 안 되게 황당한 생각들이지만 전에 없던 혁신적인 일에 도전하는 사고 체계로, 10%의 이익을 얻는 대신 혁신적인 성과를 통해 10배의 성장을 목표로 한다. 처음부터 문제를 '고쳐야 할 것Need to fix it'이나 '뭔가 잘못된 것Something wrong'으로 바라보지 않는다. 그저 해결해야 할 문제를 재규정하고 그 문제 해결을 향해 새로운 방법을 찾을 뿐이다.

구글은 문샷 싱킹을 회사 DNA로 내재화한 대표적인 기업이다. 문샷 싱킹을 통해 글래스Glass 프로젝트, 자율주행차Self-Driving Car, 생명과학·헬스케어, 프로젝트 룬Loon, 머신비전Machine Vision, 인공 신경망Artificial Neural Network, 노화 연구, 프로젝트 윙Wing, 비즈니스용 로봇 등 수십 개의 혁신적인 프로젝트를 추진했다. 어떤 프로젝트는 실패하기도 하고 타 프로젝트에 합병되기도 했다. 하지만 이 과정 속에서 IT 업계의 새로운 역사를 쓴 인공지능AI 알파고가 탄생되기도 했다. 구글의 프로젝트들은 기존의 방식을 답습하거나 개선하는 것이 아닌 전혀 다른 문제 해결 방식으로 도전해 새로운 결과물을 만들어낸다.

문샷 싱킹의 필수 조건은 문제의식Huge Problem, 근본적 해결 방식A radical Solution, 그리고 혁신적인 기술The breakthrough technology이다. 목표가 달성하기 쉬운 레벨로 정해지면 기존의 방식에 안주해버리는

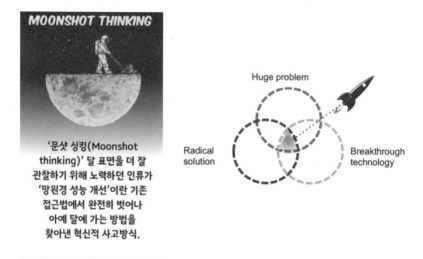

자료: busaneconomy, 언론 종합

경향이 많다. 탄소중립도 현실과 타협해 적당한 수준으로 목표가 설정되면 기업들은 별다른 노력 없이 그동안 해오던 방식 그대로 경영을 하게 될 것이고, 탄소중립 실현은 영원히 이뤄지지 못하게 된다. 하지만 불가능한 수준으로 목표로 삼으면 근본에서부터 생각이 달라진다. 한 기업만의 아이디어와 노력으로는 불가능할 수도 있어 다른 기업과의 협업이 요구될 수도 있다. AI를 통해 탄소 배출을 절감할 수도 있고, 탄소 자체를 아예 새로운 물질로 전환시킬 수도 있을 것이다. 문샷 싱킹을 '전 세계적인 문제 해결'에 적용하면 기아, 물 부족 등 인류가 직면한 문제 해결에 있어 새로운 방법을 만들어낼 수 있다.

③ 내재화

ESG 경영 전략 실행 중에서 가장 중요한 부분이 내재화이다. ESG 경영 목표가 전사의 업무 현장에서 실현되고 정착됨과 함께, 각 사업 부서가 목표 달성을 위해 자체적으로 개선해 확보한 경쟁우위를 전사적으로 확대하고 공유하는 과정까지 아울러 '내재화'라고 할 수 있다. 또한 각 사업부서에서 제시된 ESG 경영 관련 개선 과제는 경영진에게 전달되어 의사결정에 반영되도록 해 중장기적 목표를 수정하고 보완하도록 하는 과정도 내재화에 포함된다. 그리고 이러한 과정들은 지속적인 반복과 공시를 통해 기업의 경쟁력으로 축적된다.

ESG 경영 내재화가 잘된 기업은 모든 부서의 직원들이 ESG 개념을 제대로 이해하고 이를 어떻게 자신들의 업무에 적용할 수 있을지에 대해 우선적으로 고민하게 된다. 파타고니아는 최고경영진에서 말단 직

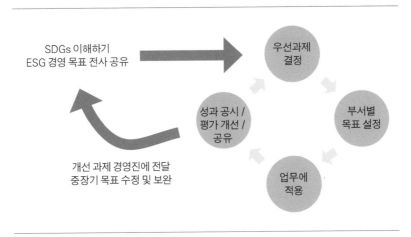

ESG 경영 전략 추진을 통한 경쟁우위 내재화

SDGs 이해하기
ESG 경영 목표 전사 공유

우선과제
결정

부서별
목표 설정

성과 공시 /
평가 개선 /
공유

업무에
적용

개선 과제 경영진에 전달
중장기 목표 수정 및 보완

자료: Patagonia Provisions

원까지 모두가 지구환경을 지키자는 자사의 경영 철학을 이해하고 그 철학을 각 업무에 녹여 실천하고 있다. 제품 개발에서 홍보, 재무, 인사에 이르기까지 어떻게 하면 좀 더 지구환경에 도움이 될까라는 고민 하에서 업무를 수행하고, 그 결과는 전 직원이 공유하며 새로운 사업 기회 발굴에도 도움을 준다. 실제로 파타고니아는 의류 사업 외에도 등산장비업체인 쉬나드 이큅먼트Chouinard Equipment, 식품 회사인 파 타고니아 프로비전Patagonia Provisions을 설립해 친환경 철학을 다양한 산업으로 확대하고 있다. 최근에는 프로비전을 통해 합성비료를 사용 하지 않고 재배한 포도로 만든 친환경 내추럴 와인을 출시하기도 했다.

차별화된 ESG 경영 전략을
전개하라

경영 전략의 대가 마이클 포터Michael Porter 교수는 기업 가치를 높이는 본원적 경쟁 전략에 대해 다음의 세 가지 유형이 있다고 했다.

- 원가우위 전략: 비용 요소를 철저히 통제하고 기업의 가치사슬을 최대한 효율화하여 경쟁사에 대해 지속적인 비용우위를 지님. 경쟁사보다 낮은 가격으로 시장점유율을 확보하거나, 비슷한 가격대에 판매를 함으로써 높은 이윤을 확보하는 전략
- 차별화 전략: 고객이 가치가 있다고 생각하는 요소를 제품이나 서비스에 반영해 경쟁자의 제품과 차별화하여 고객 충성도를 확보하고 이를 통해 가격 프리미엄이나 매출 증대를 꾀하는 전략

- 집중화 전략: 틈새시장을 대상으로 고객의 니즈를 원가우위 혹은 차별화 전략을 통해 충족시키는 전략

마이클 포터는 전략을 '유니크하고 가치 있는 포지션(위치)을 만들어 내는 것strategy is the creation of a unique and valuable position, involving a different set of activities'이라고 정의했는데, 차별화된 경쟁우위 요소로 쉽게 모방하기 힘든, 지속가능한 자리를 차지하는 것이 핵심이다. 무엇보다 기업 가치 증대를 위해서는 전략적 차별성이 중요하다고 하면서 '전략strategy'과 '효율적인 오퍼레이션operational effectiveness'을 혼동해서는 안 된다고 강조했다. (이 부분은 전작 《ESG 혁명이 온다》 5장에 자세히 설명돼 있다.) 하버드대학 조지 세라핌George Serafeim 교수 역시 5가지 ESG 경영 전략 방향 중 제일 첫 번째로 제시한 것이 '경쟁업체와 차별화되는 이니셔티브 개발'이다. 위원회 설치, ESG 채권 발행, 환경 캠페인 동참 등 점차 대동소이大同小異해지는 ESG 경영 활동으로는 기업 가치를 높이는 데 한계가 있다. 자사의 강점을 살린 차별화된 ESG 경영 전략만이 기업 가치를 높이는 유일한 방법이다. 그렇다면 차별화된 ESG 경영 전략에는 어떤 것들이 있는지 살펴보자.

ESG 경영 전략 ①:
업을 바꾸다

10년에 걸친 노력으로 업의 전환에 성공한 소니

세계에서 가장 ESG 경영을 잘하는 기업은 어디일까? 평가기관마다 기준과 방식이 다르겠지만, 미국의 《월스트리트저널WSJ》이 선정한 '2020년 지속가능한 세계 100대 기업The 100 Most Sustainably Managed Companies in the World'의 1위는 일본 기업 소니Sony였다.

'워크맨Walkman'과 브라비아TV, 노트북 등으로 세계 전자업계를 호령했던 소니는 2000년대 들어 한국·중국 업체에 밀리면서 위기가 시작됐다. TV·노트북 사업이 부진을 면치 못했던 2011년에는 역대 최악인 4600억 엔 적자를 기록하기도 했다. 하지만 소니는 기술력과 콘텐츠를 융합해 하나의 콘텐츠를 가전·스마트폰·게임기에서 모두 사용할 수 있게 제작해 수익을 극대화하는 이른바 '원소스 멀티유즈One Source-Multi Use' 전략으로 반전을 모색했다.

그 결과 2020년 소니 매출 비율은 게임이 31%, 전자 22%, 음악 19%로, 완벽하게 소프트웨어·미디어 기업으로 변신했다. 적자까지 기록했던 순이익은 1조 엔을 달성했는데 이는 1946년 소니가 창립된 이래 처음 있는 일이었다. 업의 전환은 실적뿐만 아니라 ESG 평가에도 영향을 미쳤다. 탄소 배출이 필연적으로 많을 수밖에 없는 제조업에서 상대적으로 탄소 배출이 적은 콘텐츠업으로 체질이 변하면서 ESG 등급도 A등급에서 AA를 거쳐 마침내 최고 등급인 AAA로 상승했다 (MSCI 기준).

소니는 2050년까지 환경에 대한 영향을 '0'으로 만들기 위한 '로드투제로Road to Zero' 목표를 수립하고 이 목표를 이루기 위해 2025년까지 환경 중기 목표인 'Green Management 2025'를 설정해 실행하고 있다. 주요 목표로는 '제품 1대당 플라스틱 사용량 10% 줄이기', '신규 설계 소형 제품의 플라스틱 포장재 전면 폐지', '사무소의 온실가스 배출량 5% 줄이기', '총전력 사용량 중 신재생에너지 전력 사용을 15% 이상 높이기' 등이 있다.

2014년에 소니는 국제신용평가사 무디스로부터 '투자 부적격'의 '정크' 선고를 받는 수모를 겪은 적도 있었다. 하지만 소니는 과거의 성공 방식을 버리고 '업의 전환'이라는 새로운 길을 택했다. 소니는 각고의 노력 끝에 사업 모델 혁신에 성공했고, 이를 토대로 한 ESG 경영은 타사가 모방할 수 없는 경쟁우위를 만들어냈다. (소니의 자세한 케이스 스토리는《ESG 혁명이 온다》 5장을 참조.)

탈필름으로 인류의 건강을 책임진 후지필름의 변신

본업을 바꿔서 혁신적인 가치를 창출한 기업으로는 후지필름Fujifilm
도 빼놓을 수 없다. 사명에서 알 수 있듯이 후지필름은 원래 사진필름
을 만들던 기업이었다. 2012년 미국 코닥이 파산하면서 필름 카메라의
종말은 시작됐다. 업계에서는 당시 2위였던 후지필름도 새로운 시대를
맞아 코닥의 뒤를 이을 것이라고 예상했다. 하지만 그 예상은 틀렸다.
후지필름은 본업을 버리고 새로운 길을 택했다. 모두가 실패할 것이라
전망했지만 후지필름은 미지의 영역에 도전해 성공했다.

디지털카메라가 등장하면서 2000년대 초반 필름을 만들던 기업들
은 모두 고민에 빠졌다. 2000년은 후지필름의 주력 사업인 컬러 필름
등 사진 감광 재료 매출이 절정일 때였다. 2001년에는 코닥의 매출을
앞지르기도 했다. 그러나 디지털카메라가 급속히 보급되면서 필름 시
장은 2000년 이후 매년 20~30%씩 줄어들었고 후지필름 매출의 60%
를 차지했던 사진 감광 사업은 적자 사업으로 전락해버렸다. 코닥과
아그파필름은 아날로그 필름 시장을 지키는 데 주력하다가 결국 파산
의 길을 맞이했지만, 2003년 취임한 고모리 시게타카古森重隆 후지필
름 회장은 '탈脫필름'을 선언했다. 당연히 쉽지 않은 일이었다.

2004년, 후지필름은 창업 70주년을 맞아 새로운 성장동력 구축을
위한 전사 구조개혁과 미래 성장사업 투자를 동시에 추진했다. 고모리
회장은 당시 '탈필름'을 "도요타에서 자동차를 없애는 것과 같은 일"이

라고 비유했는데, 실무진의 정확한 시장분석이 있었기에 가능했다. 당시 실무진은 필름 시장 몰락을 예측하는 보고서를 경영진에 전달했는데, 필름 사업이 유지돼야 자리를 보전할 수 있는 기존 임원들이 이를 반길 리 없었다. 그러나 가감 없는 보고서는 고모리 회장 등 최고경영진이 현실을 제대로 인식할 수 있는 바탕이 됐다.

혁신에는 아픔도 뒤따랐다. 예상을 뛰어넘는 빠른 속도로 사진필름 시장이 축소되면서 1년 반에 걸쳐 무려 5000명을 감원했다. 고모리 회장은 감원과 동시에 새로운 성장 전략을 세웠다. 기술개발부서 최고책임자를 통해 후지필름이 가진 기술을 모두 조사했는데, 사진필름을 대신할 시장을 찾기 위해 사내에 어떤 기술이 있는지를 전부 꺼내놓고 분석해본 것이다. 이른바 '4분면 분석'이라 하여 X축은 기존 시장과 신규 시장으로 나누고, Y축은 기존 기술과 신규 기술로 나누어 4개 영역에 어떤 기술을 적용해 어떤 제품을 낼 수 있을지를 철저히 연구했다.

후지필름은 4분면 분석을 통해 네 가지 질문을 던졌다. ① 기존 기술 가운데 기존 시장에서 우리가 적용하지 않은 것은 없는가? ② 새로운 기술로 기존 시장에 적용할 것은 없는가? ③ 기존 기술로 새로운 시장에서 적용할 것은 없는가? ④ 새로운 기술로 새로운 시장에 적용할 것은 없는가? 이 분석을 통해 후지필름은 아직 활용되지 않은 숨은 자산을 찾아내는 한편, 어떻게 시장에 대응할 것이며 부족한 것은 무엇인지를 명확히 알 수 있었다. 그리고 최종적으로 각 4분면에서 주력할 제품군을 선정했다.

후지필름은 '우리가 무엇을 잘할 수 있느냐'를 고민했다. 해답은 화학

후지필름 4분면 분석

신기술로 기존 시장에 적용할 것은 없는가?
레이저 내시경, 의료용 화상정보 시스템 다기능
복사기, 고급 디지털카메라

신기술로 새 시장에 적용할 것은 없는가?
초음파 진단장치, 의약품, 반도체용 재료,
화장품, 의료용 재료

신기술 ↑

◀ 기존 시장

신규 시장 ▶

기존 기술 중 시장에서 적용 안 한 것은 없는가?
복사기, 복합기, X선 디지털 화상 진단 시스템,
광학렌즈

기존 기술로 새 시장에 적용할 것은 없는가?
전도성 필름, 열차단 필름, 태양전자용 기판,
LCD용 필름, 스마트폰용 플라스틱 렌즈

기존기술 ↓

자료: DBR

합성 기술에 있었다. 필름을 만들면서 축적된 화학합성 물질 20만 점에 대한 데이터베이스가 후지필름에는 있었다. 또한 얇은 막을 균질하게 여러 겹 쌓아 올려야 하는 필름 제조 기술과 필름을 만들면서 알게 된 영상 기술도 있었다. 4분면 분석으로 후지필름이 가진 기술력을 의약품, 화장품 그리고 고기능 재료로 불리는 분야에 충분히 응용할 수 있다는 결론이 나왔고, 이를 토대로 디지털이미징(디지털카메라, 렌즈, 화상 센서, 화상처리 기술 등), 광학디바이스(TV 렌즈, 감시카메라용 렌즈, 스마트폰 렌즈 등), 고기능 재료(편광판, 보호필름 등), 디지털 인쇄, 문서 솔루션(사무용 복사기, 복합기, 프린터, 관련 업무 솔루션 등), 메디컬 라이프 사이언스 등 6가지 신규 사업 영역이 정해졌다.

특히 화장품과 바이오·제약 사업은 신의 한 수였다. 사진필름의 주된 원료는 젤라틴, 즉 콜라겐인데, 인간 피부는 70%가 콜라겐으로 구성돼 있다. 피부의 윤기와 생기를 유지하는 것이 콜라겐이다. 후지필름은 그 콜라겐을 80년 넘게 연구해왔다. 피부의 노화 현상은 산화작용이 일어나기 때문인데, 산화는 사진의 빛바램 현상의 원인이기도 하다. 후지필름은 시간이 지나면 사진이 어떻게 변화하는지, 열화를 막으려면 어떤 물질을 더해야 하는지에 대한 노하우를 축적해왔다. 그리고 그 축적된 기술을 안티에이징 화장품에 적용했다. 2007년 출시한 '아스타리프트'라는 화장품에는 식물에서 추출한 '아스타크산틴'이라는 항산화 성분이 들어 있는데, 이 성분은 물에 녹지 않아 다루기가 어렵다. 후지필름은 사진필름 개발 과정에서 발견한 물질을 극미세화하는 나노 기술이 있었는데, 이 기술을 사용하면 물에 녹지 않는 물질을 녹이거나 필요한 물질을 효율적으로 흡수시킬 수 있다.

화장품에 이어 2008년에는 중견 제약사였던 도야마화학공업을 1,300억 엔에 인수하면서 제약 사업에 본격적으로 진출했다. 도야마화학은 항인플루엔자 바이러스제 '아비간' 개발사로 유명하다. 아비간의 명칭은 'AVIGAN Tablet 200mg'로 바이러스 유전자의 복제를 억제해 항바이러스 효과를 내는 약으로, 에볼라 바이러스에 감염된 프랑스 간호사에게 아비간을 투여한 후 치료 효과를 확인해 많은 주목을 받았다. 2015년에 '흑사병' 공포를 일으켰던 에볼라가 임상시험을 통해 아비간으로 치료 가능한 질병이 되면서 인류는 큰 위기에서 벗어날 수 있었는데, 이 아비간을 후지필름이 만들고 있었다.

의약품 개발에서도 나노 기술은 빛을 발했다. 의약품 산업에서는 약이 인체에 잘 흡수되는 방법을 찾는 것도 경쟁력 중 하나인데, 후지필름은 나노 기술을 활용해 약의 흡수를 촉진시키고 최적의 타이밍에 필요로 하는 곳에 흡수되도록 할 수 있었다. 저비용으로 고품질 약품을 생산하는 것이 승부의 관건인데, 이 부문에서 후지필름은 경쟁력이 있었다. 진단용 의료기기 사업에도 진출했는데, 엑스레이 필름과 초소형 내시경 등은 기존 카메라와 필름 기술을 활용했다. 신약 개발에서는 필름을 만들면서 축적한 콜라겐 가공 기술을 활용해 배양한 유도만능줄기세포(iPS 세포)를 재생의료에 활용했고, 자외선 차단 기술을 약물전달 물질 개발에 적용했다. 후지필름은 여러 바이오 회사를 인수합병M&A해 자사의 기술을 적용할 방법을 계속해서 찾고 있다.

2000년대 후지필름 매출의 60% 이상은 카메라 관련 사업에서 나왔다. 20년이 지난 2020년 3월 말 기준 헬스케어·머티리얼즈(반도체 소재 등)의 매출 비중은 48.01%에 이른다. 카메라 관련 사업(이미징 부문)의 매출 비중은 13.01%에 불과하다. 후지필름은 에볼라 바이러스 치료제인 '아비간' 생산으로 의약품에서만 연매출 1조 엔 이상을 기록하며 실적을 높이는 한편, 인류를 에볼라 공포에서 해방시켜 사회적 문제 해결에도 커다란 기여를 했다. 업의 전환으로 기업 가치를 증대시키고 사회적 가치까지 실현하며 ESG 경영을 제대로 실천한 것이다.

후지필름은 사회문제 해결과 함께 사진필름 사업 때부터 노력해온 환경보호 활동에도 적극적이다. '폐기물 제로'를 목표로 자원순환 시스템을 운영하고 있는데, '자원순환 시스템'이란 수명이 다한 복합기나 토너 카트리지 등을 고객으로부터 회수하고, 이를 철·알루미늄·유리·플라스틱 등 33개의 카테고리로 분류해 복합기를 재생산할 수 있는 자원 형태로 되돌리는 시스템이다. 회수된 제품 및 소모품의 99.9%는

ESG Rating history

MSCI ESG Rating history data over the last five years or since records began.

자료: 후지필름 HP, MSCI

다시 자원화하여 매년 폐기 제로를 달성하고 있다. 친환경과 편리성을 동시에 추구하는 '리얼그린' 콘셉트를 내세워 다양한 기술을 활용하고 있는데, 제품의 사용하고자 하는 기능에만 전력을 공급하는 '스마트 에너지 관리 기술'이나 기존 모델 대비 70%의 이산화탄소CO_2 배출을 감소시키는 저전력 LED 프린트 헤드 기술 등이 대표적이다.

후지필름의 ESG 경영은 평가로도 나타났다. 2021년 10월에 일본 경제전문지 《동양경제》에서 발표한 '가장 우수한 ESG 기업 순위'에서 후지필름은 4위를 차지했다. 각 분야 100점 만점 기준으로 환경 97.4, 사회 98.8, 거버넌스 97.9, 인재활용 94.9, 총 389점의 높은 점수를 기록했는데, 특히 사업을 통해 사회문제 해결에 적극적으로 참여했다는 점에서 고평가를 받았다. 무엇보다 주목할 점은 조사 기간 내 주가 상승률인데 무려 72.4%로 ESG 우수기업 상위 10개 회사 중 가장 높은 상승률을 기록하며 투자자들의 눈길을 끌었다. MSCI ESG 평가도 2020년에 A등급을 받으면서 평가가 상승했고 2021년에 AA를 받아 글로벌 시장에서도 ESG 경영을 잘하는 기업으로 평가받기 시작했다.

ESG 경영 전략 ②: 차별화된 BM에 ESG를 적용하다

아카데미상을 수상한 넷플릭스의 친환경 다큐멘터리

ESG 경영 전략을 차별화시키는 또 다른 방법은 독보적인 비즈니스 모델을 구축해 거기에 ESG를 적용하는 것이다. 주로 독점적 우위력을 지닌 플랫폼 기업들에게서 나타나는 전략으로, 강력한 고객 충성도와 모방하기 힘든 비즈니스 모델로 기업 가치를 높일 수 있는 ESG 경영이 가능하다.

대표적인 플랫폼 기업으로 글로벌 OTTOver-The-Top(인터넷을 통해 방송 프로그램, 영화 등 미디어 콘텐츠를 제공하는 서비스) 사업자인 넷플릭스가 있는데, 자사 플랫폼을 활용한 남다른 ESG 경영을 전개해 눈길을 끌고 있다.

넷플릭스는 탄소 배출량을 줄이기 위한 노력과 함께, 넷플릭스 오리지널인 〈우리의 지구〉, 〈나의 문어 선생님〉을 비롯해 〈투모로우〉, 〈산호초를 따라서〉 등 지구온난화, 야생보호, 열대우림 보호 관련 콘텐츠 제작으로 환경의 소중함과 지속가능성의 가치를 소개하고 있다. 전 세계 1억 6000만 가구가 지속가능성 관련 콘텐츠를 한 편 이상 시청한 것으로 나타났는데, 환경보호에 대한 스토리텔링의 저력을 통해 지속가능성에 대한 대중의 이해도를 높이며 새로운 엔터테인먼트 경험을 선사해 호응을 얻었다.

특히 2021년 제93회 아카데미 장편 다큐멘터리상을 받은 〈나의 문어 선생님My Octopus Teacher〉은 완성도가 상당히 높은 다큐멘터다. 이 영화는 문어를 보호해야 한다는 교훈이나 환경보호에 대한 메시지를 직접적으로 전달하는 이야기가 아니다. 그저 우연히 어느 문어를 만나게 된 한 남자의 경험담이 내용의 전부다. 세계를 돌며 다큐멘터리를 찍다가 지친 크레이그 포스터는 우울증까지 찾아오자 가족과 시간을 보내기로 결심하고 어린 시절을 보냈던 남아공 케이프타운 해안을 찾는다. 매일 바다에서 헤엄치던 그는 우연히 문어 한 마리를 만난다. 이후 둘은 매일 깊은 바다에서 우정을 쌓는다. 서로 마음을 터놓고 대화를 나누기도 한다. 특별하지 않은 문어와의 특별한 만남은 바닷속 세계를 특별하게 느끼도록 해준다.

〈나의 문어 선생님〉은 동물의 속마음을 인간의 나레이션으로 연기하는 〈동물의 왕국〉과는 달리 문어를 인간화하지 않는다. 문어가 하는 행동을 인간에 비유하거나, 인간의 시선에 맞춰 이해하는 척하는

자료: 넷플릭스

억지도 부리지 않는다. 그저 자연의 경이로움만을 촬영한 다큐멘터리는 영화가 끝난 후 왜 문어가 인간의 선생님인지를 느끼게 해주면서 진한 여운을 남긴다. 이런 친환경 다큐멘터리를 만들어 전 세계 시청자들에게 제공함으로써 사회적 인식을 제고하게 하는 ESG 활동은 다른 기업은 불가능하다. 독보적인 플랫폼을 가진 넷플릭스만이 가능하다.

가짜 뉴스 걸러내기에 진심인 메타(구 페이스북)

차별화된 플랫폼에 ESG를 적용시키는 것은 양날의 검이기도 하다. 막강한 영향력을 행사할 수 있는 대신, 잘못된 ESG 활동을 전개하면 오히려 그 악영향이 부메랑이 되어 자신에게로 돌아오기 때문이다.

30억 명의 가입자 수를 자랑하는 세계 최대 SNS 메타(구 페이스북)

는 2020년 9월, 자신의 플랫폼 내에 기후과학정보센터Climate Science Information Center on Facebook를 개설하겠다고 발표했다. 기후과학정보센터는 SNS 공간에서 공유되는 서비스로, 국제연합United Nations: UN, 기후변동에 관한 정부 간 패널Intergovernmental Panel on Climate Change: IPCC, 국립해양대기국National Oceanic and Atmospheric Administration: NOAA, 세계기상기구World Meteorological Organization: WMO 등을 출처로 하는 뉴스 링크를 통해 다양한 기후 정보를 제공한다. 세계 기후와 관련해 가짜뉴스를 걸러내고 기후의 변화 과정을 대중이 알기 쉽게 설명한다는 취지이다. 코로나 팬데믹이 유행했을 때, 메타는 코로나19 정보센터를 개설했다. 이를 통해 20억 명 이상이 보건 당국의 정보를 공유했고 6억 명 이상이 자세한 정보를 열람했다. 메타의 플랫폼이 전 세계적 재난을 극복하는 데 긍정적 역할을 했다고 평가를 받았는데, 기후과학정보센터도 이런 배경 하에서 설립된 것이다.

기후과학정보센터는 다른 플랫폼인 유튜브나 왓츠앱, 인스타그램에서는 흉내 내기 힘든 유형의 사회공헌 활동으로 메타만의 차별화된 ESG 경영이 가능하다. 하지만 문제점도 있다. 기후위기에 관한 허위 정보가 플랫폼을 통해 확산될 수 있다는 점이다. 마크 주커버그 역시 이에 대해 '큰 문제'라고 인정했고, 전문가들도 잘못된 정보들이 SNS를 통해 빠르게 퍼질 수 있다고 경고했다. 실제로 2020년 8월 영국의 싱크탱크 '인플루언스맵'은 SNS를 통해 기후위기를 부정하는 광고 수십 개가 퍼졌으며 조회 수가 800만 회 이상을 기록했다고 발표했다. 환경기구 '프렌즈오브디어스'는 2021년 2월 발생했던 텍사스 정전 사태와 관련된 99%의 기후위기 정보가 검증되지 않은 허위 정보라고 분석했다. 풍력발전용 터빈이 고장 났다는 허위 보도가 메타를 통해 비주류 정보에서 주류 정보로 변해갔고, 심지어 주요 뉴스 매체를 통해 진실이 밝혀졌음에도 허위 보도 내용은 유명 정치인들 사이에서 논쟁거리가 됐다.

이 때문에 메타는 기후과학정보센터를 통해 기후변화와 관련한 가짜 뉴스 확산을 철저하게 막겠다고 선언했다. 기후변화에 대한 진실을 보다 과학적으로 규명하고 구체적인 내용을 알리기 위해 예일, 캠브리지 대학에서 기후 관련 전문가까지 영입했다. 이처럼 정보 신뢰성을 높이는 데 주력하고 있는 메타의 사회공헌 노력은 플랫폼의 신뢰도 및 가치를 높이는 동시에 고객 이탈도 방지하는 이중효과를 얻을 수 있다.

ESG 경영 전략 ③:
ESG 스타트업과 협력하라

혁신적이고 차별화된 ESG 경영을 하고 싶은데 참신한 아이디어가 떠오르지 않거나 기업 규모가 커서 혁신이 쉽지 않다면, ESG로 무장한 중소기업 및 스타트업과 협력하는 방법이 있다. 특히 환경·사회 문제 해결에 관심을 갖고 참신한 아이디어로 ESG 사업을 전개하는 스타트업들에 대기업들의 투자가 집중되면서 이들의 몸값도 급상승하고 있다.

SK그룹의 투자 전문회사 SK는 2020년부터 약 100억 원 규모의 임팩트 투자를 진행했는데, 사회문제 해결 의지·성과, 사회문제 해결을 위한 기술력, 사업 성장성 등을 기준으로 4개 벤처를 선정했다. 소외계층의 교육격차 해소를 위한 디지털 교육 기업 에누마에 약 36억 원, 취약계층을 고용하는 IT 기업 테스트웍스에 20억 원, 휠체어 파워 어

시스트 개발업체 토도웍스와 수질오염 측정 센서를 개발한 더웨이브톡에 각 20억 원을 투자했다. SK이노베이션은 사회적 기업 성장 지원 프로젝트인 'SV² 임팩트 파트너링 모델'을 실행하고 있는데, 전기자동차 배터리 분리막으로 옷을 만드는 '라잇루트'는 성장 지원금과 멘토링 프로그램 지원과 함께 SK이노베이션의 소재 자회사인 SK아이이테크놀로지로부터 직접 폐배터리 분리막을 공급받는 등의 협업 모델도 구축했다.

탄소중립 이슈로 탄소배출권 사업이 가능한 스타트업의 인기도 높은데, 해조류 부산물로 친환경 소재를 만드는 마린이노베이션은 해초 양식으로 탄소배출권 사업이 가능하다는 점에서 ESG 경영을 추진하는 대기업들의 관심이 높다. 환경뿐만 아니라 사회 분야에도 투자 범위가 확대되어 사회적 약자, 취약계층, 치매 관련 서비스 등을 하는 스타트업에 대한 관심도 높아지고 있다.

이처럼 사회적 문제 해결 및 목표 달성을 최우선적으로 하는 스타트

SK의 임팩트 투자 현황

투자 시기	기업명	사업 내용	투자 규모
2020년 2월	enuma (에누마)	영유아 대상 게임식 학습 애플리케이션 개발로 전 세계 교육 소외계층 격차 해소	약 36억 원
2020년 11월	TESTWORKS (테스트웍스)	AI 데이터 수집·가공 사업으로 취약계층에 균등한 고용 기회 제공	20억 원
2021년 3월	[todo] WORKS (토도웍스)	휠체어 파워 어시스트 개발로 장애인·노약자 이동권을 향상	20억 원
2021년 3월	(더웨이브톡)	수질오염 측정 센서 개발로 환경 개선, 삶의 질 향상	20억 원

자료: 언론 종합

업을 '소셜 벤처'라 하고, 사회나 환경에 긍정적 영향을 미치는 것을 목표로 소셜 벤처에 투자하는 방식을 '임팩트 투자Impact Investment'라고 한다. 소셜 벤처는 혁신적 아이디어에 사회적 공익 창출을 접목시켜 사회적 문제를 해결하고 사회적 혜택을 제공하는 것을 우선적으로 추구한다. 소셜 벤처는 혁신적인 기술도 중요하지만, 무엇보다 사회적 공익 창출과 이를 뒷받침할 참신한 아이디어가 핵심이다. 2007년 미국 스탠퍼드대학 출신 조엘 새들러와 에릭 토셀은 '리모션 디자인Re:Motion Designs'이라는 벤처를 창업했는데 이 회사는 불의의 사고로 다리를 잃은 저개발국가 장애인에게 '인공 무릎관절'을 만들어 제공한다. 그런데 이 인공 관절은 수억 원대의 고가 인공 관절이 아닌 플라스틱과 볼트, 너트, 베어링 등으로 구성된 인공 관절이다. '자이푸르 니Jaipur Knee'라고 하는 이 인공 관절의 가격은 단돈 20달러(약 2만 원). 저렴하면서 가볍고 내구성이 좋은 자이푸르 니는 개발도상국의 장애인들에게 판매됐고 큰 호평을 얻었고, 리모션 디자인은 사회적 문제 해결과 공익 가치 실현이라는 소셜 벤처의 가치를 가장 잘 표현한 기업으로 평가받고 있다.

현재 국내에는 약 1500개의 소셜 벤처가 활동 중인데, 소셜 벤처의 44.1%는 고령자, 장애우 등 취약계층 고용 창출로 사회적 가치 창출에 기여했다.[23]

소셜 벤처에 대한 기업들의 관심은 ESG에 대한 부담을 덜어줄 수 있다는 배경이 작용하고 있다. ESG 경영의 필요성에 대해서는 인지하면서도, 대기업들은 당장 지배구조를 바꾸기도 어렵고 진행 중이던 사업을 중단하거나 변경하는 것도 쉽지 않다. 이에 비해 틈새 니즈를 발견해 사회적 문제 해결을 꾀하는 소셜 벤처들은 유연하면서도 보다 다양한 ESG 사업을 추구할 수 있다. 소셜 벤처는 빠르게 제품과 서비스를 테스트하며 끊임없이 사업 모델을 바꿔나갈 수 있다. 빠른 소통을 통한 고객과의 거리 좁히기, 잘못된 관행이나 제품에 대한 신속한 사과와 대응도 벤처가 갖는 강점이다. ESG를 경영에 바로 녹여 내기 어려운 대기업 입장에서 가장 효율적인 ESG 경영은 어쩌면 이들 소셜 벤처와의 협력일 수 있다. 소셜 벤처들은 투자와 성장을 원하고, 대기업은 안정적인 ESG 경영의 실행을 원하는 지점에서 이해관계가 맞물리게 되는 것이다. 대기업이 수행하기 어려운 ESG 분야에 소셜 벤처가 혁신적인 방안을 제시한다면, 투자나 협업의 기회는 더욱 가까워진다.

ESG 경영 전략 ④:
ESG를 기회 요소로 만들기

스타트업 중에는 ESG를 기회로 보고 오히려 자사의 차별화된 경쟁 우위로 삼아 시장을 공략하는 기업들이 적지 않다.

친환경 설거지비누, 샴푸바, 린스바 등을 생산하는 국내 스타트업 동구밭은 소비자들 사이에서 '지구를 지키는 비누'를 만드는 사회적 기업으로 유명하다. 동구밭 제품 포장은 종이 패키지 하나이고 그 패키지도 분리 배출해 재활용이 가능하다. 액체 화장품과 달리 정제수나 플라스틱 사용을 하지 않고 앞으로 5년 이내에 제조 전 과정에서 플라스틱 사용을 줄여나가 제로에 가깝게 만들 계획이다.

더 놀라운 점은 단순히 친환경 문제에만 초점을 맞춘 것이 아니라 '발달장애인의 일자리 문제 해결'에도 노력하고 있다는 것이다. 월 매출

못난이 농산물로 제품 만드는 '지구인컴퍼니', 새해 첫 A-벤처스로 선정

자료: 동구밭, 지구인컴퍼니

이 400만 원 증가할 때마다 발달장애인 사원을 1명 더 고용하는 순환 정책을 통해 사회적 공헌에 기여했는데, 최근에는 전체 인원의 50% 이상을 발달장애인 직원으로 고용하는 것을 목표로 퇴사율 0%에 도전하고 있다. 실적 역시 성장 곡선을 그리고 있다. 2017년도에 7억 원이었던 매출은 2020년 기준 약 55억 원으로 크게 증가했다. 환경과 사회를 생각하는 기업으로 입소문이 나면서 소비자들의 재구매도 이어지고, 브랜드가 알려지면서 OEM(주문자 상표 부착 생산) 매출도 늘어났다.

이 밖에 AI를 활용해 음성을 문자로 전환해 청각장애인의 소통을 도와주는 소프트웨어를 개발한 스타트업 '소보로(소리를 보는 통로)', 상품성이 떨어져 폐기된 작물들로 대체육을 만들어 환경보호에 기여한 식품 스타트업 '지구인컴퍼니' 등도 ESG를 기회 요소로 삼아 환경사회적 가치와 이익 창출을 동시에 실현시킨 대표적 기업들이다.

ESG 환경에 직면한 상당수 기업들은 ESG를 비용이나 규제 등의 위기 요인으로만 인식한다. ESG가 기업 실적에 영향을 미치는 위기 요인인 것은 맞지만, 동전의 양면처럼 기회 요인으로도 작용한다.

한국기업지배구조원은 2021년 8월에 ESG 모범 규준 개정안을 발표했는데, 내용 중에는 환경과 사회 영역에서 어떤 위험 요인과 기회 요인이 있는지를 잘 보여주고 있다. 예를 들어 기후변화 관련해서는 글로벌 시장과 연계된 새로운 규제 리스크를 고려하는 동시에, 기후변화로

환경 영역에서의 기회 요인

기회 요인	주요 내용
자원효율성	효율성 높은 제품 및 물류 시스템의 이용 효율성 높은 운송수단의 이용 재활용·재이용 효율성 높은 건물의 이용 물 사용량 및 소비량 저감
에너지원	저탄소 에너지 이용 재생에너지에 대한 정책 인센티브 활용 신기술 이용 탄소시장 참여 분산전원 이용
제품 및 서비스	저탄소 제품 및 서비스의 개발 및 확대 기후변화 적응 대책 및 상품 개발 R&D 및 혁신을 통한 신제품 및 서비스 개발 사업군의 다변화 소비자 선호도 변화
시장	새로운 시장에 대한 접근성 증가 제품 및 서비스에 대한 수요와 공급의 변화 공공섹터의 인센티브 활용 녹색채권 및 인프라의 인수, 자금 조달 기후 리스크를 고려한 금융상품 개발
회복탄력성	재생에너지 프로그램 참여 및 에너지 효율 향상 수단 도입 대체자원의 확보 및 다변화 회복탄력성을 고려한 새로운 제품 및 서비스 도입 기후변화 적응 역량 강화 장기적 재무·금융 부문의 투자 강화

자료: Recommendations of the Task Force on Climate-Related Financial Disclosures, TCFD, June 2017.

기회 요인을 활용한 ESG 경영 사례

유형	내용	사례
새로운 사업 모델 발굴	지속가능한 제품 및 서비스를 개발해 새로운 수익 창출 기회 발굴	친환경 사업 모델 구축 사회적 문제 해결을 위한 제품 개발 등
신규 고객 확보	사회·환경에 미치는 긍정적인 사회적 가치를 고려하여 윤리적 소비를 추구하는 고객 확보	원재료 조달, 제품 생산 과정에 사회적 책임 이행(공정무역, 적정임금 지급 등) 친환경 포장, 동물복지 인증 제품 출시 등
규제 비용 절감 및 지원금 확보	관련 법·규제를 준수하여 규제 비용 발생 가능성을 감소하게 하고 정부 지원 등의 부수적 효과 기대 가능	탄소배출권 판매를 통한 매출 증대 장애인 의무고용 초과 달성을 통한 정부 지원금 획득 등
운영 효율화	자원 효율화로 운영 비용 절감	폐기물, 부산물 재자원화 지역사회 원재료 수급을 통한 유통 비용 절감
우수인재 유치	지속가능한 기업 문화를 통한 우수 인재 유치 및 생산성 제고	임직원 복지, 역량개발 지원 등 근로조건 개선과 적정 임금 지급, 근로자 권리 보호 등을 통한 우수 인재 유치

자료: ESG 모범 규준, KCGS

인한 규제와 물리적 요소의 변화는 저탄소 경제체제로의 전환, 신재생 에너지 도입, 새로운 제품 및 서비스의 개발, 새로운 시장에 대한 접근성 향상 등을 통해 기업에 기회 요소로 작용할 수 있다고 설명한다.

함께 보면 좋은 참고자료

 한국기업지배구조원(KCGS)가 발표한 ESG 모범규준 개정안
http://www.cgs.or.kr/business/best_practice.jsp

참고로 한국기업지배구조원의 ESG 모범 규준은 ESG 경영을 수행하는 기업에 가이드북 역할을 하고 있어 꼭 읽어보면 도움이 될 것이다.

PART 2

ESG를 경쟁력으로 만드는
7가지 트렌드

ESG를 기업의 경쟁력으로 만드는 7대 트렌드

2021년이 ESG 개념을 이해하고 기본적인 활동들을 수행한 ESG 원년이었다면, 2022년부터는 기업마다 차별화된 ESG 경영 전략을 추진하는 본격적인 제2라운드가 시작된다. 이때부터는 ESG 등급이든 투자든 실적이든 가시적인 성과를 보여주어야 하므로 단순히 보여주기식의 활동만으로는 ESG 경영을 수행하기가 어렵다.

파트2에서는 탄소중립, 순환경제, 수자원 관리, 건강한 일터, 조직 다양성, 투명한 지배구조, 그리고 ESG 디지털 트랜스포메이션DX 등 앞으로의 글로벌 시장에서 펼쳐질 7가지 ESG 트렌드가 어떻게 기업들에게 기회 요인이 되고 경쟁우위로 작용할 수 있을지에 대해 살펴보고자 한다.

1장

·

탄소중립:
탄소가 돈이다,
탄소 비즈니스 시대의 도래

탄소 배출,
문제는 속도다

점점 더 빨리 뜨거워지고 있는 지구

2021년에는 그 어느 해보다 자연재해가 많았다. 그리스와 터키, 미국, 러시아 시베리아 등에서는 대형 산불이 잇따랐다. 터키 남부에서는 산불이 확산하면서 10만 헥타르ha 이상의 숲이 잿더미가 됐다. 그리스도 삼림, 농경지가 불에 타버렸고, 알제리와 튀니지에서도 산불이 여러 날에 걸쳐 이어졌다. 러시아 시베리아에서는 수백 건의 대형 산불이 나면서 1400만 ha 이상이 소실됐으며 산불로 뿜어져 나온 막대한 양의 연기가 바람을 타고 3000km 이상 떨어진 북극에서 포착될 정도였다. 독일과 벨기에 등에서는 역대급 집중호우가 쏟아졌다. 독일 기상청은 "1000년 만의 폭우"라고 평가했고, 이로 인해 200여 명의 대

규모 인명 피해가 발생했다.

미국의 기후는 극단적으로 변하고 있다. 동부에서는 폭우가 쏟아지는데, 서부는 가뭄으로 허덕이고 있다. 2021년 8월 말, 미국 동부 뉴욕에 들이닥친 허리케인 헨리로 인해 맨해튼 센트럴파크에는 113mm의 비가 쏟아져 이 지역 하루 강수량 신기록을 세웠다. 두 달치 강수량이 이틀 동안 쏟아졌다. 반면 미국 서부의 캘리포니아주에서는 잦은 번개와 건조 현상, 강풍 등으로 인해 산불 피해가 빈번하다. 캘리포니아주에 위치한 세쿼이아 국립공원 일대에는 하루 동안 130회가 넘는 벼락이 떨어졌고, 이 벼락으로 거대 산불이 발생해 삼림지대는 잿더미가 됐다. 이 산불로 세쿼이아 국립공원의 상징으로 여겨지는 세계에서 가장 큰 나무 제너럴 셔먼을 포함해, 2300~2700년에 달하는 나이의 거대 세쿼이아 나무들까지 소실될 위기에 처했다. 캘리포니아주 사상 최악의 산불로 기록된 '딕시 산불Dixie Fire'은 한 달이 지나도 진압되지 못하고 28만 3000ha 이상을 태웠는데 이는 서울 면적의 4.7배에 달하는 규모이다. 미국의 대형 산불은 2000년대 들어 연례행사처럼 발생했는데, 캘리포니아주에서만 무려 6800건의 산불이 났고 피해면적은 6879km²에 이른다. 게다가 미국 서부 대부분 지역은 2021년 6월부터 최악의 가뭄에 시달려야 했다.

2020년 이후 발생한 세계적 자연재해만 살펴봐도 방글라데시와 인도의 사이클론 발생(2020년 5월), 베트남 중부 홍수(2020년 10월), 텍사스 한파(2021년 2월) 등이 있다. 기후변화로 꾸준히 진행되고 있는 자연재해도 있다. 아마존 산불, 북극 고온, 코로나 팬데믹, 사막 메뚜기 발

자료: 연합뉴스

생, 중국 민물고기 패들피쉬 멸종, 호주 산호초 표백현상 등은 전 지구
적으로 지금도 현재진행 중이다.[24]

이러한 자연재해의 원인은 기후변화에 따른 이상 고온 때문이다. 폭
염과 가뭄 등은 이상기후 때문에 발생하는데, 평균온도가 1도 올라갈
때마다 산불이 일어날 확률도 35% 증가한다. 특히 2021년 7월의 전
세계 평균기온은 관측 역사상 가장 더운 달이었다는 연구 결과가 나
왔다. 미국 국립해양대기청NOAA에 따르면, 2021년 7월 기준 전 세계
육지와 해양의 표면 평균온도는 20세기 평균인 15.8도보다 0.93도 높
은 16.73도를 기록해, 1880년 지구 표면온도 관측을 시작한 후 141년
만에 가장 높은 온도였다. 미국과 캐나다는 섭씨 40~50도가 넘는 폭

염에 시달렸고, 터키와 그리스의 2021년 7~8월 기온은 50도에 육박할 정도였다. 아시아의 지구 표면 온도는 1910년 이래 가장 높았다. 눈여겨볼 것은 7월의 지표면 온도가 가장 높았던 상위 10개 연도가 1998년을 제외하고는 모두 2010년 이후라는 점이다. 2019년부터 2021년까지의 7월 기온은 3년 연속으로 최고치를 경신하고 있다.

기후변화에 따른 이상고온의 경고는 어제오늘 얘기가 아니다. 기온이 1.5도 상승하면 폭염, 가뭄, 산불 등 초극단적 기후위기가 지금보다 더 일상적으로 발생하고 인류는 심각한 재난재해에 직면할 것이라는 우려의 목소리는 수도 없이 들어왔다. 하지만 지금의 문제는 온도 상승만이 아니다. 인류가 주목해야 할 부분은 온도 상승의 속도다. 예상보다 더 빠르게 지구의 온도가 올라가고 있는 것이다.

IPCC 6차 보고서의 경고

유엔 산하 기후변화에 관한 정부 간 협의체Intergovernmental Panel on Climate Change: IPCC는 2021년 8월 9일 '기후변화에 대한 포괄적 분석과 인류의 행동 방침'을 주제로 한 6차 보고서를 발간했다. 2013년에 발표된 5차 보고서 이후 8년 만에 개정된 것으로, 이 보고서는 단순한 연구보고서가 아니라 세계가 기후변화에 대응하는 행동을 전개할 때 협력의 기초 자료로 쓰인다.

이 보고서에서 가장 충격적인 내용은 지구 기온 상승의 속도가 엄청나게 빨라졌다는 것이다. 2003년부터 2012년 사이 지구 기온은 산업화 이전 대비 0.78도 상승했고, 2011년부터 2020년까지는 1.09도 상승

자료: IPCC

했다. 불과 20년 남짓한 기간 동안 지구 온도는 약 2도 정도 상승했다. 이 속도라면 2050년이면 지구 기온은 4도 이상 올라갈 것으로 예상되는데, '겨우 4도?'라고 넘겨버릴 수준이 아니다. 과거 지구의 온도는 1만 년에 걸쳐 4도가 올랐는데, 불과 100년 정도밖에 안 되는 짧은 기간 동안에 4도가 오르는 것이다.

인간에 의한 기후변화 속도는 80만 년 전 자연적으로 발생한 것에 대비해 이산화탄소 증가 속도는 100배, 기온 상승 속도는 10배에 이른다. 변화 속도가 빨라질수록 극단적인 날씨는 더 자주 더 강력하게 발생한다. 이산화탄소 농도도 크게 늘어났다. 1만여 년 전 신생대 4기 빙하기 대기 중의 이산화탄소 농도가 180ppm이던 것이 2020년

400ppm을 뛰어넘어 430ppm을 바라보고 있다. 인간도 체온이 갑자기 오르는 경우는 병에 걸렸을 때이다. 지구는 지금 탄소 배출에 따른 심각한 환경오염이라는 병에 시달리고 있다.

지구의 기온 상승은 제트기류(서쪽에서 동쪽으로 흐르는 북반구 상층에서 부는 빠른 바람)를 변화시킨다. 제트기류 흐름의 속도와 구불거림의 정도에 따라 고기압과 저기압의 이동 및 강도가 결정되는데, 기후변화로 인해 북극 지역이 다른 저위도 지역보다 2~3배 더 빨리 더워지므로 위도 간 기온차가 줄어들게 된다. 기온 차이가 작아지면 제트기류가 느려지고 고기압과 저기압이 정체되어 한 지역에서는 같은 날씨가 이어진다. 같은 날씨가 지속되면 맑은 날은 폭염으로 변하고, 적당히 내리던 비는 도시를 침수시키는 폭우로 변모한다.

온실가스는 매초 히로시마 원자폭탄 다섯 개 수준의 에너지를 대기에 가두고 있는데, 1998년 이후 지구에 쌓인 에너지는 약 30억 개 원자폭탄 양에 해당한다. 온실가스는 적은 양의 변화로도 지구에 미치는 영향력이 매우 크다. 지구 대기의 온실가스 중 80%는 이산화탄소다. 화석연료를 태우면 탄소 원자가 공기 중 산소 원자와 결합해 이산화탄소가 만들어진다. 18세기 산업혁명 이전에는 100만 개의 공기 분자 가운데 이산화탄소가 280개였다. 오늘날에는 그 개수가 410개까지 늘었다. 이는 지구 역사 200만 년 중 최대 수치다.

IPCC는 향후 10년 이후에 지구 평균온도가 산업화 이전과 비교해 1.5도 높아질 가능성이 매우 크다고 전망했는데, 이는 불과 3년 전 나온 예상보다 시점을 10년이나 앞당긴 전망이다. IPCC 보고서는 기온이 1.5도 상승하면 폭염, 가뭄, 산불 등 초극단적 기후위기가 지금보다 더 일상적으로 발생하고, 지구 온도가 현 수준보다 0.4도 상승하면 전 인류 중 14%가 최소 5년에 한 번씩 심각한 폭염에 노출될 것으로 예상했다. 2015년 체결한 파리 기후협약은 지구 온도 상승을 2도 아래로 제한하고 가능한 한 1.5도를 넘지 않게 한다는 목표를 세웠다. 그러나 IPCC는 이 목표가 달성된다 할지라도, 사하라사막 이남 아프리카와 남아시아, 동남아시아는 매년 적어도 30일의 폭염에 시달릴 가능성이 높다고 지적했다.

IPCC 6차 보고서에서는 인구, 에너지 소비, 경제활동이 지구에 영향을 미칠 수 있는 여러 요인을 바탕으로 미래 지구의 기온이 어떻게 변할 것인지 예측하는 5가지 시나리오를 분석했다.

가장 낙관적인 시나리오 1은 인류가 적극적 탄소 감축 노력을 벌이고 혁신 기술을 개발해 2050년에 탄소 배출이 제로가 되는 탄소중립을 달성했다고 가정한다. 그러나 시뮬레이션 결과 그렇게 하더라도 21세기 말인 2081~2100년 기온은 산업화 때보다 1~1.8도 오르는 것으로 나타났다. 시나리오 2부터는 혁신적인 탄소 배출 감축이 없이 현황과 같거나 아니면 화석연료를 더 많이 쓰는 상황을 가정했는데, 가장 탄소 배출을 많이 하는 시나리오 5일 때 지구 기온은 21세기 말에는 산업화 대비 4도까지 오르는 비관적인 결과가 도출됐다. 그렇게 되면 전 지구적으로 폭염, 한파, 홍수 같은 이상기후는 더욱더 빈번해질 것이다. 탄소 배출이 줄어들지 않으면 전 세계 해수면이 21세기에 최대 1~7m 넘게 상승할 수 있다는 계산 결과도 나왔다. 빙하가 유실되는 속도도 더욱 빨라지고 있다. 탄소 감축을 빠르게 해도 2050년이 오기 전 북극 빙하가 거의 녹아 없어지는 일이 나타날 수 있다.

세계은행 역시 탄소 배출에 따른 물 부족, 작물 생산성 감소, 해수면 상승으로 2050년까지 2억 명의 이재민이 발생할 수 있다는 전망의 보고서를 발표했다. 세계은행의 기후변화 보고서에 따르면 전 세계 탄소 배출을 제어하지 않을 경우 향후 30년간 2억 명 이상이 살던 곳을 떠나야 한다고 경고했다. 보고서는 다양한 기후변화 상황을 반영해 물 부족, 작물 생산성 감소, 해수면 상승 등 세 가지 시나리오를 상정해 2050년까지의 기후 이재민 발생 상황을 검토했다.

이 중 '높은 수준의 배출량과 불평등한 개발'이라는 가장 비관적인 시나리오로, 라틴아메리카와 북아프리카, 사하라사막 이남 아프리카, 동유럽과 중앙아시아, 남아시아, 동아시아와 태평양 등 6개 권역에서 최대 2억 1600만 명의 이재민이 생길 것으로 예측했다. '낮은 수준의 배출량과 포괄적이고 지속가능한 개발'이라는 가장 기후 친화적인 시나리오에서도 4400만 명이 물 부족 등으로 다른 지역으로 이주해야 할 것으로 전망했다. 최악의 시나리오는 사하라사막 이남 아프리카에서 최대 8600만 명이 이주하는 것이다. 이곳은 사막화와 취약한 해안선, 농업에 대한 의존도가 높아 가장 피해를 보기 쉬운 지역이다. 남아시아 지역은 방글라데시가 홍수와 농작물 피해로 1990만 명의 이재민이 발생할 것으로 예측됐다.

IPCC 6차 보고서와 세계은행 보고서는 전 세계적으로 탄소중립을 실현하지 않으면 지구 온도는 계속 상승할 것이며 탄소 배출을 저감한다고 하더라도 이상기후, 해수면 상승, 빙하 유실을 온전히 막을 수는 없다는 미래를 보여준다. 2015년 파리협약에 따라 지구 온도를 1.5도 이하로라도 제한할 수 있다면 극단적인 기상이변이나 환경파괴를 다소나마 완화는 할 수 있다. 세계 각국은 신재생에너지로의 전환, 석탄발전소 가동 중단 등을 통해 2050년까지 탄소 배출 제로라는 목표를 달성해야 한다. 이 목표도 지구를 회복시킬 수 있는 수준은 아니다. 급격하게 빨라진 지구온난화의 속도를 조금 낮추는 것뿐이다. 2050년까지 아직 20년이나 넘게 남았는데 너무 급하게 탄소 배출을 줄이는 것 아니냐고 호소하는 기업도 있다. 물론 기업이 처한 상황은 충분히 이해되지만 우리에게 주어진 시간이 결코 넉넉한 것은 아니다. 오히려 부족하고, 이마저도 최대치의 노력을 했을 때 달성 가능한 목표이다.

기후변화와 탄소 배출은 어느 한 국가만의 일이 아닌 전 지구적 위기다. 호주의 대형 산불과 저 멀리 떨어진 시베리아의 이상고온은 상호 연결돼 있다. 중동과 북아프리카를 습격한 메뚜기떼와 한국의 기습폭우 역시 무관하지 않다. 2050년 탄소 배출 제로 목표는 국제적 협력과 연대라는 필요조건과 국가별·지역별 노력이라는 충분조건이 맞물려야 가시적인 효과를 거둘 수 있다. 지금 인류는 과거 쥐라기 시대의 공룡과 같이 심각한 환경 변화를 맞아 멸종이냐 생존이냐의 갈림길에 놓여 있다. 공룡은 스스로 길을 선택하지 못한 채 멸종됐지만, 인류에게는 아직 선택할 수 있는 시간과 이를 극복할 수 있는 지혜가 있다.

KBS 기후변화 유튜브 동영상: 기후변화 특별기획 4부작 붉게 타오르는 지구의 마지막 경고 | 붉은 지구 1부 엔드 게임 1.5℃(KBS 210902 방송)
https://www.youtube.com/watch?v=0a7y1DEuASM&t=1750s(QR 코드로도 제공)

 YTN 사이언스 동영상: 탄소중립, 지구의 마지막 1℃[#다큐S프라임]
https://www.youtube.com/watch?v=GrMCf4PrKsQ

 IPCC 6차 보고서 원문 사이트
https://www.ipcc.ch/report/ar6/wg1/

의지만으로는 부족하다,
규제로 의무화하는 탄소중립법

2021년 8월 31일, 2050년 탄소중립 목표를 담은 '기후위기 대응을 위한 탄소중립·녹색성장기본법', 이른바 '탄소중립법'이 국회 본회의를 통과했다. 탄소중립법은 기존의 에너지·환경 분야 최상위법인 '저탄소 녹색성장기본법'을 폐지하는 대신 탄소중립과 녹색성장을 통합한 새로운 법이다. 2050년 탄소중립을 국가 비전으로 명시하고 이를 달성하기 위한 국가 전략, 중장기 온실가스 감축목표, 기본 계획의 수립과 점검 등 그 이행 절차를 체계화하고 있다. 본회의를 통과한 공포안은 2021년 9월 14일, 국무회의에서 심의·의결되어 기업 입장에서 탄소중립은 이제 지키지 않으면 안 되는 현실이 됐다.

탄소중립법으로 한국은 전 세계에서 14번째로 2050 탄소중립 비전

> • 온실가스 배출량에서 흡수량을 제외한 순 배출량이 0이 되는 상태
>
> 기후변화 분야의 가장 권위 있는 유엔 산하 국제기구인 '기후변화에 관한 정부 간 협의체(Intergovernmental Panel on Climate Change: IPCC)'에서 지구 온도 상승을 섭씨 1.5도 이내로 유지하기 위해 세계 모든 국가가 2050년까지 탄소중립을 달성해야 한다고 2018년 10월에 발표.

자료: 환경부

과 이행체계를 법제화한 국가가 됐다. 현재 2050년 탄소중립을 법제화한 곳은 독일, 프랑스, 스페인, 아일랜드, 일본, 영국, 캐나다 등이다.

탄소중립법은 인류 생존을 위해 2050년까지 탄소 배출을 제로로 줄이기 위한 최후의 수단과도 같다. 의지만으로는 약하기 때문에 보다 강력한 법적 규제를 도입해 지구환경을 지키고자 한 것이다.

탄소중립법에는 2050년 탄소중립 목표와 함께 2050 탄소중립위원회 확대 개편, 기후대응기금 신설, 석탄 기반 사업 등의 정의로운 전환, 녹색성장 등의 내용을 담고 있다. 미래 세대, 노동자, 지역주민 등이 참여하는 협치(거버넌스)를 법제화한 것은 물론 탄소중립 과정에 취약 지역·계층을 보호하는 정의로운 전환도 구체화했다. 기존 석탄 기반 산업, 내연기관 산업 등 탄소중립 사회로의 전환 과정에서 피해를 입을 수 있는 지역과 계층을 보호하기 위해 특별지구 지정과 함께 지원센터도 설립하도록 했다. 탄소중립법 제정에 따라 2021년 5월 발족한 2050 탄소중립위원회는 법률에 따른 위원회로 재정립하게 된다. 환

탄소중립·녹색성장기본법안 체계

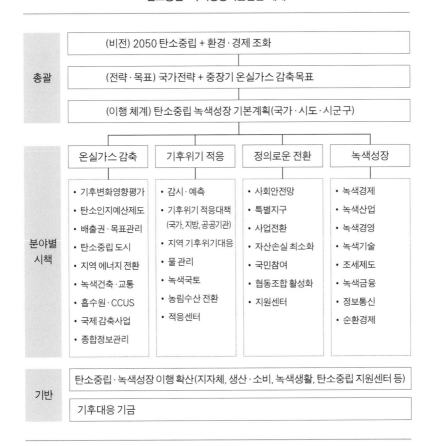

총괄	(비전) 2050 탄소중립 + 환경·경제 조화
	(전략·목표) 국가전략 + 중장기 온실가스 감축목표
	(이행 체계) 탄소중립 녹색성장 기본계획(국가·시도·시군구)

분야별 시책	온실가스 감축	기후위기 적응	정의로운 전환	녹색성장
	• 기후변화영향평가 • 탄소인지예산제도 • 배출권·목표관리 • 탄소중립 도시 • 지역 에너지 전환 • 녹색건축·교통 • 흡수원·CCUS • 국제 감축사업 • 종합정보관리	• 감시·예측 • 기후위기 적응대책 　(국가, 지방, 공공기관) • 지역 기후위기대응 • 물 관리 • 녹색국토 • 농림수산 전환 • 적응센터	• 사회안전망 • 특별지구 • 사업전환 • 자산손실 최소화 • 국민참여 • 협동조합 활성화 • 지원센터	• 녹색경제 • 녹색산업 • 녹색경영 • 녹색기술 • 조세제도 • 녹색금융 • 정보통신 • 순환경제

기반	탄소중립·녹색성장 이행 확산(지자체, 생산·소비, 녹색생활, 탄소중립 지원센터 등)
	기후대응 기금

자료: 환경부

경영향평가처럼 국가 주요 계획과 개발사업 추진 시 기후변화 영향을 평가하는 기후변화영향평가제도를 도입했다. 또한 국가 예산계획 수립 시 온실가스 감축목표를 설정·점검하는 온실가스감축인지예산제도와 함께 산업구조 전환과 산업공정 개선 등을 지원하기 위한 기후대응기금도 신설했다. 각 지방별 기본계획 마련과 지방 탄소중립위원회 등 지역 이행체계를 마련하고, 중앙과 공유하는 협력체계도 마련했다. 더불어 지역 온실가스 통계 지원, 탄소중립지원센터 등 지원기반을 확충하고 탄소중립 지방정부 실천연대 등을 통한 지역 간 협력체계도 유지했다.

함께 보면 좋은 참고자료

 기후위기 대응을 위한 탄소중립·녹색성장 기본법(국가법령정보센터)
https://www.law.go.kr/법령/기후위기대응을위한탄소중립·녹색성장기본법/(18469,20210924)

2030년까지
온실가스 40%를 줄여라

국가 온실가스 감축목표 40%에의 도전

2021년 10월 18일, 2050 탄소중립위원회의 발표로 산업계가 술렁였다. 2030년 국가 온실가스 감축목표, 이른바 NDCNationally Determined Contributions 상향안이 결정됐는데 2030년 배출량을 2018년 대비 26.3% 줄이는 기존 계획에서 40%로 확정되면서 기업들은 충격에 휩싸였다. 2021년 8월에 국회를 통과한 '기후위기 대응을 위한 탄소중립·녹색성장기본법(탄소중립기본법)'에서 2030년 온실가스 감축목표를 35% 이상으로 설정한 것보다 더 높아진 수치다. 3년 전 정부에서 수정한 온실가스 감축 로드맵 목표와 비교해서 2030년까지 약 1억 톤의 탄소를 더 줄여야 하는 것이다. 탄소중립위원회가 의결한 탄소중립 시나리오와 NDC는 국무회의에서 변동 없이 결정됐고, 이제 한국은 2030년까지 온실가스를 2018년 대비 40%, 총 감축량 2억 7452만 톤을 줄여야 하는 사상 초유의 난제難題에 직면하게 됐다.

'NDC'란 Nationally Determined Contributions의 약어로, 파리기후변화 협정에 따라 참가국이 스스로 정하는 국가 온실가스 감축목표를 의미한다. 2015년 파리협정에서 세계 각국은 지구온도 상승 1.5℃ 이내 억제를 위해 2050년까지 지구적 탄소중립을 결의했고, 참가국들은 그 과정으로서 2030년 온실가스 감축목표, NDC를 자율적으로 정했다. 다시 말해 2050년까지 탄소중립을 추구하는 과정의 중간 단계로 2030년까지 얼마의 온실가스를 감축할지 세우는 중간 목표가 바로 NDC, 국가 온실가스 감축목표이다. NDC는 자율적으로 정하는 것이다 보니 각국은 저마다 온실가스 배출량의 최고 시점을 기준으로 감축목표를 정한다. EU는 1990년 대비 최소 55%, 영국도 1990년 대비 68%, 미국은 2005년 대비 50~52%, 캐나다는 2005년 대비 40~45%, 일본은 2013년 대비 46%를 감축하겠다고 선언한 상황이다. 원래 한국은 2019년에 NDC를 2017년 대비 24.4%로 정하고 UN기후변화사무국에 제출했으나 미흡하다는 판정을 받았다. 그리고 다시 세계적인 탄소중립 트렌드에 맞춰서 2018년 대비 40%로 상향 조정했다.

만약 NDC를 지키지 못하면 어떻게 될까? NDC는 법적 구속력이 없기 때문에 설령 이행하지 못한다 하더라도 처벌이나 직접적인 불이익은 없다. 하지만 '기후 악당'이라는 닉네임과 함께 시장에서의 신뢰도는 급격히 하락할 수 있다. OECD 상위권에 속하는 한국 입장에서 국

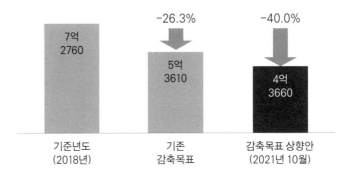

NDC 상향안

(단위: 만 톤CO₂eq. 2018년 배출량 대비 감축률)

-26.3%

-40.0%

7억
2760

5억
3610

4억
3660

기준년도
(2018년)

기존
감축목표

감축목표 상향안
(2021년 10월)

자료: 2050 탄소중립위원회

제시장에서의 신뢰도 하락은 글로벌을 무대로 삼는 기업들에게 큰 타격을 줄 수 있다. 그렇기에 한국을 포함한 상당수 국가들은 NDC를 법제화하여 스스로 열심히 탄소를 줄이는 노력을 기울이고 있다.

지구환경을 지키고 경제 지속성장과 국가경쟁력 제고를 위해 2050년 탄소중립은 반드시 달성해야 할 중요한 과제임은 맞는데, 문제는 탄소중립 달성 기간이 짧아 단기간 내 가파른 감축에 따른 부담이 불가피하다는 점이다. 가장 먼저 탄소중립을 실천 중인 EU 국가 영국과 프랑스는 1990년부터 2050년까지 60년에 걸쳐 탄소중립을 추진하고 있고, 독일은 1990년부터 2045년까지 55년 동안 탄소중립을 도모하고 있다. 미국은 2007년부터 2050년까지 43년, 일본은 2013년부터 2050년까지 37년에 걸쳐 탄소중립을 추진하겠다는 방침이다. 하지만 한국은 2018년을 기준으로 2050년까지 32년간 탄소중립을 달성할 계

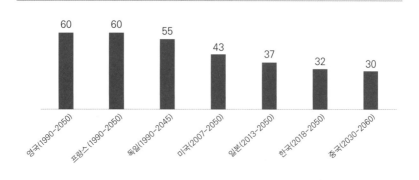

획이라 달성 기간이 선진국에 비해 짧다. 목표치는 높아졌는데 달성해야 할 기간은 선진국의 절반 수준이니 기업들 입장에서는 비명이 나올 수밖에 없다.

게다가 제조업 중심인 한국의 산업구조와 관련 기술 수준 등을 고려하면 40% 감축은 사실상 실현 불가능한 목표라는 것이 산업계의 입장이다. NDC가 40%까지 높아질 경우 산업 부문에서는 2030년까지 약 3800만 톤(감축률 14.5%)의 탄소를 줄여야 한다. 기존 NDC 26.3%의 경우 감축량은 1670만 톤이었는데, 40%가 되면서 감축 의무는 2.3배나 늘어난 것이다.

업종별 감축량을 보면 철강은 2018년 1억 120만 톤에서 2030년 9890만 톤으로 탄소 배출량을 2.3% 감축하고, 석유화학은 4690만 톤에서 3740만 톤으로 20.2%, 시멘트는 3410만 톤에서 3000만 톤으로 12%를 줄여야 한다. 반도체, 디스플레이 등 기타 업종은 7830만 톤에서 5630만 톤으로 28.1% 감축을 목표로 한다. 직격탄을 맞은 철강 산업은 국가 전체 온실가스 배출량의 16.7%, 산업 부문의 30%를 차지하고 있는데, 이미 에너지 효율이 상당 부분 고도화돼 있어 현재 기술로 탄소 감축을 목표치만큼 줄이는 데 한계가 있다. 실제로 포스코는 조강 1톤을 생산할 때 나오는 온실가스를 2009년 2.2톤에서 10% 줄이기 위해 노력했으나 실제로는 4%(2.11톤) 감축에 그쳐 쉽지 않은 여정임을 알 수 있다. 탄소 배출이 많은 석유화학업계도 자동차·건설·가전·섬유 등 관련 산업까지 영향을 미칠 것으로 전망하고 있고, 반도체 업계 역시 추가적인 온실가스 감축은 어렵다는 입장이다. 특히 글로벌 반도체 업체와의 경쟁이 치열해지는 가운데 NDC 목표치를 달성하려면 글로벌 반도체 경쟁력을 잃을 수도 있다고 우려하고 있다.

국가마다 제각각인 NDC

국가 온실가스 감축목표NDC 40%는 어떻게 산출된 것일까? 탄소중립법 제8조를 보면, '정부는 2030년까지 2018년 국가 온실가스 배출량을 35% 이상 범위에서 대통령령으로 정하는 비율만큼 감축하는 것을 중장기 국가 온실가스 감축목표로 한다'고 명시했다. 정부가 2021년 11월 UN에 제출하는 2030년 국가 온실가스 감축목표 하한선을 설정하는데, 2050년까지 탄소 순배출량을 '제로'로 만드는 것을 목표로 했을 때 역대 최고 탄소 배출량을 기록했던 2018년을 기준으로 2050년까지 선형으로 감축한다는 가정 하에 중간 단계인 2030년까지 줄여야 할 수치가 37.5%이다. 탄소 배출량을 매년 일정하게 줄여

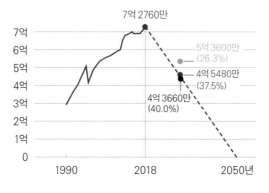

(단위: 톤CO₂)

—— 배출량 통계　--- 정점 기준 선형감축　● NDC 상향안

7억 2760만

5억 3600만
(26.3%)

4억 5480만
(37.5%)

4억 3660만
(40.0%)

1990　　2018　　2050년

자료: 2050 탄소중립위원회

2050년에 '0'으로 만들려면 2030년엔 37.5%, 2040년엔 68.75%까지 줄여야 한다는 계산이 나온다. NDC 40% 상향은 공격적으로 탄소를 줄이겠다는 정부의 의지를 보여준 것이다. 감축 기준년도를 2018년으로 잡은 것은 2017년보다 배출량이 1800만 톤가량 많아서다. 배출량이 많은 해를 기준년도로 할수록 감축량이 많아 보이기 때문이다. 다른 국가들이 UN에 제출한 NDC 기준년도를 보면 EU 1990년, 캐나다·오스트레일리아 2005년, 일본 2013년 등으로 제각각이다.

2015년 파리기후변화협약에서 협정 당사국들은 2030년 감축목표를 높여 다시 제출하도록 요구받았고, 이에 EU는 1990년 대비 40%에서 55%로, 영국은 1990년 대비 57%에서 68%로 감축률을 높인 새 NDC를 UN에 제출했다. 2021년 4월에 열린 기후정상회의에서도 감축목표 상향 발표가 이어졌다. 미국은 2030년까지 2005년 대비 50~52% 감축목표를 담은 NDC를 제출했는데, 2016년 오바마 대통령 당시 처음 제출한 감축목표는 2025년까지 2005년 대비 26~28%였다. 일본도 2013년 대비 26% 감축목표를 46%로 높이겠다고 밝혔고, 영국은 1990년 대비 78%까지 줄이겠다는 2035년 감축목표를 제출했다. 기후정상회의에 참가한 한국은 "2021년 내에 감축목표를 추가 상향해 제출하겠다"고 했고, P4G 서울정상회의에서는 제출 시점을 2021년 11월 기후변화협약 당사국총회로 못 박았다.

'2050년 탄소중립 실현'이라는 국가 비전에 대해서는 기업들도 당연히 필요한 정책이라고 동의한다. 산업계 역시 2050년 탄소 배출 제로를 위해 자발적인 탄소 감축 노력도 추진하고 있다. 그러나 기업들 입장에서는 산업계와의 충분한 협의 없이 선진국 기준에 맞추어 실현이 쉽지 않은 목표를 세우고 이를 법제화까지 한 것에 대해 문제를 제기하고 있다.

해외의 경우 일본, 영국, 캐나다 등은 2050년 탄소중립을 법제화했지만, 2030년 NDC는 법으로 정하지 않았다. 2050년 탄소중립과 2030년 NDC를 법제화한 곳은 EU, 독일, 프랑스, 스페인, 아일랜드 등 유럽 국가들이다. 미국과 중국, 러시아는 법제화조차 하지 않았다. (미국은 바이든 대통령이 2021년 1월, 기후위기 대응에 관한 행정명령에 서명했다.) 게다가 EU, 미국 등 선진국은 한국보다 최장 28년이나 먼저 탄소 배출 감축에 돌입해 준비할 기간이 비교적 충분했지만, 한국은 2018년을 기준으로 잡아 준비 기간이 너무도 부족하다. 대한상공회의소 분

해외의 탄소중립 법제화 현황

국가	법제화 여부		
	탄소중립 목표	2030 감축목표(NDC)	관련 법규제
EU	○ (2050)	○ (1990 대비 55%)	유럽기후법
독일	○ (2045)	○ (1990 대비 65%)	연방기후보호법
프랑스	○ (2050)	○ (1990 대비 40%)	녹색성장을 위한 에너지 전환법
스페인	○ (2050)	○ (1990 대비 23%)	기후변화 및 에너지전환에 관한 법률
덴마크	○ (2050)	○ (1990 대비 70%)	기후법
헝가리	○ (2050)	○ (1990 대비 40%)	기후보호법
스웨덴	○ (2045)	○ (1990 대비 63%)	기후정책프레임워크 (2017년 6월)
룩셈부르크	○ (2050)	○ (1990 대비 55%)	국가기후법
아일랜드	○ (2050)	○ (2018 대비 51%)	기후행동 및 저탄소개발법
일본	○ (2050)	× (기후정상회의 선언, 2013 대비 46%)	지구온난화대책의 추진에 관한 법률
영국	○ (2050)	× (NDC, 1990 대비 68%)	기후변화법
캐나다	○ (2050)	× (NDC, 2005 대비 40~45%)	넷제로배출 책임에 관한 법률
뉴질랜드	○ (2050)	× (NDC, 2005 대비 30%)	기후변화대응법
미국	× (2050)	× (2005 대비 50~52%)	기후위기 대응에 관한 행정 명령(2021년 3월)
중국	× (2060)	× (탄소배출정점)	14차 5개년 계획 (2021년 3월)
러시아	× (−)	× (1990 대비 30%)	2050 탄소중립목표: 제시하지 않음

※ 법률에 규정시 ○ 표시, 법률에 미규정 시 × 표시
자료: 2050 탄소중립위원회

석에 따르면 EU는 2050년 탄소중립 달성을 위해 탄소 배출량이 정점을 기록한 1990년 대비 연평균 1.7%의 탄소만 감축하면 된다. 소요 기간이 60년에 달하기 때문에 그만큼 여유가 있다. 미국도 2005년 탄소 배출 정점 시점을 기준으로 하여 45년간 연평균 2.2%, 일본은 2013년 정점 이후 37년간 연평균 2.7%씩 탄소 배출을 저감하면 된다. 하지만 2018년을 기준점으로 삼은 한국은 32년간 연평균 3.1%를 감축해야 2050년 탄소중립에 도달되게 된다.

미국, EU도 못 하는 걸 한국이?

목표 달성을 위한 책임과 비용은 기업들의 몫이다. 한국은 국내총생산GDP 대비 제조업 비중이 미국이나 EU보다 높다. 제조업 중 철강, 석유화학, 정유 등 탄소 배출이 많은 업종이 전체 수출의 21%를 차지하고 있다. 반면 저탄소 관련 기술은 주요국 중 최하위권으로 평가된다. 2050년 탄소중립을 실현하려면 탄소 저감 신기술을 적용해야만 목표 달성이 가능한데 국내 철강, 시멘트, 석유화학 산업 등에서의 저탄소 관련 기술은 2030년까지 상용화가 불투명하다. 수소환원 제철, 정유 공정 맞춤형 탄소 포집 기술 등을 개발하고 있지만 2030년까지 상용화가 이루어질지는 미지수이다.

사실 현실적으로 탄소 배출 감축이 해마다 동일하게 선형적으로 이뤄질 수는 없다. 탄소 배출이 가속화되는 것도 관련 기술이 상용화되는 2030년 이후에나 가능하다. 다시 말하면 2030년까지의 감축은 미래 기술이 아닌 현존하는 기술로 감축이 이루어져야 한다.

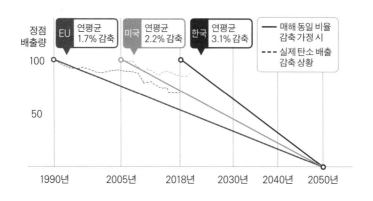

EU, 미국, 한국의 탄소 배출 감축 추이

정점
배출량

| EU | 연평균 1.7% 감축 | | 미국 | 연평균 2.2% 감축 | | 한국 | 연평균 3.1% 감축 |

—— 매해 동일 비율 감축 가정 시
----- 실제 탄소 배출 감축 상황

100

50

1990년　　2005년　　2018년　　2030년　　2040년　　2050년

자료: 매일경제

　한국보다 탄소 감축 기술이 앞선 EU나 미국도 실제 감축 현황을 보면 목표치에 부합하지 못하고 있는 실정이다. 2018년 EU의 탄소 배출량은 1990년 대비 73%로, 불과 27%를 줄이는 데 그쳤다. 목표대로 매해 탄소 배출량을 동일하게 줄였다면 46%는 감소했어야 한다. 이는 미국과 일본도 동일하다. 선진국도 속도가 나지 않고 있는데 선진국보다 탄소저감 기술력이 낮은 한국이 과연 2030년까지 35% 이상 감축이 가능하겠냐라는 비판이 나오는 대목이다.

　최근 선진국들은 공급망 안정을 위해 외국 기업 유치에 적극 나서고 있다. 탄소중립 목표 달성에 국내 기업들이 어려움을 느낀다면 해외 이전을 고려할 수도 있다. 또한 상용화되지 않은 기술을 전제로 감축목표를 설정할 경우 막대한 전환비용도 발생한다. 산업연구원 분석에 따르면 철강·석유화학·시멘트 업종에서의 전환비용은 2050년까지 약 400조 원이 발생할 것으로 예상되고 있다. 만약 기업들이 이 비용을 부담할 수 없을 때 할 수 있는 방법은 스스로 생산량을 줄이는 것이다. 감축 여력을 넘어선 NDC를 설정할 경우 해당 산업의 감산은 불가피하다. 감산에 들어가면 주요 산업의 생산 차질과 고용 감소가 우려된다. 기업들이 NDC 목표를 산업계와 협의해 우선 달성 가능한 수준으로 낮춰야 한다고 주장하는 배경에는 경제 침체로 이어질 수 있는 저성장 악순환이 발생되지 않아야 한다는 또 다른 위기의식이 있다.

기업들은 탄소 배출 목표를 낮춰 달라고 읍소하지만, 기후·환경단체들은 37.5% 목표 수치에 대해 '국제 권고에 못 미치는 감축량'이라며 미래 세대에 감축 부담을 미뤘다고 강하게 비판했다. 국제 권고 기준은 2010년 배출량 대비 45% 이상을 감축해야 하는데, 이를 2018년 기준으로 환산하면 50.4% 감축을 해야 한다는 것이다. 환경단체 그린피스는 "탄소중립을 국가 목표로 정하고 법제화한 것은 의미 있다. 그러나 2030년 목표를 국제사회와 과학계의 기준에 부합하도록 규정하지 못하고 '2018년 대비 35% 이상'만을 명시한 것은 실망스럽다"고 입장을 밝혔다. 기후위기비상행동 역시 "2030년 감축목표는 미래 세대에 탄소 감축 부담을 미룬다는 지적에서 자유로울 수 없다. 기후위기 '대응'을 위한 법이 아닌 기후위기 대응을 '방기'한 법안으로 기억될 것"이라고 비판했다.

매년 1760만 톤의 탄소를 줄여야 한다는 부담에 대해 산업계는 감축량이 과도하다는 목소리를 내고 있지만, 석탄발전만 줄여도 불가능한 목표는 아니라는 분석도 있다. 법 통과 이전의 감축목표(2017년 대

자료: 연합뉴스

비 24.4% 감축)였던 5억 3600만 톤에서 이번 감축목표 설정으로 6310만 톤을 추가적으로 더 줄여야 한다. 제9차 전력수급 기본계획에서 잡은 2030년 석탄발전 비중 29.9%를 절반 수준인 15%로 줄이기만 하면 4260만~7260만 톤 추가 감축이 가능하다. 에너지 전환 부문 감축 잠재량이 많기 때문에 비용이 상승해서 쉽지는 않겠지만 전환 부문에서 많이 감당하고 산업 부문에서도 노력하면 감당할 수 있는 수준이라고 전문가는 말한다(이창훈 한국환경연구원 선임연구위원).

앞으로 30년간 한국의 기후위기 대응 정책 토대가 될 기본 법률이 국회를 통과했다. 이제 남은 과제는 2050년까지의 긴 여정을 위해 구체적인 이행체계와 이행기반을 다지는 일이다. 하지만 긴 여정을 앞두고 NDC 40% 감축에 대한 여론은 팽팽히 맞서 있다. 주요 경제단체들은 일제히 "국민경제에 지나친 부담을 발생시킬 우려가 있다"며 재검토를 요구하고 나선 반면, 기후위기에 대한 불안감이 높아진 환경단체들은 더 빠르고 강력한 온실가스 감축이 필요하다고 목소리를 높이고 있다. 어느 쪽 의견도 무시될 수 없는 중요한 의견이다.

상용화까지는 아직 먼 탄소 감축 미래 기술

NDC 40%를 실현하기 위해서는 첨단 미래 기술까지 동원돼야 하는데, 이 기술들이 2030년 이전까지 상용화되기에는 여력이 부족하다. 일례로 철강 산업의 대표적 온실가스 감축 기술로 '수소환원제철' 기술이 있다. 수소환원제철은 철광석에서 산소를 떼어낼 때 사용하는 환원제를 석탄이나 천연가스가 아닌 수소를 이용하는 것으로, 이론상 온실가스가 배출되지 않는다. 철강업계의 온실가스 가운데 약 79%는 열원과 환원제로 쓰이는 석탄에서 발생했다. 하지만 이 기술의 상용화는 아직 먼 미래다. 포스코조차 수소환원제철 상용화 시점을 2050년으로 잡고 있다. 기존의 고로(용광로)를 전기로로 교체해야 하고 수소도 안정적으로 공급할 수 있는 인프라가 필요하다. 여기에는 적어도 40조 원의 투자가 소요된다.

철을 생산하는 방식은 크게 두 가지로 나뉘는데, 하나는 고로 방식이고 또 하나는 전기로 방식이다. 고로는 철광석과 석탄덩어리를 녹여 쇳물을 만드는 방식이고 전기로는 철스크랩(고철)을 모아 전극봉을 통해 녹이는 방식이다. 즉 전력으로 강철을 만드는 제강법이다. 전기로 제강은 새 제품이 다시 고철이 되고 고철로 다시 새 제품을 만드는 순환 과정을 반복하며 철이 40회 이상 리사이클링(재활용)되도록 하는 친환경적 특징을 가진다. 전기로 제강은 철광석에서 철을 뽑아내는 고로 방식에 비해 탄소 배출량이 적고 제조 공정에서 에너지가 절감되어 환경보호에 적합한 철강 생산 방식이다. 철광석과 석탄덩어리를 녹여 만든 것보다 가격이 싸고 전기를 이용하므로 친환경적이기는 한데, 미량의 불순물이 섞여 있기 때문에 고급강을 만들 수 없다는 단점이 있다. 그래서 철근, 형강이나 저급 후판으로 제작되는 경우가 많다. 게다가 전기로 방식은 수익성이 너무 낮아 국내 기업들은 전기로 공장을 거의 폐쇄한 상태이다.

NDC 40% 달성을 위해서는 고로의 전기로 방식 전환이 필요하다. 그리고 전기로에 철스크랩을 적용하는 '저低 HMRHot Metal Ratio 조업' 기술로 2025년까지 철스크랩 배합 비율을 30%로 높일 수 있다면 2030년 NDC에 대응할 수 있을 것으로 예상되고 있다. 하지만 이 기술 역시 현재 개발 단계이고, 용선(쇳물)에 철강재 가공에 필요한 적정 온도를 유지하기 어려운 점 등 극복해야 할 문제들이 적지 않다.

석유화학업계, 시멘트업계 등도 화석연료를 수소 등으로 대체하는 탄소 감축 기술이 개발되고 있지만 모두 실제 상용화 시점은 불투명하다. 기술을 개발했다고 하더라도 바로 목표를 달성하는 것이 아니다. 설비를 갖추고 이를 뒷받침할 공급 인프라도 마련돼야 한다. 만약 2030년까지 탄소 감축 기술이 상용화되지 못하면 NDC 40% 목표를 달성하기 위해서는 생산량을 줄이는 것밖에는 답이 없다.

핏포55와
탄소관세폭탄 CBAM

최초의 기후 중립 대륙을 목표로 하는 유럽기후법

한국에 탄소중립법이 있다면 EU에는 유럽기후법European Climate Law이 있다. EU 행정부 격인 집행위원회는 2019년 12월, 2050년까지 EU를 '최초의 기후 중립 대륙'으로 만든다는 목표를 제시하고 이를 위한 기후변화·환경 분야의 청사진을 담은 '유럽 그린딜European Green Deal'을 발표한 바 있다. 유럽 그린딜은 에너지, 교통, 주택 등 8가지 부문으로 나눠 목표를 설정하고 있다. 에너지 부문에서는 기존의 화석연료를 대체하는 새로운 신재생에너지를 개발하는 사업을 적극 추진하고, 교통 부문에서는 내연기관차를 전기차와 수소차 등으로 전환하는 목표를 세웠다. 그리고 유럽 그린딜의 기조에 맞춰 구체적인 실행안인 유럽기후법 초안이 마련됐다.

1년 반이 지난 2021년 6월 28일, EU 회원국 및 유럽 의회가 유럽기후법 합의안을 공식 승인하면서 2050년 기후중립 달성 목표를 법제화하는 유럽기후법의 제정 절차가 모두 완료됐다. EU 내에서의 온실가스 순배출량을 2030년까지 1990년 대비 최소 55% 감축하고, 2050년까지 탄소중립을 이루겠다는 내용이 주요 골자이다. 이전에는 2030년까지 온실가스 배출량을 40% 감축(1990년 대비)하는 것을 목표로 했으나, 이번 법안은 감축목표를 55%로 상향했다. 2050년까지 탄소중립을 이루는 목표에 법적 구속력을 부여해 탄소 배출 감축목표도 과거보다 강화되면서, 산업과 에너지 등의 분야에서 EU 회원국들의 정책 변경이 불가피할 전망이다.

유럽기후법 승인 전까지 탄소 배출 감축목표에 대해 법적 구속력을 가진 자체 법안을 마련한 국가는 뉴질랜드, 영국, 프랑스, 룩셈부르크, 헝가리 등 5개국뿐이었다. 유럽기후법이 시행됨에 따라 회원국들은

유럽기후법에 포함된 주요 내용들

항목	내용
목표	- 2030년까지 온실가스 배출량 90년 대비 55% 이상 감축 - 2050년까지 탄소중립 달성. 50년 이후 마이너 스 탄소 배출 추구
방안	- EC는 모든 관련 정책 도구를 검토하고 필요시 수정안을 제안 - 23년 9월, 그리고 이후 5년 마다 EU 및 국가 단위의 조치 사항들에 대해 평가 - 행동이 탄소중립 목표에 일치하지 않는 회원국에게 권고 사항을 제시 - 과학자문위원회를 설치하고 독립적이고 과학적인 조언을 실시 - 산업 부문별 협조를 통해 각각의 로드맵 도출 - 마이너스 탄소 배출을 추구하기 위해 탄소 포집의 총량을 225MT로 제한

자료: 언론 종합

EU의 총 감축목표치에 맞춰 국가별로 자체적인 탄소 배출 감축 계획을 마련하고, 유럽과학자문위원회도 설치되어 EU의 조치에 대한 독립적인 권고를 제시할 예정이다.

탄소 배출량을 55% 줄이겠다는 핏포55

유럽기후법이 발표되고 약 2주 후인 2021년 7월 14일, EU 집행위원회는 기후위기 대응을 위한 입법 패키지 '핏포55Fit for 55'를 발표했다. 핏포55는 '55에 맞춘다'는 의미로, 2030년까지 온실가스 순배출량을 1990년 대비 55% 줄이겠다는 계획이자 EU의 '2050 탄소중립'을 위한 중간 목표이다. (한국은 중간 목표인 NDC를 40%로 확정했다.)

핏포55에는 ETSEmission Trading Scheme(온실가스 배출권거래제)의 개정, 2030 기후 목표 달성을 위한 재생에너지 지침 및 에너지 효율성 지침 수정안, 에너지 부문의 메탄가스 배출 감소 지침, 신형 승용차 및 경상용차에 대한 CO_2 배출 기준 개정안 등 다양한 정책들이 포함돼 있다.

2005년 시작된 EU의 온실가스 배출권거래제, 즉 ETS는 전 세계 최초이자, 현재 글로벌에서 가장 큰 규모의 탄소시장으로 불린다. 지금까지 1990년 기준으로 24%의 온실가스 배출량을 감축했다. 이 감축량을 55%로 끌어올리기 위해 EU는 발전소, 공장, 자동차, 비행기, 해운과 난방 시스템 등 전방위적으로 거의 모든 산업 분야에 ETS를 확대 적용한다.

해운업계는 사상 처음으로 ETS에 포함된다. 해운업계는 온실가스 다배출 업종임에도 탈탄소화가 어렵다는 이유로 파리협정에서 제외되는 등 규제의 사각지대였다. 하지만 2050년까지 해운 부문이 연간 배출량의 17%를 차지할 것으로 예상S&P Global Analytics되는 등 국제적 규제 움직임이 커지면서, 이제 해운업계도 ETS에 포함되어 배출 규제를 받기 시작한다.

항공업계는 온실가스 무료할당(무료로 온실가스를 배출할 수 있도록 허용받은 양)을 단계적으로 폐지한다. 단계적 폐지는 2036년에 종료된다. 이와 함께 2021년부터 시범 시행된 국제 항공 탄소 상쇄·감축제도 CORSIA에 부합하도록 EU ETS에도 최초로 항공운송 배출 허용량을 포함하라고 제안했다. 이렇게 되면 저비용 항공사들은 큰 타격을 입게 될 수 있고, 항공료 가격은 높아질 수밖에 없다. 반면 지속가능한 항공연료 산업이 새롭게 급부상하고, 유럽 내에서 철도 산업이 다시 주목을 받고 있다.

교통(운송)과 건물에도 별도의 온실가스 배출권거래제를 도입한다. 교통과 건물의 탄소 가격을 매기는 이슈는 유럽 내에서 가장 논란이 많다. 자동차 휘발유 요금과 건물 난방비가 오를 경우, 취약계층이나 생계용 운송사업자들에게 미치는 영향이 무척 크기 때문이다.

EU는 2030년 모든 신차의 배기가스 배출량을 65%로 낮추고 2035년에는 아예 0%로 낮추도록 요구한다. 2035년이면 내연기관 신차 판매는 아예 금지된다. 5년마다 정해진 기준을 충족하지 못하는 자동차 회사들은 벌금을 물게 된다. 전기차로의 더욱 빠른 전환이 이뤄질 전망이다. 주요 고속도로에 전기차 충전 지점을 60km마다, 수소차를 150Km마다 확보하도록 해 대중들의 접근성을 높이기로 했다.

공공 부문은 매년 3%의 건물을 개보수해 에너지 효율을 이뤄내야 한다. 'ReFuelEU 항공 이니셔티브'는 연료 공급자들에게 지속가능한 항공연료를 혼합하도록 의무화한다. 2030년까지 지속가능한 항공연료를 5% 혼합하도록 목표를 제시했다. 이는 장거리 비행에 녹색연료를 사용하는 것이 현재 기술로는 어렵다는 산업계의 현실을 반영해 비교적 완만한 목표를 제시한 것이다.

탄소에 관세를 부과하는 '탄소 국경 조정 메커니즘'

핏포55에서 가장 핵심이자 세계 각국의 관심을 모으고 있는 것은 바로 '탄소 국경 조정 메커니즘Carbon Border Adjustment Mechanism: CBAM' 이다. '탄소 국경 조정제도'라고도 하는데, 핏포55는 CBAM에 대한 입법으로서 마련된 입법 패키지인 셈이다.

EU는 세계 최초로 수입품에 환경부담금을 부과하는 CBAM, 일명 탄소국경세를 도입하기로 했다. 쉽게 말해 탄소에 관세를 매기겠다는 개념이다. EU 국가보다 탄소를 많이 배출하는 국가에서 생산되는 제품을 EU에 수출할 때 관세를 부가해 탄소누출Carbon Leakage을 방지하는 동시에, EU 내 생산 제품의 가격경쟁력을 확보하겠다는 것이 목적이다.

탄소누출이란 온실가스 배출 감축 규제가 강한 국가에서 상대적으로 규제가 덜한 국가로 온실가스 배출을 수반하는 생산 활동이 이전돼, 결국 온실가스 배출 규제의 효과가 감소되는 것이다. CBAM은 EU 외에서 생산되어 EU 내로 수입되는 제품에도 EU 내 상품과 동등한

EU 탄소국경제도 주요 내용

인증서 구매	23년부터 CBAM 적용품목 수입업자는 연간 수입량에 따른 CBAM 인증서(certificate) 구매
대상품목	철강, 알루미늄, 시멘트, 비료, 전기(26년 전면확대검토)
구매수량	해당 품목 탄소 배출량에 비례해 구매
구매단가	주간 EU 탄소배출권(ETS) 종가의 평균가
감면	CBAM 대상 수입품이 원산지 국가에서 배출권 가격을 지불한 경우 (유상할당 업종) 감면 요청 가능

EU 탄소국경제도 도식도

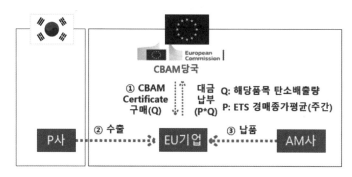

* ②(수출)의 경우 P사가 한국에서 배출권 유상할당으로 대금 지불했다면 감면 요청 가능
* ③(역내거래)의 경우 별도 인증서 구입 필요 없음

자료: 전경련, EU 탄소국경조정제도 주요 내용 및 시사점, 2021.7.

수준의 온실가스 배출 규제 비용을 부담시켜 온실가스 배출 규제 간의 불균형을 해소하려 한다.

실제 운영 방법은 생산 제품의 탄소 배출량에 대해 수입업자가 인증서를 구입하는 방식이다. 2023년부터 CBAM 적용 품목에 대해 EU로 수입하는 자는 연간 수입량에 따라 CBAM 인증서certificate를 구매해야 한다. CBAM의 의무 부담자는 CBAM 당국CBAM Authority의 승인을 취득한 EU의 수입업자로, 수입업자는 매년 5월 31일까지 사전에 연간 수입량을 신고하고 해당되는 온실가스 배출분만큼 CBAM 인증서 certificate를 구매해야 한다. CBAM이 적용되는 제품과 온실가스는 시멘트, 전기, 비료, 철강, 알루미늄에서의 이산화탄소 및 질소산화물, 플루오린화 탄소이며, 제품의 생산과정에서 발생하는 직접적인 배출 Scope 1만을 고려하고 있다. 2026년부터는 품목 전면 확대를 검토 중이다. 구매 단가는 주간 EU 탄소배출권 경매 종가의 평균가를 적용하는데, 이 평균가는 EU 공식 저널Official Journal of the EU에 매주 마지막 근무일에 발표된다. 스위스, EEC 국가 등 EU ETS에 참여 또는 EU와 연동된 ETS 적용국은 CBAM에서 제외된다.

한편 CBAM 대상 수입품이 원산지 국가에서 온실가스 배출권 가격을 이미 지불한 경우(유상할당 등), 이를 입증할 수 있으면 수입자는 이에 상응하는 금액의 감면을 요청할 수 있다. 한국 기업이 EU로 제품을 수출하는 상황에서 수출업체가 톤당 15.6유로(약 2만 1200원)를 지출할 경우 수입업체는 해당 비용을 감면 요청할 수 있다. 한국 수출업체로서는 EU ETS 가격(톤당 52.3유로)과 한국 ETS 가격의 차이인 톤당 36.7유로를 관세의 형태로 적용받는 것이다. 이렇게 되면 수출업체들은 한국에서 탄소배출권을 구매한 후에 CBAM을 감면받는 방식을 선호할 가능성이 높다. 수입업자에게 비용 부담을 지우는 것보다, 실질적 관세를 낮추고 수입업자의 비용도 절감시켜주는 방식을 선택하는 것이 거래처 확대에 유리하기 때문이다.

CBAM 직격탄을 맞은 탄소 배출 국가들

CBAM의 도입으로 한국을 비롯한 러시아와 터키, 중국 등의 타격이 무척 클 것으로 전망되고 있다. EU의 ETS 적용을 받지 않는 해외 국가들은 EU의 탄소 가격을 반영하는 '탄소 크레딧'을 구입해야 하는데, 세계 각국과의 다양한 무역 마찰이라는 벽을 넘어야 하는 등 실제 적용이 어떻게 이뤄질지가 관건이다.

적용 대상 품목 중 수출 비중이 가장 큰 한국의 철강 산업은 감면 등이 인정되지 않으면 CBAM 인증서 비용은 연간 최대 3390억 원에 달할 전망이다(전경련 분석). 2026년부터 전 업종으로 확대되면 수출 단가 인하 압박과 수출량 감소 등 심각한 피해가 우려되는 상황이다. 수입업자가 해당 인증서를 구매하는 방식이라 수출기업에 직접적인 비용

한국 철강품목 CBAM 인증서 비용 산출

3개년 평균 수출의 탄소 배출량		EU 배출권 주간 평균 종가	CBAM 인증서 비용
대 EU 3개년 평균 수출물량	469.2만 톤 / CO_2eq	54.2EUR	2.5억 유로 (3390억 원)
276만 톤			
철강 생산 1톤당 탄소 배출량			
1.7톤/CO_2eq			

* 주: 철강 생산 1톤당 탄소 배출량은 한국의 3개년 전체 조강생산량과 탄소 배출량으로 산출
유상할당 및 무상할당 감면 없이 전체 수출량에 대해 인증서가 필요할 경우로 전제
탄소 배출량 1톤당 CBAM 인증서 1개 필요(세부안 3조 18호)
CBAM은 직접 배출량에만 적용되나, 세부 기준이 미비해 위 계산은 직간접 합산으로 산출

자료: 전경련, EU 탄소국경조정제도 주요 내용 및 시사점, 2021.7.

부담이 발생하지는 않지만, 수입업자 입장에서는 수천억 원 규모의 비용이 발생할 뿐만 아니라 수입품목 관련 정보 보고의무도 추가되어 금전적·행정적 부담이 불가피하다. 이렇게 되면 한국산 제품 수입을 꺼리게 되고 수출에도 제동이 걸린다. 수입업자 지위를 인정받는 유럽 내 한국 현지 법인이 수입하는 경우에는 해당 수출상품의 거래비용이 증가할 수도 있다. 결국 EU 내 경쟁업체에 비해 한국 기업의 가격경쟁력은 떨어지고 수출물량은 감소되는 사태가 벌어진다.

CBAM이 탄소 저감을 명분으로 한 신보호무역주의 장벽이라는 비판도 있다. EU CBAM은 내국민대우 원칙(GATT 3조) 위반 소지가 있는데, 철강 등 동종 상품에 대해 원산지를 근거로 수입품과 역내 생산품 간 차별적인 조치를 적용하기 때문이다. 국가별 배출권거래제 등에 차이가 있다 해서 동종 제품을 차별 취급하는 것은 불공정하고, 수출업체에 대한 직접적인 조치는 아니지만 한국 기업에 심각한 영향을 초래할 수 있다. 또한 인증서 구입대금 등에 상응한 수출단가 인하 압박이나 한국 기업 수출물량 감소에 영향을 미칠 수 있어 수량제한 철폐 원칙(GATT 11조) 위배 소지도 있다.

이러한 비판에도 불구하고 CBAM 도입은 기후변화를 완화하기 위해 추진해온 EU의 노력을 전 세계적으로 확대하고, 탄소중립에 대한 목표의식을 공유하자는 데 있다. EU는 열심히 기후변화 관련 기준을 높이고 있는 데 반해 비 EU 국가에서는 여전히 느슨한 환경 및 기후 정책이 만연하고 있다. 이는 EU와 세계의 기후변화 대응 노력을 심각하게 저해할 수 있다. CBAM을 통해 EU 내 제품과 수입품 사이의 탄소 가격을 균등하게 함으로써 EU의 기후 목표가 훼손되는 것을 막고자 하는 것이 EU가 생각하는 큰 그림이다. IMF와 OECD도 CBAM을 통해 온실가스 배출을 줄이기 위한 국제적인 노력을 어떻게 지원할 수 있는지를 연구하고 있고, G20에서 재무장관들은 CBAM의 도입을 위해 더 긴밀한 국제적 조율이 필요하다고 언급했다.

탄소가 돈이 되는
'탄소 비즈니스' 시대가 온다

ESG 경영진의 최고 관심사는 '탄소 감축'

ESG는 최고경영자CEO들에게 있어 기업 경영의 목표이자 생존 방식 그 자체로 다가왔다. 신년사를 통해 주요 대기업 총수들은 'ESG 경영'을 선포하며 코로나 팬데믹 위기를 돌파하겠다고 입을 모았고, 뒤를 이어 수많은 중견 중소기업들도 ESG 경영을 도입하겠다고 선언하며 ESG 붐에 동참했다.

ESG 경영 패러다임이 확산되고 있는 가운데 CEO들은 ESG 요소 중 환경 분야 대응이 가장 중요하다고 생각한다는 조사 결과가 나왔다. 전국경제인연합회(전경련)은 '글로벌 ESG 확산 추세가 국내 산업과 기업에 미치는 영향'에 대해 ESG의 중요도를 조사한 결과, 환

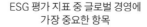

ESG에 대한 경영진의 인식 조사

ESG 요소 중 글로벌 기업·금융기관이
가장 중요하게 생각하는 이슈

ESG 평가 지표 중 글로벌 경영에
가장 중요한 항목

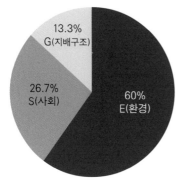

(단위: %)

※ 15개 증권사 리서치센터장 조사

자료: 전경련

경Environment이 가장 중요하다는 응답이 60.0%로 가장 많았고, 사회Social와 거버넌스Governance가 중요하다는 의견이 각각 26.7%와 13.3%으로 나타났다. 평가 지표와 관련해서도 환경 영역에 속하는 기후변화·탄소 배출(26.7%)이 가장 중요하다고 꼽았고, 이어 지배구조(17.8%), 인적자원관리(13.3%), 기업행동(11.1%), 청정기술·재생에너지(11.1%) 순으로 응답했다.

조사 결과에서 알 수 있듯이, 국내 대다수 CEO들 입장에서 'ESG 경영'은 곧 '탄소 배출 관리'라고 할 만큼 탄소는 ESG에서 떼려야 뗄 수 없는 중요한 부분을 차지하고 있다. 어째서 탄소가 기업 경영에 있어 이처럼 중요한 것일까? 그것은 탄소가 기업 실적, 즉 '수익'과 직결되고 있기 때문이다.

탄소에 돈을 매기는 탄소가격제의 등장

온실가스의 주범인 이산화탄소는 오늘날의 기업에 있어서는 '돈'이나 다름없다. 탄소에 가격을 매겨 온실가스 배출을 비용으로 인식하도록 해 온실가스 감축을 유도하는 정책 수단, 제도를 '탄소가격제 혹은 카본 프라이싱Carbon Pricing'이라 한다. 탄소가격제Carbon Pricing는 '오염자 지불polluter pays' 원칙에 따라 시장 메커니즘을 활용해 탄소 발생을 줄이는 것을 목적으로 하고 있어, 오염자가 탄소 발생을 줄이는 금전적 인센티브를 통해 환경오염 발생을 억제하는 동시에 청정기술 투자유도 및 신규 수익 창출이라는 장점도 존재한다.

탄소가격제 유형에는 여러 가지가 있는데 가장 일반적인 것이 탄소

탄소가격제의 5가지 유형

구분	상세
탄소세(Carbon Tax)	• 온실가스 배출에 대한 직접적인 가격 부과를 통해 청정에너지 사용 전환 인센티브 부여(가격 고정, 감축량 불확실성 존재)
배출권거래제(ETS)	• 특정 부문의 총 감축목표를 설정하고 규제 대상이 되는 기업이 시장에서 거래를 통해 달성(감축량 고정, 가격 불확실성 존재)
크레딧(Crediting) 메커니즘	• 프로젝트 결과물로 발생한 배출량 감축분을 제3자 검증을 거쳐 크레딧(배출권)으로 인정받아 배출권이 필요한 기업에 판매
RBCF(Results-Based Climate Finance)	• 사전에 설정된 감축목표를 달성(제3자 검증 필요)할 경우 자금 지원을 받는 구조로 RBCF를 통해 민간부문 탄소시장 활성화
내부 탄소가격제 (Internal carbon pricing)	• 정부나 기업 등이 탄소사용에 자체 내부 가격을 설정 및 반영해 저탄소 기술에 투자를 촉진하고 미래의 기후 정책과 규제를 대비

자료: Carbon Pricing Leadership Coalition 홈페이지

세Carbon tax와 배출권거래제Emission Trading Scheme: ETS이다. 탄소세는 온실가스의 배출 감축을 목표로 온실가스 배출 단위당 세금을 부과하는 제도다. 탄소배출권거래제는 정부가 기업에 배출권을 유상 혹은 무상으로 할당하고 초과 배출량이나 잉여 배출량을 배출권 형태로 거래하는 제도다. 앞에서 설명한 EU의 CBAM(탄소국경세)도 ETS를 기반으로 하고 있어 탄소가격제에 해당한다.

세계은행World Bank 조사에 따르면 2020년 12월 기준으로 127개 국가와 823개 도시에 있는 1541개의 기업이 탄소중립 목표를 발표했고, 이를 달성하기 위한 주요 수단으로 탄소가격제를 활용하고 있는 것으로 나타났다. 중국과 EU, 영국 등에서 탄소세와 배출권거래제가 새롭게 시행되어 2021년 기준, 총 64개 국가에서 탄소가격제(대부분 ETS와 탄소세)가 시행 중에 있다. 시총 기준 세계 500대 기업 중 50%가 이미 내부 탄소가격제를 시행하고 있고 1159개의 기업은 2년 이내에 내부 탄소가격제를 시행할 계획이라고 밝혔다. 세계에서 시행된 탄소가격제를 통해 창출된 매출액 규모만도 총 530억 달러(약 59조 원)로 나타났다 (이는 글로벌 온실가스 배출량의 21.7%에 해당). 탄소에 가격을 매김으로써 실로 어마어마한 비즈니스 시장이 만들어진 것이다.[25]

탄소를 사고파는 탄소배출권

탄소로 비즈니스를 하기 위해서는 탄소를 거래해야 하는데, 눈에 보이지 않는 탄소를 직접 거래하는 것은 불가능하다. 그래서 등장한 것이 '탄소배출권'이다. 탄소배출권의 가격은 정책에 의해 결정되는 탄소세carbon tax와는 달리, 정책에 의해 고정되지 않고 시장 내 탄소배출권의 수요와 공급에 의해 결정된다. 탄소배출권 거래시장은 탄소배출권의 성격에 따라서는 할당량 시장allowance market과 크레딧 시장credit market으로 분류될 수 있다.

할당량은 국가 또는 지역 내에서 정한 온실가스 배출총량cap만큼 발전설비나 생산설비 등 주요 온실가스 배출원emission source에 지급된 온실가스 배출 권리를 의미한다. 할당량시장은 총량제한 배출권 거래제도cap-and-trade를 채택한 의무 감축 국가 또는 지역 내에 형성되는 시장이다. EU ETS는 대표적인 할당량 기반 시장으로, 2005년 1월에 설립된 세계 최대 탄소배출권 거래제도이다. 할당량 시장에서는 기간phase 내 온실가스 감축목표가 설정되며, 매년 이에 따른 배출총량cap이 설정된다. 배출총량은 다시 각 의무 감축 대상에게 할당량allowance 형태로 무상 지급 또는 경매되며, 각 의무 감축 주체는 1년 동안 온실가스 감축 노력을 기울여 기간 말에 실제 배출량만큼의 할당량allowance을 국가에 제출surrender한다. 만약 보유한 할당량이 실제 배출량보다 적을 시에는 부족분을 구매해야 하고, 보유한 할당량이 실제 배출량보다 많을 경우에는 이를 시장에 판매하거나, 다음 사용을 위해 예치banking할 수 있다. 할당량은 의무 감축 주체, 거래 중개인, 매매 차익을 목적으로 하는 투자자 등 다양한 시장 참여자 사이에 거래되는데, 이러한 거래시장을 할당량시장이라 한다. 쉽게 말해 각 기업에 정해진 양만큼 지급되는 탄소 쓰레기 봉투가 할당량이고, 기업이 열심히 노력해서 탄소를 덜 배출해서 지급된 탄소 쓰레기 봉투가 남았다면 그 남은 봉투를 다른 기업에 팔아서 돈을 벌 수 있는 것이다.

크레딧은 외부 온실가스 저감 프로젝트에 대해 기준 전망치business-As-Usual: BAU 대비 온실가스 배출량을 줄였다는 증서로서 해당 프로젝트에 지급되는 배출권을 의미한다. 온실가스 저감 프로젝트를 통해 현재의 경제활동을 지속할 경우 예상되는 기준선BAU보다 온실가스를 적게 배출할 때, 이 저감량에 해당하는 만큼의 크레딧을 발행해주는 방식이다. 한마디로 탄소를 얼마만큼 줄였다고 제3자가 인정해주는 인증서가 크레딧이고, 어디서든 이 인증서만 내밀면 탄소 감축을 했다고 인정해주기 때문에 이 인증서도 돈으로 사고팔 수 있다. 크레딧시장은 할당량시장의 보조적 역할을 하는 시장으로, 할당량과 같이 배출권으로 활용할 수 있는 크레딧을 저렴한 가격으로 공급하는 역할을 한다. 전 세계 탄소 크레딧 시장에 등록된 프로젝트 수는 2019년 1만 6854개에서 2020년에는 1만 8664개로 11% 증가했고, 발행된 크레딧도 10%나 늘어나는 등 탄소 크레딧시장의 성장세가 무섭다. 탄소 크레딧은 정부가 규정 및 크레딧 발행의 근거를 제공하는 국내 크레딧 방식, 파리기후협정의 시장 메커니즘 6.4조인 지속가능발전 메커니즘 등에 따라 제공되는 국제 크레딧 방식, 베라Verra나 골드 스탠더드Gold Standard 등 독립적인 표준 설정 기관이 제공하는 방식으로 구성되는데, 최근의 탄소 크레딧 증가는 대부분 독립 기구(30%)를 중심으로 이루어지고 있다. 크레딧시장은 흔히 프로젝트 기반 시장project-based market이라고도 하는데, 이는 다시 발행시장primary market과 유통시장

탄소배출권 거래시장의 분류

배출권 성격에 따른 분류	할당량 시장	크레딧 시장	
		발행시장	유통시장
배출권 거래 방식에 따른 분류	장내시장	장외시장	

자료: 안승광, 탄소배출권과 탄소시장, 기업지배구조리뷰, 2010

secondary market으로 구분할 수 있다. 또한 거래 방식에 따라서는 장외시장OTC market과 장내시장exchange으로 구분할 수 있다.

이렇게 탄소에 가격이 매겨지고 기업들의 탄소 배출이 돈으로 등가 되면서 본격적인 '탄소본위제', '탄소 비즈니스'의 시대가 도래했다. 탄소중립 사회로 전환하는 과정에서 탄소 배출은 기업들의 리스크이기도 하지만, 탄소를 어떻게 관리하느냐에 따라서 오히려 기업들의 경쟁력을 높일 수 있는 좋은 기회이기도 하다. 미국 바이든 행정부가 청정에너지 인프라 등 기후변화 위기 대응에 2000조 원, 유럽은 약 1300조 원을 투자하는 등 탄소중립을 테마로 한 큰 시장이 열리는 상황에서, 탄소로 돈을 벌기 위해 신성장동력을 찾는 국내외 기업들이 늘어나고 있다.

EU가 발표한 탄소 국경 조정 메커니즘CBAM에 있어서도 한국만 놓고 보면 기업들에게 큰 위기이지만, 글로벌 시장 전체로 보면 가격경쟁력에서 벗어나 새로운 경쟁우위를 가질 수 있는 기회이기도 하다. 유럽 시장의 탄소 배출 규제가 100이고 한국 시장의 규제가 50이면 한국 기업들에게는 분명 50만큼 추가 비용이 발생한다. 하지만 탄소 배출이 한국보다 많은 개발도상국과 유럽 수출 경쟁을 한다고 하면 얘기가 달라진다. 예전 같으면 인건비가 싼 개발도상국이 가격 경쟁 면에서 한국보다 우위에 있었지만, CBAM이 적용되면 탄소 배출 규제가 0인 개발도상국은 100만큼의 추가 비용을 물어야 해 한국 기업들에게 훨씬 더 유리한 경쟁 환경이 될 수 있다.

탄소세에 울고 웃는 기업들

탄소중립에 대한 대비책이 없다면 기업의 생존은 위협받을 수 있다. 탄소 때문에 1년치 영업이익이 날아갈 판인 기업도 있다. 국내에서도 탄소세 도입이 논의되고 있는 가운데, 실제로 도입이 되면 국내 기업들의 세부담은 최대 36조 원 이상이 될 것으로 예상되고 있다. 2021년 3월 국회에서 발의된 탄소세는 국내 모든 기업에 영향을 주는 국세(지방세 포함)로, 온실가스를 배출하는 화석에너지 사용량에 따라 부과하는 세금이다. 한국의 온실가스 배출량은 연간 7억 톤 수준으로, 연간 123억 톤의 온실가스를 배출하는 중국이나 64억 톤의 미국보다는 미미하지만 선진국들의 탄소중립 압박이 거세지면 탄소 감축을 위해 탄소세를 도입해야 할지도 모른다.

이에 전경련은 온실가스 1톤당 10달러, 30달러, 50달러의 세 가지 과세 기준을 가정하고 탄소세 시뮬레이션 분석을 했는데, 각각 7조 3000억 원, 21조 8000억 원, 36조 3000억 원의 세부담이 더해졌다. 이는 2019년 전체 법인세수 대비 10.1%, 30.2%, 50.3%에 해당하는 규모로 기업들에게는 상당한 부담으로 작용한다. 특히 철강업체인 포스코와 현대제철의 경우, 부담해야 할 탄소세는 3조 7000억 원에 달하는데 두 회사의 영업이익은 4조 2000억 원 수준으로 1년간 번 영업이익의 90%를 탄소세로 내게 되는 셈이다. 실제로 현대제철은 2019년 탄소배출권 구매를 위한 배출부채 1571억 원을 재무제표에 반영했는데, 이는 영업이익 730억 원의 두 배가 넘는 금액이다.

탄소세로 좌불안석坐不安席인 기업들과는 대조적으로 탄소로 돈을 벌며 기업 가치가 고공행진인 기업도 있다. 바로 전기차로 유명한 '테슬라'다. 테슬라의 2021년 1분기 순이익은 4억 3800만 달러(약 4950억 원)로 사상 최대치를 기록했는데, 내역을 보면 탄소배출권 판매로 챙긴 금액이 5억 1800만 달러(약 5850억 원)에 이른다. 탄소배출권 판매 수익 없이 전기차 판매만으로는 1분기 적자를 기록할 뻔했다. 탄소 배출을 하지 않는 전기차 생산의 반대급부로 받는 탄소배출권은 테슬라의 주요 수익원 중 하나인데, 그동안 탄소배출권을 구매해준 다른 자동차 업체 등에서 자체 전기차 모델을 내놓으면서 테슬라의 탄소배출권 구매를 거절하자 테슬라의 주가가 하락하기도 했다. (2분기에는 전기차 부문 매출이 102억 1000만 달러(11조 7900억 원), 탄소배출권 매출은 3억 5400만 달러(4000억 원)로 본업인 전기차 판매가 호조를 보여 11억 4000만 달러(1조 3100억 원)의 순이익을 냈다.)

특히 테슬라는 중국에서 탄소배출권을 팔아 2021년 한 해 동안 약 3억 9000만 달러(약 4550억 원)의 수익을 거뒀다. 반면 폭스바겐의 중국 내 합작사인 FAW-VW과 SAIC-VW은 평균 배출량 기준을 충족하지 못해 테슬라가 보유한 배출권을 구매해야 할 처지에 놓였다. 중국은 친환경차를 '신에너지차New Energy Vehicle: NEV'로 구분해 전체 생산량의 일부를 NEV로 만들어 판매하도록 했다. 2020년에 중국 정부가 설정한 목표는 12%로, NEV 비중 12%를 채우지 못한 회사는 그만큼의 크레딧을 구입해야 한다. 중국 내 폭스바겐 합작사 FAW-VW은 마이너스 13만 점으로 약 713억 원가량의 배출권을 사야 하고 SAIC-VW 또한 배출권 의무 구입 부담이 크다.

친환경 에너지를 지원하는 탄소세

현재 전 세계에서 탄소세를 도입한 나라는 24개국으로, 탄소세를 도입한 국가 중 탄소세율이 높은 국가는 비교적 온실가스 배출량이 적고 재생에너지 발전 비중이 큰 핀란드, 스웨덴, 스위스 등이다. 탄소중립에 있어 탄소세는 중요한 수단이지만 환경비용이 가중되면 오히려 투자 위축, 일자리 감소, 물가 상승 등 경제 전체에 악영향을 미칠 수 있다. 해외에서도 야심 차게 탄소세를 도입했다가 폐지한 사례가 있다.

2014년에 탄소세를 도입한 프랑스는 2030년까지 계속해서 탄소세 세율을 올릴 계획이었고, 계획에 따라 휘발유 가격이 인상됐다. 그러나 도입 5년 만인 2018년에 유류세 등 탄소세 인상을 앞두고 벌어진 노란 조끼 시위로 인상안을 철회했다. 유류세는 배출원의 규모를 떠나 일정한 세율에 따라 공평하게 과세되기 때문에 가난할수록 세금 부담이 큰데, 특히나 비싼 도시 땅값을 감당하기 어려워 주변부에서 장거리 출퇴근을 하는 저소득층은 탄소세 부담을 크게 느끼면서 결국 시위에 동참하기에 이르렀다. 게다가 프랑스는 탄소세 도입을 추진할 당시 '부자 감세'를 내세우며 부유세를 개편했다. 부동산을 중심으로 세금을 축소했고 호화 요트와 슈퍼카를 과세 대상에서 제외해 시민들의 거센 비난을 받았고 결국 탄소세는 폐지됐다.

호주는 탄소세를 도입했다가 폐지한 최초의 국가다. 2012년에 호주는 500대 탄소 배출 대기업에 1톤마다 일정액의 탄소세를 내도록 했지만, 대기업들이 세금 증가분을 소비자가격에 반영하면서 국민 반발이 심해지자 탄소세를 폐지했다. 탄소세 폐지의 대가는 혹독했다. Global Energy Statistical Yearbook 통계에 따르면, 호주는 탄소세를 도입했던 2011년 이후 탄소 배출량이 조금씩 감소했으나 탄소세를 폐지한 2015년부터는 다시 탄소 배출량이 증가하는 모습을 보였다.

물론 다른 세금을 줄이면서 탄소세를 도입해 세금에 대한 반발을 최소화하고, 이를 통해 온실가스를 줄이는 데 성공한 덴마크, 스웨덴 등의 사례도 있다. 국민 정서를 고려한 세제 개편으로 국민들의 부담을 줄이면서도 온실가스 저감을 가져올 수 있는 탄소세는 어떠한 접근 방법을 갖느냐에 따라 그 효과가 달라질 수 있다.

수소, 태양광 등 미래 친환경 에너지의 경쟁력을 높이는 데 있어서도 탄소세는 중요한 역할을 할 수 있다. '가격 효과'보다는 '재원財源 효과'에 중점을 두어 접근하는 것이 친환경 에너지의 경쟁력을 높일 수 있다. '가격 효과'는 수소 등 친환경 에너지가 석탄이나 가스보다 낮은 가격을 갖도록 하기 위해 1톤당 배출되는 탄소에 높은 금액의 세금을 부과해 얻는 효과다. 분명 친환경 에너지의 가격경쟁력은 생기겠지만 전경련의 시뮬레이션 분석과 같이 기업들의 경영에는 심각한 악영향을 미친다. 반면 '재원 효과'는 석탄, 가스 등의 소비에서 나오는 탄소에 낮은 세율의 세금을 부과해 거기서 얻은 세수稅收를 친환경 에너지 보조금으로 할당해 가격을 낮추는 효과이다. 저低세율로 기업의 부담은 최소화하면서 친환경 에너지의 사용을 늘리는 방향으로 유도하면 탄소중립도 빨리 실현될 가능성이 높다.

기업들을 둘러싼 탄소의 압박은 점점 거세지고 있다. 기업들의 사정을 봐줄 만큼 지구의 환경 상태가 그리 좋지만은 않기 때문이다. 기업도 살고 지구도 살기 위해서는 '탄소 배출 관리'에 진심이 되어야 한다.

탄소를 줄여야
기업이 산다

탄소가격제, 카본 프라이싱Carbon Pricing이 도입되고 탄소본위제 시대가 도래하면서 탄소 감축은 기업의 새로운 경쟁력으로 떠올랐다. 테슬라의 사례처럼 탄소를 줄이면 기업 이익에 플러스가 되고, 그렇지 못하면 탄소세나 CBAM(탄소국경조정 메커니즘, 탄소국경세)의 폭탄을 맞고 실적은 곤두박질치게 된다.

기업이 탄소를 줄일 수 있는 방법에는 크게 친환경 신재생에너지로의 전환, 에너지 절약을 통한 탄소 감축, 그리고 배출권·크레딧 구매를 통한 탄소 상쇄Carbon offset(카본 오프셋), CCUSCarbon Capture, Utilization and Storage(이산화탄소 포집, 활용, 저장) 등이 있다.

친환경 신재생에너지로의 전환

태양광, 풍력 등 자연의 힘을 이용해 전력을 생산하여 전기에너지를 이용하는 친환경 신재생에너지는 탄소중립 실현을 위해서는 가장 필요하고 꼭 추진돼야 하는 방식이다. 그래서 기업들은 직접 태양광 시설을 구축하거나 풍력발전소를 세우는가 하면, 친환경 발전사업자와 제휴·협력해 필요한 전력 에너지를 친환경에서 얻으려는 노력들을 하고 있다. 문제는 아직은 석탄, 가스 등에 비해 비용이 비싸고 전력 공급에 있어 안정적이지 못하다는 단점이 있다.

2021년 9월, 랴오닝성 등 중국 전역에서는 엄청난 전력대란이 발생했다. 갑작스런 정전으로 환풍 설비가 멈추면서 공장에서 일하던 노동

친환경 신재생에너지 장단점

신재생에너지	장점	단점
태양열에너지	무공해, 양에 제한이 없다.	일조량에 영향을 받는다. 밀도가 낮고, 간헐적이며 투자비용과 발전단가가 높아 비경제적이다.
태양광에너지	발전기가 별도로 필요치 않아 햇빛이 비치는 곳이면 간단히 설치할 수 있으며 소형으로도 제작할 수 있다. 소음과 진동이 적다. 수명이 길고 유지 비용이 거의 없다.	에너지 밀도가 낮아 태양 전지를 많이 필요로 하며 초기 설치 비용이 비싸다.
풍력에너지	무제한으로 지속가능한 발전이다. 공해 배출을 하지 않는 청정에너지이며 설치 비용이 적고 설치 기간이 짧다. 발전에 최소 전력이 필요치 않아 블랙아웃 상황에서도 가동할 수 있다. 발전단가가 낮고, 관광단지로도 활용할 수 있다.	연중 바람이 부는 곳을 찾기 어렵다. 전력 수요가 있는 곳과의 접근성이 떨어질 수 있다. 소음이 있다.
수력발전	한국은 유리한 지형을 가지고 있다. 한번 건설되면 직접적인 폐기물을 방출하지 않는다. 이산화탄소 배출량이 적다. 국내 부존 잠재량이 많아 보급 효과가 크다. 에너지 밀도가 높아 타 에너지원에 비해 꾸준한 발전 공급이 가능하다.	댐의 초기 건설 비용이 많이 들고 저수지 건설 시 지형을 침수시켜야 하므로 생태계를 파괴할 수 있다. 강수량에 좌우되기 때문에 전기 공급의 안정성에 문제가 있다.
바이오에너지	공해물질이 적다. 재생성을 가지고 있어 고갈 문제가 적다. 에너지 활용도가 높다.	바이오에너지 원료 확보를 위해 넓은 면적의 토지가 필요하며 산림이 고갈될 우려가 있다.
지열에너지	보급 잠재력이 높으며 발전 비용이 저렴하고, 깨끗하다.	채산성이 떨어지며 환경적 제약이 있다.
해양에너지	무공해 청정에너지다. 고갈될 염려가 적다.	해양생태계를 파괴할 수 있으며 에너지 밀도가 작고, 시설비가 비쌀 뿐 아니라 전력 수요지와의 거리가 멀다.
수소에너지	공해물질이 발생하지 않는다. 전기에너지로 전환이 쉽고 에너지 밀도가 높으며 사용이 간편하다. 가스, 액체로서 쉽게 수송할 수 있다.	블루·그린 수소를 이용하기까지는 아직 기술 개발이 더 필요하고 비용도 비싸다.

자료: 송인덕, '신재생에너지 장단점', 한국전기안전공사, 2018.01.18

자 20여 명이 유독가스에 중독됐고, 일가족 4명이 엘리베이터를 탔다가 갑자기 정전이 되면서 50분 가까이 갇히기도 했다. 정전 때문에 양초 주문이 10배 이상 증가하고, 기업들은 전력난에 대비해 석유 발전기를 사들였다.

중국 전력대란의 원인으로는 일부 화력발전소의 가동 중단이 첫 번째로 꼽힌다. 석탄화력발전은 2020년 기준 중국 전력 생산의 49%를 담당했다. 하지만 발전용 석탄 가격이 50% 이상 상승하면서 발전 원가가 판매 가격을 따라가지 못하자 화력발전소들이 생산 확대를 주저한 것이다.

또 하나의 원인은 중국 정부가 내세운 '탄소중립' 때문이다. 시진핑 국가주석은 2020년 9월 유엔 총회 연설에서 "중국이 2030년 탄소 배출량의 정점을 찍고 2060년까지 탄소중립을 달성할 것"이라고 밝혔다. 시진핑의 발언에 따라 탄소 배출량 감축은 중국의 최우선 정책 과제가 됐고, 중국 정부는 2025년까지 14차 5개년 경제개발계획 기간 에너지 소비 총량을 13.5%, 탄소가스 배출량을 18% 줄인다는 목표를 제시했다. 이는 각 성省·시市가 달성해야 하는 목표치가 됐고, 눈에 띄는 성과를 낸 지역에는 인센티브를, 목표를 달성하지 못한 지역은 처벌한다는 압력이 가해지면서 지방정부는 발등에 불이 떨어졌다. 경고를 받은 성省들은 전력 소비가 많은 기업이나 지역을 대상으로 제한 송전에 들어갔고, 이것이 정전 사태를 부른 것이다.

설상가상雪上加霜으로 중국 당국이 대거 확충한 수력, 풍력 등 친환경 전력 공급원까지 문제를 일으켰다. 2019년 기준 중국 에너지 생산

구조를 살펴보면 석탄 68.6%, 수력·원자력·풍력 18.8%, 석유 6.9%, 천연가스 5.7%으로, 수력 및 풍력 의존도가 상당히 높다. 그런데 바람이 불지 않으면서 풍력발전량이 갑자기 크게 줄었고, 윈난 및 쓰촨 등 남서부의 수력발전소에서도 강수량이 적어 발전량이 줄어 정전 사태를 초래한 것이다.

친환경 신재생에너지의 불안정한 공급 현상은 중국만의 문제는 아니다. 스웨덴, 영국, 프랑스, 덴마크, 뉴질랜드, 헝가리 등 '탄소중립'을 법제화한 유럽의 국가들은 일찌감치 신재생에너지 체제로의 전환을 추진해왔다. 독일의 '아고라 에네르기밴데AE'의 보고서에 따르면, 2020년 기준 EU에서 생산된 전력 중 38%는 신재생에너지에서 나왔다. 특히 풍력은 유럽 전체 발전량의 13%를 담당하고 있는데, 북해의 거센 바람이 그 역할을 수행했다. 그런데 북해의 바람이 2021년에는 유독 약해졌다. 그 여파로 풍력 발전 비중은 5% 아래로 떨어졌다. 게다가 천연가스LNG를 발전소 원료로 사용하려는 수요가 늘면서 천연가스 가격까지 급등했다. 신재생에너지는 최대 발전량의 100%를 가정하고 송전 설비를 구축해야 하는데, 이번처럼 바람이 수개월째 안 불면 대책이 없다. 결국 기존 에너지를 급히 구해야 하고 원료 급등으로 전력 가격은 폭등한다. 이는 서민들에게 치명적일 수 있다. 겨울로 접어든 북반구 시민들에게 전기료 폭등은 재앙이다.

2021년 2월에 발생했던 미국 텍사스주의 영하 20도에 육박하는 기록적 한파 당시, 4만 5000MW의 전력 공급이 끊기고 300만여 가구 및 사무실에 전력 공급이 중단됐는데, 이 역시 풍력발전이 원인이었다. 한파로 인해 풍력발전기의 터빈이 얼어붙으면서 시설용량 34GW에 이르는 풍력발전이 한꺼번에 중단됐기 때문이다.

탄소 감축을 위한 신재생에너지로의 전환은 필수적이다. 다만 불안정한 전력 공급으로 국가 경제 동력마저 멈추게 한다면 이는 어불성설語不成說이다. 태양광, 풍력발전은 바람, 일조량 등 자연환경에 따라 전력 생산량 편차가 크다. 배터리를 활용한 에너지저장장치ESS를 통해 간헐성을 극복하고자 노력하고 있지만 아직은 소규모 지역에 활용하는 정도다. 이러한 문제점을 보완하고자 LNG 등 브릿지 연료를 활용하면서 석탄, 원전 등 기존 발전원 역시 속도 조절을 하면서 축소해야 한다는 의견도 나오고 있다. 바람과 일조량이 풍부하지 않은 한국은 전력 수급이 불안정할 때 LNG 발전을 돌려 신재생에너지 발전의 단점을 보완할 필요가 있다. 또한 태양광과 풍력발전은 원하는 시간에 전력을 생산할 수 있는 발전원이 아니므로 안정적 전력 수급을 위해서는 석탄, 원전 등 같은 기저발전 역시 일정 비중을 유지해야만 한다. 정부는 향후 석탄발전소 30기를 폐지해 2020년 전력 비중 35%를 차지한 석탄발전 비중을 2034년 15%로 낮추는 한편, 원자력발전 비중도 29%에서 10%로 줄일 계획이다. 반면 신재생 발전 비중은 40%로 높일 방침이다. 줄어드는 비중 대부분을 풍력·태양광·수력 등으로 채우겠다는 생각이지만, 자칫하다가는 유럽, 중국과 같은 에너지 대란으로 이어질 수도 있다. 탄소 감축 방안의 중요한 축인 친환경 신재생에너지로의 성공적 전환을 위해서는 에너지 안보, 산업 경쟁력, 안정적 전력 수급 차원에서 LNG, 석탄, 원전 등 기존 에너지원과 공존할 수 있는 방향을 찾아야 할 것이다.

에너지 절약을 통한 탄소 감축

경영 활동에 필요한 에너지의 절약을 통한 탄소 감축도 많은 기업이 실천하고 있는 활동이다. 특히 금융 및 서비스업종에서 활발히 추진되고 있는데, 제조업이나 철강, 화학 산업 대비 직접적인 탄소 배출이 적은 산업이다 보니 건물 내 에너지 절감이나 사내 탄소 감축 캠페인 등을 통해 ESG 경영을 실행하고 있다. 신한은행의 경우, 일상생활 속에서 ESG를 실천하는 기업 문화를 만들기 위해 은행 내 모든 공간을 'ESG 실천 빌딩'으로 선언했다. 본점의 구내식당 도시락 용기는 친환경 제품으로 교체하고 건물 내 친환경 건축자재 사용을 30%까지 확대하기로 했다. 영업점은 고객에게 제공하는 사은품을 친환경 장바구니, 공기정화식물 등으로 변경하고 비환경성 제품은 즉시 제외시킨다. 또한 온실가스 1인 1톤 줄이기 실천서약, 플로깅(조깅+쓰레기 줍기), 업사이클링 캠페인 등 다양한 ESG 캠페인을 실시해 탄소 감축에 일조하고 있다.

서울시는 탄소중립도시 실현을 위해 제로 에너지 빌딩 의무화를 정부보다 1~2년 앞당겨 실시하고, 인센티브도 강화했다. 탄소중립도시란, 탄소 배출량을 줄이고 배출된 탄소를 흡수해 실질 배출량을 '0'으로 만드는 도시, 제로 에너지 도시를 뜻한다. 서울 내 500m² 이상 신축 공공건물은 2021년부터 제로 에너지 빌딩 의무화가 적용되고, 주거 1000가구 이상, 비주거 10만 m² 이상 민간 건물은 2023년부터 조기 의무화된다. 한편 제로 에너지 빌딩에 대해서는 높이·용적률 등 건축 제한 완화 비율을 현행 11~15%에서 16~20%로 더 늘려주는 방안을 정부에 건의하고, 취득세 감면 비율도 현행 20%에서 30%로 확대할 것을 제안했다. 건물에너지효율화BRP 융자 금리는 2020년 0.9%에서 2021년 0%로 더욱 낮아졌는데, 은행 수수료를 서울시가 지원해주었기 때문이다. 건물에너지효율화로 에너지효율등급을 1등급 이상을 받으면 자재비를 최대 6000만 원까지 지원받을 수 있다. 전기·수소차 확대 지원 등 기존의 수송, 에너지, 폐기물, 숲 정책 방향은 유지·확대된다.

간접적으로 탄소를 줄이는 탄소 상쇄

탄소 상쇄Carbon offset는 정부와 기업, 개인이 배출한 온실가스의 양을 다른 곳에서 줄이는 일종의 보상 제도다. 크레딧을 구매하거나 나무를 심는 일, 화석연료 사용을 줄일 수 있는 풍력발전소 건설에 돈을 투자하는 일 등이 여기에 해당한다. 탄소 상쇄를 적용한 제품을 판매하는 일도 포함된다. 예를 들어 의류 제조공정에서 발생하는 온실가스를 흡수하기 위해 나무를 심었고, 해당 의류를 판매업자가 판매하면서 '이 옷의 수익 일부는 온실가스 흡수를 위한 나무 심기에 기부됩니다'라고 알리면 탄소 상쇄로 볼 수 있다. 유나이티드 항공사는 '에코 스카이 Carbon Choice 프로그램'을 통해 기업 고객이 탄소 상쇄권을 구매해 화물 운송과 출장에서 발생하는 탄소 배출량을 줄일 수 있도록 도와준다. 국제보존협회Conservation International와 제휴해 제공되는 탄소 상쇄권을 구매한 기업은 온실가스 감소 프로젝트를 후원하게 된다.

　그러나 일각에서는 탄소 상쇄가 기업들의 그린워싱 수단으로 악용될 수 있다고 지적하기도 한다. 이에 대해 글로벌 산림보호 비영리단체 커뮤니티 포레스트 인터내셔널Community Forests International은 탄소 상쇄 전략이 그린워싱이 되지 않는 방법을 제안했다. 첫 번째는 당사자성이다. 이는 탄소 상쇄 프로젝트가 가장 직접적으로 연관된 사람에 의해 주도돼야 한다는 의미다. 두 번째는 치밀한 설계, 관리 및 실행 절차의 필요이다. 탄소배출권 인증 및 발행기구인 베라, 골드 스탠더드와 같이 국제사회 수준의 상위 기준을 활용하고, 제3자 검증을 통해 프로젝트를 면밀하게 분석하는 절차가 마련돼야 한다. 세 번째는 제도의 지속적인 개선이다. 현실에 안주하지 말고 변화에 민감하게 대응해야 한다는 것이다. 또한 탄소 상쇄는 단순히 현재의 탄소 배출량만을 대상으로 하는데, 기후위기에서 벗어나기 위해서는 과거에 배출된 공기 중 탄소도 줄여나가는 탄소 네거티브를 추구해야 한다고 강조했다.

탄소 감축의 희망 CCUS, 갈 길은 멀다

　한국은 '2050년 탄소중립' 계획을 통해 CCU(이산화탄소 포집·활용) 기술을 적극적으로 활용하겠다고 발표했다. CCUCarbon Capture, Utilization는 산업 공정에서 배출되는 이산화탄소를 흡수해 저장하고, 이를 고부가가치 소재나 제품으로 바꾸는 기술이다. 여기에 이산화탄소를 저장하는 'Sstorage'를 더해 'CCUS'로 부른다.

　CCU 기술은 크게 포집, 화학 전환, 생물 전환, 광물 탄산화로 구분

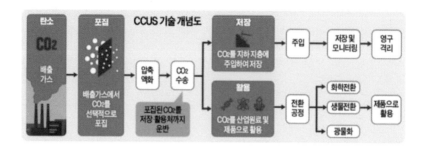

자료: 2021 CCU 기술혁신 로드맵

되는데, 포집은 여러 물질이 혼합된 배출가스에서 이산화탄소를 분리하는 기술로 연소 전 포집, 연소 후 포집, 연소 중 포집(순산소 연소 등) 등으로 구분된다.

특히 배출가스CO_2+N_2에서 이산화탄소를 얻는 '연소 후 포집'은 발전소나 공장 굴뚝에 적용할 수 있는 기술로 주목도가 높다. 다만 포집할 수 있는 이산화탄소 농도가 석탄화력의 경우 10~15%, 액화천연가스LNG 화력은 4%로 낮은 편이다. 게다가 해외에서는 상용화된 기술이지만 한국은 아직 초기 단계이다. 보령화력, 하동화력 등 초기 투자비 문제로 전기출력 10MW급 시설에서 기술 개발이 멈춰 있는 반면 미국은 240MW급, 캐나다는 150MW급 상용 화력발전소에서 상용화 연구를 하고 있다.

순산소 연소는 공기 대신 산소만을 사용해 연소하면 이산화탄소, 물, 분진, 이산화황이 배출되는데 이산화탄소만을 바로 빼내는 고난도 기술이다. 미국, EU, 중국 등은 열출력 50MW급 순산소 연소 발전 실증연구를 추진 중이다.

화학전환 기술은 이산화탄소를 원재료로 다양한 석유화학제품을 만드는 기술이다. 메탄올, 초산, 개미산, 옥살산, 우레아 등이 직접 전환 가능한 제품이다. 미국과 EU, 일본은 이미 다양한 화학전환 원천기술을 확보했는데, 일본 아사히카세이의 에틸렌카보네이트, EU 기업 코베스트로의 폴리우레탄 등이 상용화에 성공했다.

광물탄산화는 이산화탄소를 탄산염 형태로 전환해 소재화하는 기술로, 폐콘크리트, 석탄재, 철강슬래그 등을 특수 처리해 고순도 탄산염을 얻은 다음 이를 고무 등 화학제품이나 건설자재로 바꾼다. 미국 및 캐나다에서는 상용화를 앞두고 있는 가운데 한국은 포항산업과학연구원RIST 등이 기초연구를 진행 중이다.

함께 보면 좋은 참고자료

 엔지니어TV, 'CCUS 기술? 탄소 포집, 활용, 저장' 동영상
https://www.youtube.com/watch?v=A1KB5XTkAuI

 뼛속시리즈V. 수소생산 및 저장, '블루수소의 핵심은 CCS. 탄소포집 이것만 알면 됨' 동영상
https://www.youtube.com/watch?v=dGGVTZ07qbk

 일론 머스크도 찾는 탄소포집(CCUS)기술이란? (KOTRA)
https://news.kotra.or.kr/user/globalBbs/kotranews/782/globalBbsDataView.do?setIdx=243&dataIdx=187066

개인도 탄소를
거래할 수 있다?

개인의 탄소 거래가 가능한 EU

탄소를 사고파는 탄소 거래 시대가 도래하면서 탄소배출권 가격은 상승하고 시장 규모도 커지고 있다. 2020년 기준 EU의 배출권 가격은 30% 이상이 상승했고, 앞으로 탄소 국경세도 부과할 예정이어서 배출권의 가격은 2배 이상(80유로/톤) 상승될 전망이다.

한국에서 거래되는 배출권은 2015년에 비해 18배나 성장을 했고, 배출권 시장 규모는 EU에 이어서 세계 2위다. 탄소배출권 거래는 실제 주식과 채권 거래와 유사하다. 다만 주식이나 채권과 같이 의지에 따라 발행을 할 수 없다. 국가가 온실가스 감축 대상에 해당하는 업체에 나누어 주고, 업체들은 부족하거나 남는 배출권을 서로 거래하게 할

국내 탄소배출권 시장 시스템 구성도

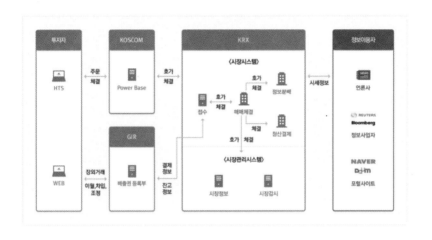

자료: 배출권 시장 정보 플랫폼(ets.krx.co.kr)

수 있다.

그렇다면 개인도 탄소를 거래해서 돈을 벌 수 있을까? 개인이 자신의 일상생활에서 친환경 활동으로 노력해 줄인 탄소로 수익을 얻을 수있을까? 결론부터 말하면, 한국에서는 불가능하다. 일단 국내 배출권 거래제도는 관련된 기업과 정부가 허가한 기관만 거래를 할 수 있다. 배출권 할당 대상 업체, 공적 금융기관, 외부 사업 감축량 전문 회원, 정부만이 거래가 가능하다. 한국은 주식 및 선물 거래를 담당하고 있는 한국거래소에서 탄소배출권을 거래할 수 있는데, 한국거래소KRX 탄소배출권 거래는 기업 간의 거래만 허용된다. 2021년 기준으로 680여 개사가 탄소배출권을 거래하고 있다.

개인의 탄소 거래 가능성이 전혀 없지는 않다. EU에서는 개인투자자 참여가 가능하다. 다만 투자자들이 거래하려면 증거금 납부 등 상대적으로 까다로운 절차를 거쳐야 한다.

한국도 개인 간 탄소배출권 거래를 검토 중이다. 우선 탄소배출권에 투자하고 싶어 하는 개인투자자를 위해 탄소배출권 상장지수펀드ETF가 출시된다. 간접적이기는 하지만 이를 통해 개인투자자들도 탄소배출권에 투자할 길이 열리게 됐다. 2023년에 탄소배출권 선물시장이 도입될 예정인데 여기서 개인은 탄소배출권 선물을 기초자산으로 한 상장지수펀드 등 투자상품에 대한 간접투자만 허용될 전망이다.

대중교통 이용으로 절감한 나의 탄소가 돈이 된다면?

국내 한 스타트업은 개인 탄소배출권을 인증하고 거래할 수 있는 특허를 등록하기도 했다. 파비콘이라는 국내 스타트업은 '대중교통 데이터와 GPS를 활용한 탄소배출권거래시스템' 특허를 등록했는데, 승용차를 이용했을 때 발생하는 이산화탄소 배출량을 대중교통을 이용했을 때 배출되는 이산화탄소 배출량과 비교해 절감된 이산화탄소 배출량만큼 개인에게 탄소배출권을 인증하는 것이다. 기업과 개인 간에도 배출권을 거래할 수 있는 기반을 만들었다는 점에서 의미가 있는데, 향후 대중교통 탑승에 의한 탄소 배출 절감량을 개인 탄소배출권으로 인증받을 수 있게 되면 기업체와 지자체와의 제휴를 통해 개인 탄소배출권 보유자에게 혜택이 제공될 수 있을 것으로 기대된다.

지금은 아니지만 2050년 탄소중립 실현을 위해서는 결국 탄소배출권에 대한 개인 간 거래가 허용될 가능성이 높고, 탄소배출권은 개인

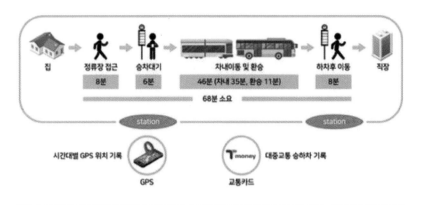

자료: 파비콘, 언론 종합

들의 새로운 투자처가 될 것으로 예상된다. 시간은 걸리겠지만 한국에서도 개인이 탄소를 거래하는 그때를 대비해 지금부터 개인들도 일상생활에서 탄소를 줄이는 습관을 들이면 새로운 수익을 창출할 수 있을 것이다.

탄소중립이 일으킨
요소수 대란

요소수가 뭐길래

2021년 11월, 한국에서는 갑자기 요소수 대란이 터졌다. 요소수는 암모니아를 원료로 제작하는 요소의 수용액을 말하는데, 약 67%의 물과 33%의 요소로 구성된 투명한 액체이다. 요소수는 디젤 경유차에서 발생하는 질소산화물을 중화시켜준다. 질소산화물은 미세먼지를 유발하고 비에 섞여 내릴 경우 토양을 오염시키는 등 환경오염의 주범으로 꼽히는 유해물질이다. 요소수는 이 질소산화물을 질소와 물로 다시 분해해 무해한 물질로 만드는 역할을 한다. 현재 판매 중인 모든 디젤 차량은 배기가스 규제를 만족하기 위해 질소산화물 저감장치SCR를 의무 장착하도록 돼 있는데, 이 장치를 통해 자동차 엔진에서 경유 연소 중 발생하는 질소산화물을 인체에 무해한 질소 및 이산화탄소 가스로 바꾸게 되고, 이 과정에서 필요한 촉매제가 바로 '요소수'이다. 2015년 이후 등록된 경유 차량에는 필수적으로 사용된다. 그런데 이렇게 중요한 물질인 요소수가 공급 부족 사태에 직면한 것이다. 주 수입국이었던 중국이 2021년 10월 15일부터 요소수의 수출을 사실상 통제했기 때문이다.

디젤 차량에 요소수를 제때에 넣지 않으면 계기판에 경고등이 뜨고, 시동이 걸리지 않거나 출력이 나오지 않을 수 있다. 요소수 없이는 사실상 운행이 불가능하도록 차량이 설계된 것이다. 문제는 국내 디젤 화물 차량에 SCR 장치가 장착된 차량이 60%에 육박한다는 점이다. 장거리를 운행하는 디젤 화물 차량은 1~2일 사이에 한 번씩 요소수를 채워 넣어야 한다. 건설, 물류, 운송 등의 사회 인프라를 유지하는

디젤엔진에 꼭 필요한 요소수

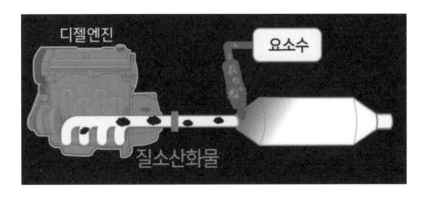

자료: 언론 종합

화물 차량들이 요소수 부족으로 멈추게 되면 경제는 물론 개인들의 일상생활에도 심각한 타격을 입을 수 있다.

중국의 탄소중립 선언이 불러온 나비효과

2011년 전까지는 요소수를 한국에서 직접 생산해 사용했지만 훨씬 더 저렴한 중국산 요소수에 밀려 국내 생산업체들은 모두 사업을 접었다. 10여 년 전만 해도 나프타에서 암모니아를 추출해 암모니아를 다시 요소로 만드는 방식으로 국내에서 연간 33만 톤을 생산했다. 그러나 중국이 값싼 석탄에서 대량으로 요소를 만들어내면서 가격 경쟁이 되지 않았고 수백억 원대 적자가 쌓여 국내 생산은 중단됐다. 결국 국내 요소수 물량의 98%는 모두 중국에 의존하게 됐고, 이런 상황에서 중국이 요소수 수출을 통제하면서 문제가 터진 것이다.

중국이 요소수 수출을 막은 배경에는 아이러니하게도 '탄소중립'이 있다. 2020년부터 시작된 호주-중국의 무역 분쟁으로 인해 중국은 호주의 석탄 수입을 중단했고 2020년 9월 시진핑 주석은 장기적인 탄소중립을 선언하면서 석탄 생산량을 줄이기 시작했다. 엎친 데 덮친 격으로 2021년 여름부터 제조업 생산량 감축이 풀리면서 제조업에 필요한 전력 사용이 증가했고, 친환경 재생에너지로는 부족한 전력분을 생산하기 위해 많은 양의 석탄이 필요하게 됐다. 호주와의 분쟁으로 석탄 공급이 원활하지 못한데 중국 내부에서는 홍수로 인한 광산 피해까지 겹쳐 석탄 부족 현상이 발생했다. 요소수는 석탄에서 나오는 수소의 화학반응을 이용해 제조가 되는데, 전력난으로 발전에 필요한 석탄도 부족한 상황에서 요소수 제조를 위한 석탄 사용이 어렵게 되자 중국 정부가 통제를 한 것이다. 지구환경을 위해 필요한 요소수가 석탄 생산을 늘려야만 제조가 가능하다는 것인데, 이는 오히려 탄소중립에 역행하게 된다. 이런 웃지 못할 모순이 현재 직면하고 있는 탄소중립의 현실이다.

대기업들의 전방위적인 글로벌 네트워크 활용으로 요소수를 긴급 확보하면서 급한 불은 껐지만, 숙제는 남아 있다. 일단 디젤 화물 차량에 미친 영향으로 전기차 보급 확대는 더욱 가속화될 것이다. 특정 물질이 경제 혈관이라 할 수 있는 수송 부문을 마비시킬 수 있다는 우려 때문이다. 물류·유통업계에서 아직은 전기차 도입이 시범 운영되고 있지만, 충전 인프라 확충 등과 함께 전기 택배 차량 수를 계속해서 늘려나갈 계획이다. 국내에서는 특히 화물차 중에서 1톤 소형 전기 트럭에 대한 관심이 크게 늘어나면서 보조금 등 정부 지원책도 강화될 전망이다.

요소수 대란은 탄소중립 실현이 결코 쉬운 일이 아님을 현실적으로 보여줬다. 요소수 대란이나 전력난 사태처럼 탄소중립 목표 달성까지는 불가피하게 거쳐야 할 수많은 중간 과정들이 있고, 이 과정에서 경제와 사회는 생각지도 못한 후폭풍을 맞게 될 수 있다. 위기를 극복하기 위해서는 정부와 기업, 소비자가 협력해 힘과 지혜를 모으는 것이 최선이다. 어쩌면 요소수 대란은 탄소중립 실현이라는 큰 과제 수행에 앞서서 비싼 수업비를 내고 얻은 귀중한 교훈이라 할 수 있겠다.

2장

순환경제:
자원 연금술로
기업의 가치를 높인다

탄소중립 실현의 새로운 대안, 순환경제

생산-소비-관리-재생을 통해 폐기물을 줄인다

전 세계 온실가스 배출량의 55%는 에너지 사용에서 발생하고, 나머지 45%는 산업·수송·건설·농축산 등의 제품을 생산하고 유통하는 과정에서 나온다. 따라서 에너지 전환만으로는 탄소중립을 실현하기 어렵다. 천연자원으로부터 에너지를 소비해 생산하는 대량의 제품은 유통과 소비로 이어지고 이를 처리하는 과정에서 많은 자원이 소모된다. 자원의 소비는 매년 증가했고 이는 기후변화, 생물 다양성 감소 등 다양한 환경문제로 이어졌다. 특히 자원을 추출하고 가공하는 과정에서 온실가스가 상당히 배출되어 폐기물을 잘 관리하는 것만으로는 효과적인 온실가스 감축이 어려워졌다. 한국환경공단의 조사에 따르면, 2018년 기준 폐기물 분야 온실가스 배출량은 1709만 톤 CO_2eqequivalent(온실가스 배출량을 대표 온실가스인 이산화탄소로 환산한 양)로, 폐기물을 처리하는 과정에서 배출된 온실가스는 총배출량의 2.3%를 차지하는 것으로 나타났다. 부문별로는 폐기물 매립 부문 및 소각 부문이 각각 783만 톤 CO_2eq, 710만 톤 CO_2eq로 폐기물 분야 배출량의 약 88%를 차지하고 있다. 즉 대부분의 폐기물이 매립과 소각을 통해 온실가스를 배출하고 있다. 결국 탄소중립을 위해서는 제품의 전 주기적 관점에서 자원을 보다 효율적으로 관리하는 순환경제가 필요하다. 이미 유럽에서는 순환경제를 국가 전략 차원에서 강조하고 있는데, 2050 온실가스 순배출 제로 목표를 달성하기 위해 자원 집약적 분야를 중심으로 재활용 이전 단계에서부터 자원의 사용을 줄이고 재사용을 강화하고 있다. 기업들 역시 자원 순환을 통해 폐기물 발생을 줄이고, 순환경제를 통해 온실가스 감축을 도모하고자 노력하고 있다.

순환경제Circular Economy는 기존의 Take(자원 채굴), Make(생산), Waste(폐기)라는 선형 경제 패러다임에서 벗어나 활용되지 않고 폐기됐던 제품, 원재료 등을 새로운 자원으로 파악해 폐기물을 배출하는 일 없이 자원을 순환하는 폐쇄형 경제를 의미한다. '생산–소비–관리–재생'이라는 물질과 제품 수명주기의 모든 단계를 포괄해 정책을 설계하며, 폐기물 발생 저감을 최우선으로 제품 생산 시 재료와 제품의 수명주기를 늘리는 것을 기본으로 한다. 순환경제는 1989년 영국의 환경경제학자 피어스D.W Pearce와 터너R.K Turner에 의해 발전된 개념으로, 중국의 11차 5개년 계획(2006–2010) 및 파리기후협정(2015), 세계경제포

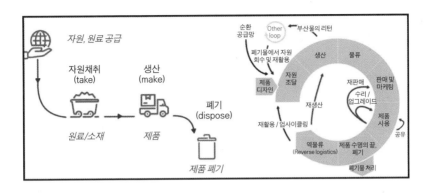

자료: Rado Bank, 액센추어

럼(2017) 등을 통해 새로운 경제 프레임워크로 주목받고 있다.

한국도 2020년 12월에 수립한 '2050 탄소중립 추진전략'의 10대 추진 과제 중 하나로 '순환경제 활성화'를 선정했다. 원료 단계에서는 자원 순환성을 고려한 바이오 플라스틱 등 혁신소재 개발·상용화 방안과 제품 생산 시 재생 원료의 이용률을 높이는 방안을 검토하고, 제조 단계에서는 제품의 내구성과 재생성을 높이는 친환경 디자인의 적용, 폐수·부산물 등의 순환 이용을 높이는 스마트 공정, 디지털에 기반한 저탄소 혁신 공정 등의 방안 등을 모색한다. 재생 단계에는 사용 후 제품을 원래 성능으로 복원하는 재再제조산업 확대, 자원 가치가 높은 금속 재자원화(폐전자제품 등)·도시유전(폐비닐 등) 활성화, 폐배터리와 태양광 폐패널 등 미래 폐자원의 재활용 체계 구축 방안 등이 있다.

새로운 비즈니스 기회를 발굴하는 순환경제

SASB 중대성 지도에서 순환경제는 온실가스 배출량GHG Emissions과 도 관련이 있지만, 폐기물 및 유해물질 관리Waste & Hazardous Materials Management 카테고리에도 유해 폐기물 발생량 및 재활용 비율(제조 과 정 포함) 지표가 있다. 폐기물을 얼마나 재활용을 했느냐에 따라 ESG 평가도 달라질 수 있는 것이다.

ESG 경영을 수행하는 기업 입장에서 순환경제는 제품 제조, 사용, 폐기와 관련된 탄소 배출을 줄일 수 있어서 에너지 전환과 함께 기후 목표를 달성하는 데 매우 유용한 대안이다. 더 나아가 순환경제는 기업 의 경쟁력을 제고해 자원의 효율적 재사용, 고용 창출, 기업 비즈니스 기회 확대를 통해 수조 달러에 달하는 경제적 기회를 창출할 수 있다.

순환경제를 경영 전략 차원에서 활용하기 위해서는 재생 원료의 우 선적 사용, 제품 사용의 극대화, 폐기물의 회수라는 세 가지 포괄적 원 칙 하에 다음 10가지 전략 사항을 수행할 필요가 있다.

① 지속가능한 디자인: 제품을 효율적으로 분해, 재사용, 수리, 재 활용할 수 있도록 설계
② 자원 효율성: 제조 공정에서 폐기물을 최소화하고 원자재 자원 을 효율적으로 이용
③ 서비스로서의 제품: 사용된 제품을 재사용해 제품의 수명주기를 향상
④ 공유·가상화: 차량, 집, 가전제품 등을 공유하고 책, 음악, 영상

콘텐츠 등은 디지털화하여 내구성을 높이고 제품의 수명을 연장

⑤ 용도 극대화·유지보수: 제품의 성능과 효율성을 향상시켜 제품 수명을 늘리고 유지

⑥ 재사용·재분배: 중고품 구매·판매 통해 라이프사이클을 확대

⑦ 리모델링: 새로운 용도의 제품이나 부품을 리매뉴팩처링(재제조)

⑧ 업계 간 이용 공생·제조 과정에서의 재활용: 생산 시 발생하는 폐기물을 다른 제품의 원재료로 사용

⑨ 소비 과정에서의 재활용: 사용이 끝난 물건을 재활용

⑩ 순환형 조달: 유한한 자원 및 재료를 생산 공정을 거쳐 재생 가능한 원료로 치환

그동안 순환경제는 주로 재활용, 재사용, 자원회수 등 제조 관점에서 다루어졌으나, 최근에는 구독, 공유 등의 서비스 모델 확대와 함께 디지털화를 통해 물리적 자원 투입을 최소화하려는 방법도 주목받고 있다. 순환경제가 기업 가치를 높이는 새로운 방안으로 대두되면서 기업들은 제조, 생산, 유통, 소비, 회수, 재활용으로 이어지는 순환경제 속에서 기회를 발굴하고 이를 통해 새로운 비즈니스로 확장해나갈 수 있다.

플라스틱,
줄이고 다시 쓰고

EU, 플라스틱세를 도입하다

EU(유럽연합)는 2021년 1월 1일부터 플라스틱세를 전격 도입했다. 재활용할 수 없는 플라스틱 폐기물에 대해 1kg당 0.8유로(약 1070원)의 세금을 매기는 것으로, 플라스틱 사용을 억제하고 재활용 가능한 플라스틱 개발을 촉진한다는 목적 아래 추진됐다. EU의 플라스틱세는 기업이 아니라 국가에 부과되는 것으로, EU 회원국은 재활용되지 않는 플라스틱 폐기물의 양을 계산해 그에 상응하는 세금을 EU에 내야 한다. 플라스틱 포장을 사용한 기업에 세금을 부과할지를 각 국가의 재량에 맡기는데, 많은 국가들은 재원 마련을 위해 별도의 세금을 신설했다. 핀란드는 비재생 천연자원으로 만든 포장에 대한 세금을 도입했고, 이탈리아는 퇴비로 사용 불가능한 일회용 플라스틱에 스페인은 비재생 플라스틱 포장에 세금을 부과했다. 플라스틱세는 플라스틱 포장재를 사용하는 기업들에는 새로운 부담인데, EU 통계국에 따르면 포장 폐기물 중 재활용되지 않는 비중은 58%에 이르는 것으로 나타났다. 결국 기업들은 플라스틱 이외의 포장재(나무·종이·면·금속)를 사용하거나 재활용이 가능한 플라스틱 포장재를 사용해야 하고 관련 기술 개발을 통해 새로운 시장도 열릴 전망이다.

한국은 순환경제를 통한 탄소 배출 감축을 위해 2008년에 폐지됐던 '컵 보증제'가 2022년 6월에 다시 부활한다. 14년 만에 시행되는 1회용 컵 보증금제는 커피, 음료, 제과제빵, 패스트푸드 업종의 가맹본부·가맹점 사업자를 비롯해 식품접객업 중 휴게음식점영업, 제과점영업 등 사업장이 100개 이상인 동일 법인과 참여를 희망하는 사업자로 한정된다. 전국 2만여 개 매장에서 커피를 주문할 때 일정 금액의 보증금을 내고 컵을 매장에 돌려주면 미리 낸 돈을 받게 된다. 보증금은 제조 원가나 정책적인 부분 등을 고려해 책정된다. 일회용 컵을 재활용하지 않고 소각하게 되면, 재활용 대비 온실가스 배출량이 66%가 늘어나는데 컵 보증제로 재활용 컵 수가 늘어나면 이만큼의 온실가스를 줄일 수 있다. 재활용을 통한 연간 이익도 445억 원 이상이 될 것으로 예상되고 있다.

이 밖에도 2022년부터는 대규포 점포(3000m² 이상)와 슈퍼마켓(165m² 이상)에서 사용 금지된 비닐봉투가 종합 소매업과 제과점에서도 사용할 수 없게 된다. 대규모 점포에서는 우산 비닐 사용도 금지된다.

또한 커피전문점 등 식품접객업소 매장 내 종이컵과 플라스틱 빨대, 젓는 막대 사용도 금지된다. 객실 50실 이상인 숙박업과 세척시설을 갖춘 장례식장, 음식물 배달 시 제공되는 1회 용품 사용도 제한될 예정이다.

독일, 미국 등에서는 '컵 보증제'가 이미 일상화돼 있다. 독일의 프라이부르크Freiburg시는 100개의 카페에 일회용 뚜껑이 있는 플라스틱 커피 컵을 1유로에 대여하고, 반환 시 다시 돌려주는 '프라이부르크 컵' 제도를 도입했다. 전체 카페 중 70%가 참여한 '프라이부르크 컵' 제도에 사용되는 컵은 최대 400번까지 재사용이 가능하다. 프라이부르크 컵은 약 85%가 반환되어 세척 후 재사용을 하고 있다. 뮌헨에서는 커피, 핫초콜릿, 라떼 등 뜨거운 음료 테이크아웃 머그를 재사용하는 리컵Recup이 운영되고 있다. 1유로를 지불하고 리컵을 사용한 후, 나중에 반환해 보증급을 새로 받거나 다른 리컵으로 바꿔 보증금 없이 커피 한 잔을 더 구매할 수 있다. 최대 1000번까지 재사용할 수 있는 리컵의 최종 목표는 일회용 종이컵과 이를 사용해 발생하는 쓰레기를 완전히 없애는 것이다.

미국 스타트업 '베셀웍스Vessel Works'는 텀블러를 무료로 빌려준다. 매장에서 음료를 마시다 절반 이상 남으면 버리기는 아깝고 가져가게 되면 1회용 컵을 써야 한다. 개인 텀블러도 없는 상황에서 베셀웍스는 회원으로 가입한 고객을 대상으로 텀블러를 빌려준다. 텀블러에 음료를 받고, 텀블러에 새겨진 QR코드를 인식하면 된다. 텀블러를 빌린 고객은 자유롭게 들고 다니다가 5일 이내에 카페에 돌려주면 된다. 음료를 구입했던 매장이 아니더라도 베셀웍스 텀블러가 비치된 카페라면 아무 곳에나 반납 가능하며 동네 곳곳에 있는 반납용 키오스크에 넣을 수도 있다. 베셀웍스는 개인이 아닌 카페로부터 대여비를 받고, 수거한 텀블러를 깨끗하게 세척해 다시 비치한다. 카페는 1개 컵당 10센트 정도를 베셀웍스에 지불하는데, 소비자는 베셀웍스 텀블러 이용을 통해 환경보호에도 동참하게 되는 셈이다.

미래 기술로 플라스틱 재활용 품질을 높이다

플라스틱 사용량의 감소는 온실가스 배출 비율이 높은 석유화학을 감축시켜 탄소중립 실현에 기여한다. 폐플라스틱 재생 기술 개발로 순환경제를 선도하는 기업들도 있다. 롯데케미칼은 폐플라스틱 원료를 제품화하는 '프로젝트 루프'를 시작했고, 두산중공업은 폐플라스틱을 활용한 수소 생산 기술을 개발 중에 있다. 석유화학 관련 기업은 폐플라스틱을 재활용하는 등 저탄소 제품 개발에 적극 나서고 있다.

정부는 2022년부터 아예 플라스틱 폐기물 수입을 전면 금지하기로 했다. 국내 폐플라스틱 재활용률을 높이겠다는 취지다. 문제는 국내에서 발생한 폐플라스틱의 재활용 상품성이 떨어진다는 것이다. 2018년 기준 국내 폐플라스틱은 822만 톤이 발생했는데 이 중 558만 톤(68%)만 재활용됐다. 폐플라스틱 재활용률을 높이려면 투명 페트병 제조, 깨끗한 분리수거, 재활용 기술 개발 등 삼박자가 맞아떨어져야 한다. 일반적으로 플라스틱 재활용은 기계적mechanical 재활용과 화학적chemical 재활용으로 나뉜다. 기계적 재활용은 플라스틱을 압착하고 분쇄해서 작은 알갱이로 만들고, 이 알갱이들로 새로운 제품을 만드는 것인데, 가공하기 까다롭고 단점도 많다. 용도에 맞게 재가공하려면 어떤 염료나 첨가제가 들어갔는지 정확히 알아야 한다. 쓰레기를 재료로 하다 보니 고온 세척을 여러 번 해도 악취가 남고, 이렇게 재가공된 플라스틱 제품은 안정성이 검증되지 않아 식품 포장에는 쓸 수 없다.

반면 화학적 재활용은 플라스틱 고분자 구조인 폴리머 사슬을 전부 쪼개 원유나 가솔린으로 만들고, 이것을 원료로 처음부터 다시 플라스틱 제품을 만드는 것이어서 이산화탄소를 많이 발생시킨다. 오염도가 심할 경우 처리 공정 자체에 드는 에너지도 늘어난다. 화학적으로 분해한 플라스틱(오일, 가스)은 다시 제품으로 가공하기보다 소각시설 등을 운영하는 연료로 소비하는 것이 탄소 배출 면에서 더 낫다.

그렇기에 플라스틱 재활용이 탄소 감축에 기여하기 위해서는 기계적 재활용 방식이 더 많이 확산돼야 하고, 이를 위해서는 플라스틱 제품들의 생애주기를 더 정확하고 면밀하게 파악할 필요가 있다. 이 점을 도와주는 기술이 '디지털 추적' 기술이다.

2020년, 독일의 대표적인 화학기업 바스프BASF와 호주의 블록체인 기술 보유 기업 시큐리티매터즈SecurityMatters는 공동 개발 협약을 체결했다. 플라스틱 제품 내부에 바코드를 심어 생산부터 폐기되는 순간까지 데이터베이스에서 모든 정보를 관리할 수 있는 기술을 상용화하기 위해서였다. 이 기술이 상용화되면 어떤 플라스틱 폐기물이 어떻게 분리배출되고 재활용돼야 하는지 훨씬 쉽게 파악할 수 있다. 바스프는 플라스틱 순환경제를 위한 노력의 일환으로 디지털 워터마크 이니셔티

자료: 바스프, 언론 종합

브 '홀리그레일HolyGrail 2.0'에도 참여하고 있다. 홀리그레일 2.0은 제품 포장재에 육안으로는 식별이 어려운 디지털 워터마크를 부착해 제품 포장재로 쓰이는 플라스틱을 정밀 분류하고 고품질 재활용을 확대하는 것을 목표로 하는 활동이다. 디지털 워터마크는 분류 시스템의 특수 스캐너가 인식할 수 있는 우표 크기만 한 코드로 소비자에게 보이지는 않는다. 제품 포장재의 표면에 부착되어 제조업체, 재고관리 코드Stock Keeping Unit: SKU, 플라스틱 종류 및 포장 용도 등 다양한 정보를 담을 수 있다. 여전히 비효율적으로 진행되는 플라스틱 분류 과정이 경량 포장재 폐기물 재활용과 순환경제 실현에 있어 근본적인 방해 요소로 꼽히고 있는데, 디지털 워터마크 기술로 포장재의 분류 및 식별 과정이 개선되면 재활용 프로세스를 보다 더 효율적으로 구축하고 재활용품의 품질도 높일 수 있다.

자사에 맞는
순환경제 비즈니스 모델을 찾아라

순환경제 비즈니스로 지속가능경영을 실천한 인터페이스

제품을 회수해서 재활용하는 순환경제는 탄소 배출 감소, 운영 폐기물의 감축, 값비싼 자원의 효율적 활용 등 수익 측면에서도 환경보호 측면에서도 기업의 가치를 높이는 데 큰 역할이 기대되는 분야이다. 다만 순환경제를 기업의 경쟁력으로 가져가기 위해서는 자사가 가진 자원과 역량에 맞는 순환경제 전략을 수립할 필요가 있다. '세계에서 가장 지속가능한 기업' 순위에서 늘 빠지지 않고 등장하는 기업 중 하나가 카펫 제조업체 '인터페이스interface'이다. 1974년 미국 조지아주에서 설립된 인터페이스는 순환경제를 비즈니스 모델에 접목시켜 기업의 지속가능성을 실현한 대표적인 기업이다. 카펫은 쉽게 폐기하기도 어렵고, 폐기 처리를 위해 매년 4조 1681억 리터의 기름을 태워야 했다. 창업자인 레이 앤더슨Ray Anderson 회장은 인터페이스가 얼마나 자연에 악영향을 미치는지 깨닫고 사업 방식을 지속가능성 중심으로 바꿔나가기 시작했다.

인터페이스는 1994년부터 환경보호를 기업의 최우선 목표로 삼고 '순환경제'를 도입하기로 했다. 이 목표를 이루기 위해 비즈니스 모델을 판매에서 임대로 바꿨다. 그리고 에버그린 서비스 계약 프로그램ESA을 출시했는데, 이 프로그램은 월 사용료를 받고 바닥의 설치, 유지, 제거 서비스를 묶음 상품으로 판매한 것이다. 사용한 바닥재를 매립하지 않고 값비싼 원자재를 재활용하는 방식이었다. 인터페이스는 전례 없는 혁신적인 비즈니스 모델을 적극적으로 밀어붙였고 미국 전역의 고객에게 서비스를 제공할 카펫 공급업체 네트워크까지 구축했다. 하지만 7년간 노력을 기울였음에도 불구하고, 인터페이스와 거래한 기업은 많지 않았다. 대부분의 고객은 카펫을 빌리기보다는 구매하고 싶어 했다. 또한 카펫 관리는 회사의 청소부 업무였기 때문에 서비스 비용 절감 효과가 그다지 크지 않았다. 순환경제를 위해 도입한 임대 서비스는 고객에게 큰 메리트가 없었고 ESA 프로그램은 위기에 봉착하게 됐다.

위기 극복을 위해 인터페이스는 비즈니스 모델을 장기 임대에서 재활용 나일론 섬유와 재활용 비닐 안감 등 지속가능 소재를 사용한 모듈식 카펫 타일 제작으로 바꿨다. 면적 전체에 하나의 카펫을 설치하는 것이 아니라 카펫을 가로세로 50cm인 정사각형 타일로 이어 붙이는 식이다. 이렇게 시공하면 출입구나 의자 밑 등 유독 빨리 손상되거나 보수가 필요한 부분만 떼어낼 수 있어 관리가 편하고, 소모되는 에너지 양도 적어 친환경적이다. 새로운 '카펫 타일' 제조 과정에서 방출되는 탄소는 업계 평균보다 75% 더 낮았다. 생산지에서도 재생에너지를 사용하기 시작하면서 탄소 발자국을 69% 감축했다. 현재 인터페이스의 전 제품 제조 과정에서 배출되는 누적 이산화탄소 양은 제로(0)이다. 제조할 때 에너지의 88%가 재생에너지다. 카펫 제조 시 사용되는 물도 96%나 감소했고, 제품에 사용된 원자재의 60% 이상은 재활용되거나 생분해가 가능하다. 임대에서 혁신적인 '카펫 타일' 제작 방식으로 비즈니스 모델을 전환하면서 인터페이스는 자사의 강점인 카펫 제작과 판매를 순환경제에 적용할 수 있게 됐다.

최근 인터페이스는 세계 최초의 탄소 네거티브carbon negative 카펫 타일을 출시하겠다고 발표했다. 친환경 원료로 카펫을 제작하고 터프팅(보풀을 만드는 작업) 공정 과정과 제조 설비를 혁신시켜 탄소 제로화를 실현한다. 특히 카펫 뒷부분을 지지하는 안감 재료를 재활용실, 생분해 가능한 바이오 물질 등으로 교체한다. 인터페이스는 이 제품을 건축 산업에 최우선적으로 적용할 방침이다. 건축자재와 건축 산업은 전 세계 이산화탄소 배출의 11%를 차지하고 있어, 탄소 네거티브 카펫 도입은 탄소 감축에 크게 기여한다. 일반 카펫은 평방미터당 8kg에서 21kg의 탄소를 배출하지만, 인터페이스의 카펫 타일은 평방미터당 평균 5.2kg의 탄소를 배출한다. 2020년 기준 인터페이스는 다양한 친환경 제품을 판매해 연간 총 이산화탄소 2925톤을 감축했는데 이는 약 700만 마일 이상을 달린 승용차에서 배출되는 양과 유사하다.

자사 역량을 고려한 순환경제 전략의 조합

인터페이스의 사례는 순환경제 전략이 자사의 자원과 역량이 맞았을 때와 맞지 않았을 때의 결과가 얼마나 다른지를 잘 보여주고 있다. 순환경제의 성공적인 전략 도입에 대해 루크 N. 반 바센호브Luk N. Van Wassenhove 교수와 아탈레이 아타수Atalay Atasu 교수가 발표한《하버드 비즈니스리뷰HBR》의 '순환 비즈니스 모델SUSTAINABILITY' 아티클에서는 세 가지 순환경제 전략을 제시한다.

① 제품 보유권 유지Retain Product Ownership: RPO

제조업체가 고객에게 제품을 임대하는 방식이다. 고객이 제품을 다 사용하면 제조업체가 제품을 책임진다. RPO는 내재가치가 다양한 복합 제품을 파는 기업에게 적합한 전략이다. 좋은 예가 복사기 업체 제록스이다. 제록스는 기업 고객에 프린터와 복사기를 대여하는 사업을 오래 영위해왔다. 이 전략을 실행하려면 기업이 판매 후 서비스와 유지보수 역량에 크게 투자해야 하며 이는 기업에 판매와 대체 전략보다 많은 비용 소모를 요구할 수 있고 궁극적으로 고객에게도 마찬가지다.

또한 RPO는 상대적으로 값비싸고 드물게 사용하는 단순 제품에 효용이 좋다. 온라인 패션 구독 서비스인 렌트 더 런웨이Rent the Runway는 일회성 행사에 참석하기 위해 좋은 옷을 입어야 하는 사람들을 위해 명품 브랜드 옷을 대여한다. 렌트 더 런웨이의 옷은 원자재 등과 관련된 내재적 가치는 별로 없지만 그 브랜드 가치는 매우 크다.

② 제품 수명 연장Product Life Extension: PLE

이 전략은 제품이 더 오래 지속되도록 디자인하는 데 중점을 맞추며 이는 중고 상품 시장에서 활용될 때 의미가 있다. 제품 수명이 길다는 것은 구매가 적게 발생한다는 의미이기도 하지만, 아웃도어 의류 제조 업체 파타고니아나 럭셔리 가전 밀레의 경우처럼 내구성은 핵심 경쟁 차별 요인이며 높은 가격에 대한 강력한 사유가 된다. 또한 PLE를 통해 기업은 충성도 높은 고객을 확보하는 데에도 기여할 수 있다.

③ 재활용 디자인Design For Recycling: DFR

이 전략은 제품과 제조 프로세스를 재디자인해서 신제품에 사용되는 소재의 회수성을 극대화한다. 이 전략의 실행을 위해서는 기술력이나 소재 회수에 능한 기업과의 파트너십이 필요하다. 아디다스와 팔리 포 더 오션스Parley for the Oceans는 6년에 걸쳐 파트너십을 유지했는데, 팔리는 플라스틱 쓰레기를 이용해 직물용 실을 만들고 아디다스는 이 실로 신발과 옷을 만든다. 이 파트너십으로 전 세계의 해양 플라스틱 쓰레기를 줄일 수 있었다. 이 세 가지 기본 전략은 독립적으로 추진하는 것보다 조합을 통해 기업의 가치를 극대화할 수 있다. 순환경제 전략은 제품에서 경제적 가치를 회수할 수 있을 때 지속가능한 것으로, 이는 제품 재사용을 통해 실현될 수도 있고, 제작 공정에 투입된 소재 및 에너지의 가치를 연장하거나, 또는 다른 용도로 재활용됨으로써 가치를 확보할 수도 있다. 가치는 유형일 수도 있고 명품 브랜드 의류와 같이 무형일 수도 있다. 일반적으로 제품의 고정 가치가 커질수록 순환경제 전략을 구축할 수 있는 잠재력도 커진다. 제품의 고정 가치란 브랜드로서의 장점, 제조 과정에서 소모되는 자원, 환경친화적 제품에 비싸도 지불 의향이 있는 고객 등을 말한다.

기본 전략을 어떻게 조합할 것인가에 대한 방법론으로는 2X2 매트릭스를 활용할 수 있다. 한쪽 축은 제품 회수의 용이성, 즉 접근 축이다. 또 다른 축은 제품 가치 회수의 용이성, 즉 처리 축이다.

제품 회수(접근)의 용이성은 국민 참여와 인프라, 중고 제품 2차 시장 및 추출한 원소재를 팔 수 있는 상품 시장의 존재 여부 등으로 결정지어진다. 노르웨이의 경우 플라스틱 병의 97%가 재활용되는데, 이는 노르웨이 곳곳에 대규모 유통 네트워크(빈 병 회수기 등)가 있어 공병 회수가 가능하고, 정부에서도 보증금 반환 정책을 지원하기 때문이다. 한국에서도 자신이 쓰던 물건을 중고 거래하는 사람들이 많아졌는데, 스마트폰을 통한 중고거래 앱 서비스가 등장하면서 편리함과 안전성이 보장된 중고거래 시장이 마련됐기 때문이다.

제품 가치 회수(처리)의 용이성은 제품의 재조립, 재생산을 위한 비용 효율적 솔루션이 가능한가, 즉 처리가 얼마나 쉬운가에 따라 결정된다. 극단적으로 비교해 제품 구조가 복잡한 세탁기의 재활용보다는 프린터 잉크 카트리지의 재활용이 훨씬 처리가 쉽고 옮기기에도 수월하다. 인터페이스의 경우, 혁신적인 카펫 타일 개발로 타일 재생산 및 재활용에 드는 비용을 낮출 수 있었다.

제품 소유권 유지RPO, 제품 수명 연장PLE, 재활용 디자인DFR의 기본 세 가지 전략의 조합을 처리 축과 접근 축의 매트릭스상에서 배치하면

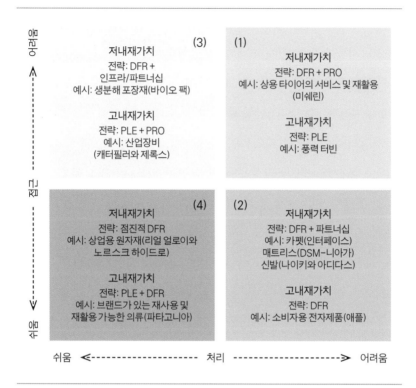

자료: HBR, HBR Korea

위 그림과 같다. 그리고 기업이 각 단계에서 처하는 어려움은 자사의 역량과 경쟁 상황, 기업과 경쟁사가 만드는 혁신에 따라 달라질 수 있다.

(1) 제품 회수(접근)도 어렵고 가치 회수(처리)도 어렵다

일정 수준의 마모가 생기고, 수리와 재제조가 어려우며, 특히 내재가치가 상대적으로 낮은 제품의 경우 제품 수명주기 연장의 가능성은 거의 없다. 아직 상태가 좋고 사용이 가능한 제품은 2차 시장에서 재

판매 가치가 높고 따라서 제조업체가 제품을 회수해 수리하기가 어렵다. 여기에 속하는 기업들은 재활용 디자인 및 제품 소유권 유지 전략을 결합해 제품에 내재된 가치 상실을 방지할 필요가 있다. 미쉐린의 B2B 기업 고객 대상의 타이어 대여 서비스가 좋은 예다. 특히 미쉐린은 타이어 대여 서비스에 IT 기술을 도입해 타이어 내재가치 상실을 방지하는데, 차량 및 타이어에 디지털 센서를 장착해 탄소 배출과 연료 효율, 기타 성능 지표를 모니터링한다.

(2) 제품 회수(접근)는 쉽지만 가치 회수(처리)는 어렵다

여기에는 카펫, 매트리스, 운동화 등이 포함된다. 제품 이동이 쉽고 2차 시장이 부재해 소비자에게서 제품을 회수하기 수월하다. 반면 수리가 어렵고 소재의 추출도 복잡하다. 이런 경우 파트너십 구축이 중요하다. 나이키와 아디다스는 라이벌 관계임에도 순환경제 차원에서는 상호 협력한다. 나이키 그라인드Nike Grind는 아디다스의 헌 운동화를 가져다가 새로운 제품을 만드는 소재로 재활용하는데 인조 잔디나 카펫 충전재 등에 활용된다.

이 영역에는 스마트폰과 같은 하이테크 디바이스 제품도 포함된다. 이런 제품은 결집도가 높은 부품과 추출이 어려운 독성 물질이 포함돼 있어 순환 가치를 확보하기 위해 혁신적인 방법을 도입하기도 한다. 2018년에 애플은 데이지Daisy라는 로봇을 도입했는데, 데이지는 코발트, 주석, 알루미늄과 같은 귀중한 소재를 회수해 새로운 휴대폰 부품에 사용할 수 있도록 시간당 최대 200대의 아이폰을 분해할 수 있다.

(3) 제품 회수(접근)는 어렵지만 가치 회수(처리)는 쉽다

재활용 포장재가 대표적으로 회수 인프라에 초점을 두는 것이 핵심이다. 회수만 수월해지면 가치를 회수하는 것은 수월하므로 효과도 크다. 호주의 식품 포장재 기업 바이오팩BioPak은 지역의 폐기물 관리 업체들과 연계해 완전 분해 및 비료화가 가능한 포장재를 개발해 재활용하도록 하고 있다. 고객들은 비료화가 가능한 포장재를 음식물 쓰레기와 함께 유기농 쓰레기통에 버려 회수되도록 했는데, 시행 결과 매립지로 갈 쓰레기 660톤이 재활용됐다.

제품 수명을 연장시키는 방안도 고려될 수 있다. 중장비 회사인 캐터필러Caterpillar는 캣리먼Cat Reman 프로그램을 통해 판매된 각 장비의 사용 기간이 지나면 '새 제품과 동일한' 부품 및 구성품을 제공한다. 캣 인증 재구축Cat Certified Rebuild으로 고객은 서비스 수명이 끝나면 장비를 반납하고 새것과 같은 상태로 복원해서 받는다. 또한 캐터필러는 디지털 기술과 인공지능AI을 사용해 원격으로 제품 상태를 모니터링하고 필요에 따라서는 관리도 해준다.

(4) 제품 회수(접근)도 쉽고 가치 회수(처리)도 쉽다

이 경우에는 이미 잘 운영되고 있는 순환경제 프로세스의 확대와 간소화가 중요해진다. 특히 접근과 처리가 모두 쉬운 고가 제품은 순환 비즈니스에 이상적이다. 파타고니아는 '파타고니아 원 웨어Patagonia Worn Wear' 프로그램을 통해 사용한 파타고니아 제품을 보내면 매장 포인트를 쌓을 수 있도록 한다. 중고 의류는 수선해서 원 웨어 웹사이트에서 재판매한다. 최근에는 리크래프티드ReCrafted라는 손바느질 의류 라인도 추가했다. 수선이 불가능하다고 판단한 제품에서 회수한 자재로 만든 제품이다. 파타고니아는 이러한 프로그램을 통해 순환경제 운영 효율성을 높이는 동시에 브랜드를 강화할 수 있다. (각 사분면의 자세한 내용과 사례에 대해서는 HBR의 아티클을 참고하기 바란다.)

순환경제는 기업의 강점 및 역량과 잘만 매칭된다면 엄청난 경쟁력과 지속가능의 원천으로 작용할 수 있다. 하지만 그 이면에는 CEO의 철학, 지속가능 비즈니스 가치에 대한 헌신, 변화하고 적응하고자 하는 모든 관리자의 의지 등이 크게 좌우한다. 경영진은 순환경제의 세 가지 기본 전략을 결합해 도입할 때 중고 제품과 재활용 소재, 부품, 완제품에 쉽게 접근할 수 있는 방안 등을 같이 고려해야 한다. 동시에 제품 자체의 내재 가치를 높이는 데에도 집중해야 한다. 그래야만 순환경제 전략을 통해 회수될 수 있는 가치의 크기도 커질 수 있다.

섬유제조 기술과 순환경제의 결합으로 경쟁력을 높이다

순환경제를 자사의 비즈니스와 접목시켜 ESG 경영을 실천하고 있는 국내 기업으로 섬유업체인 휴비스Huvis가 있다

휴비스는 국내 화학섬유 생산량 1위의 섬유기업이다. 화학섬유를 제조하지만 그만큼 더 환경에 많은 관심을 갖고 친환경 제품을 만들기 위해 노력하고 있다. 유해한 접착제를 대체하는 섬유, 위생재용 소재, 친환경 용기 소재 등을 생산해 탄소 및 환경 유해물질 배출을 최소화하고 있다. 이러한 노력으로 휴비스는 한국기업지배구조원이 평가한 2021년도 ESG 등급에서 '우수'에 해당하는 A 등급을 받았다.

특히 휴비스는 자사의 섬유 제조기술을 순환경제에 접목시켜 기업 가치를 높이는 데 주력하고 있는데 대표적인 것이 생분해 리사이클 섬

유 '에코엔-Recoen-R'의 국내 최초 개발이다. 에코엔-R은 폐 플라스틱을 수거해 재활용한 리사이클 섬유에 사용 후 매립 시 자연적으로 완전히 분해되는 성능이 첨가된 혁신적인 물질이다. 코로나19로 비대면, 배달 환경이 일상화되면서 일회용 플라스틱의 사용량도 급증하고 있다. 일반적인 플라스틱은 매립 폐기 시 썩지 않아 환경오염을 일으키고, 소각할 경우에는 대기오염의 원인이 되고 있다.

휴비스는 환경보호와 자원 선순환이라는 두 가지 목표를 달성하기 위해 지속가능한 친환경 섬유에 대한 고민을 하게 됐고, 그 결과 생분해 리사이클 섬유를 개발하게 됐었다. 에코엔-R은 해외 수입이 아닌 국내 재활용 원료를 사용해 국내 폐플라스틱 문제 해결에 도움을 주고, 사용 후 매립 시 일정 온도와 습도 내에서 3년 이내 생분해가 가능해 기존 바이오매스 소재의 한계인 내구성과 내열성을 보완할 수 있어 후가공이 용이하다. 생태독성 평가OECD208 기준으로 생분해 후 퇴비에서 정상적인 씨앗 발아 및 성장도 확인할 수 있었다.

폐섬유는 최종 매립 혹은 소각 처리되는데, 국내와 미국의 경우 매립 후 발생하는 메탄가스를 활용한다. 미국이 1130만 톤으로 최대이며, 국내는 8만 톤, EU는 15만 톤의 폐섬유가 해마다 매립된다. 생분해 섬유는 매립 시 발생하는 메탄가스를 활용할 수 있고, 매립지의 추가 확보도 가능하다.

또한 휴비스는 전라북도 지속가능발전협의회 및 한국순환자원유통지원센터와 함께 전라북도 폐플라스틱 재활용을 통한 자원 순환 생태계를 구축하고 있다. 폐자원인 투명 페트병의 재활용 촉진을 통해 탄

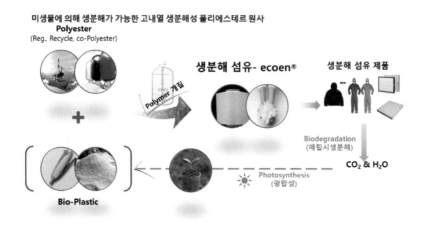

자료: 휴비스

소중립을 실천할 수 있도록 지자체-기업-민간이 상생 협력 체계를 만들기 위해 협력한 것이다. 지자체와 민간에서 수거된 페트병으로 고순도 재활용 원료를 생산하고 고부가가치 재활용 원사인 '에코에버'까지 일괄 생산하는 역할을 담당한다. 민관 협력을 통해 지역사회 환경을 보호하는 동시에 자원 선순환 및 탄소중립 실천까지 기대할 수 있다.

휴비스 외에도 국내 석유화학업체들은 페트병을 활용한 의류, 신발 생산 등 플라스틱 순환경제 확장에 나서고 있다. 플라스틱 재활용을 통한 효율 제고뿐만 아니라 환경 문제에 대응함으로써 ESG 경영을 실천하고 있다. 국내 한 석유화학업체는 사회적 기업들과 함께 국내에서 수거된 페트를 활용해 재활용 섬유원사를 제작하고 이를 제품화하는 순환경제 프로그램을 추진 중이다. 재활용 섬유원사를 활용해 사회적 기업들은 친환경 리사이클 가방과 운동화를 제작하고, 제작된 친환경 리사이클 제품은 자사의 온라인 쇼핑몰을 통해 판매할 수 있도록 연계해 친환경 리사이클 제품의 제작뿐만 아니라 판매에도 도움을 준다.

이처럼 순환경제 생태계는 자사는 물론 생태계 내에 속한 파트너 기업과 지역사회, 그리고 소비자에까지 가치를 제공하며 ESG 실천에 동참하도록 한다. 가치 소비를 중시하는 MZ 세대를 중심으로 재활용 플라스틱을 활용한 제품들에 대한 관심이 커지고 있는 상황에서, 휴비스와 같이 ESG 경영을 추구하는 기업 입장에서 자사의 기술력 및 비즈니스 모델과 결합한 순환경제는 강력한 경쟁우위로 자리매김할 것이다.

3장

수자원 관리: 탄소 다음엔 블루 골드다

차세대 ESG 이슈로
떠오르고 있는 물

2015년 파리협정 이후 각국의 친환경 정책 최우선 순위는 탄소 배출 감소가 됐고, 기업들은 ESG 중에서 환경(E), 특히 탄소중립 실현을 지상과제로 내세웠다. 그런데 최근 들어 NBIM Norges Bank Investment Management(노르웨이은행투자운영회)을 비롯해 블랙록 등 글로벌 투자자들이 물 관련 이슈를 ESG 활동의 주요 어젠다로 선정하고 이와 관련된 요구 사항 등을 투자기업에 지속적으로 요구하기 시작하면서 물Water이 다음 ESG 이슈로 떠오르고 있다.

물은 인간의 생존은 물론 지구의 모든 생태계를 유지하는 데 있어 필수불가결한 자원이다. 물은 지속가능성의 핵심이며 동시에 사회·경제적 개발, 에너지 및 식량 생산에 있어 매우 중요한 자원이다. 물은 위생 증진을 통해 질병의 부담을 줄여 인류의 건강에 기여하고, 교육 및 경제적 생산성을 향상시키는 데에도 필수적인 요소이다. 코로나 팬데믹이 닥쳤을 때도 가장 효과적인 예방법은 다름 아닌 물로 손씻기였다. 19세기에 프랑스 파리에서는 콜레라 전염병이 퍼졌고 이를 해결하기 위해 하수도를 개발했다. 더러운 폐수를 하수도로 분리 배출함으로써 물의 오염을 막았고, 전염병에서 벗어날 수 있었다. 그만큼 물은 인류를 지속가능하게 해준 귀중한 자원이다. 이처럼 물은 사회와 환경을 연결하는 중요한 고리 역할을 하고 있다.

ESG 투자 원칙인 PRIPrinciples for Responsible Investment(책임투자원칙)와 ESG 경영 목표라 할 수 있는 SDGsSustainable Development Goals(지속가능발전목표)를 만든 UN은 지구와 사회의 지속가능 측면에서 물을 위한 매우 중요한 주제로 다루고 있다. 2010년 7월 UN 총회에서는 물과 위생에 대한 인권을 인정하기도 했는데, 이는 인간이 물에 대한 권리를 충분히 충족할 수 있도록 국가와 지역사회가 수자원에 대한 모든 경쟁적이고 상업적인 수요와 균형을 유지할 수 있도록 노력해야 한다는 의미다. 또한 2019년에 UN은 〈세계 물 보고서World Water Development Report 2019〉를 통해 세계 곳곳에서 물 부족으로 고통받는 사람이 많으며 미래에는 물을 두고 국가 간 분쟁이 불가피할 것이라고 강조하기도 했다. UN은 물과 관련해 ① 기후변화Climate Change, ② 재해Disasters, ③ 생태계Ecosystems, ④ 재정지원Financing, ⑤ 성Gender, ⑥ 손씻기·손청결Handwashing/Hand Hygiene, ⑦ 인권Human Rights, ⑧ 수질 및 폐수Quality and Wastewater, ⑨ 물 부족Scarcity, ⑩ 공유하천Transboundary Waters, ⑪ 도시화Urbanization, ⑫ 물과 위생 및 청결Water, Sanitation and Hygiene, ⑬ 물과 식품 및 에너지Water, Food and Energy로 구분해 이슈를 다루고 있다.

세계 곳곳에서 터지고 있는
수자원 분쟁

한국은 비교적 물이 풍부한 측에 속하지만, 전 세계적으로 물은 점차 귀한 자원이 돼가고 있다. 인구 증가와 경제 발전에 따른 수요 증가, 자연환경 악화 등으로 세계 곳곳에서 물 부족 현상이 심화되는 가운데, 물의 가치는 21세기의 '블루골드Blue Gold'로까지 평가받고 있다.

물은 지구 전체 지표면에 70%를 차지하지만 인류가 마실 수 있는 물은 이 중 1%도 안 된다. 문제는 기후위기, 수질오염 등의 영향으로 이 또한 줄어들고 있다는 점이다. UN 세계기상기구WMO는 2050년도에는 전체 인구 절반에 해당하는 50억 명이 물 부족 현상을 겪을 것이라 경고했다.

중동과 북아프리카에서는 '물Water'을 둘러싼 국가 간 분쟁이 뜨겁다. 이집트와 에티오피아를 비롯해 터키 대對 시리아·이라크, 이스라엘 대 팔레스타인·시리아·요르단, 이란 대 이라크 등이 대표적이다. 중동의 각국 지도자들은 "중동의 다음 전쟁은 물을 둘러싸고 벌어질 것"이라고 경고하는가 하면, 미국 투자은행 골드만삭스도 "다음 세기의 석유는 물이다. 21세기 인류가 식품 및 에너지 부족보다 물 부족으로 고통받을 것"이라고 전망했다.

이집트와 에티오피아의 물 분쟁은 2011년부터 시작됐다. 당시 에티

르네상스댐의 위치와 이를 둘러싼 수자원 분쟁

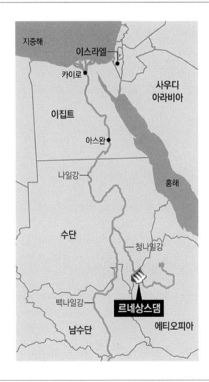

자료: 언론 종합

오피아는 나일강 상류 청나일강에 초대형 수력발전 댐 '그랜드 에티오피안 르네상스'를 건설하기 시작했는데, 이 르네상스 댐은 높이 155m, 길이 1.8km에 달하는 아프리카 최대이자 세계 7위 규모의 댐이다. 공사비만도 48억 달러(약 5조 7600억 원)에 연간 전력 생산량 목표치는 6000MW다. 에티오피아 인구의 70%인 7000만 명은 아직 전기를 마음껏 쓰지 못하고 있는데 르네상스 댐이 완공되면 이 문제가 상당 부분 해결될 것으로 기대하고 있다. 하지만 740억 톤의 규모의 르네상스 댐 저수로 인해 하류 수량이 줄어들 것을 우려한 이집트가 격렬히 반발했다. 이집트는 르네상스 댐으로 인해 연간 100억 톤의 수자원 손실이 예상되고, 토양 염분화가 심해져 농어업 종사자 500만 명이 일자리를 잃고 환경오염도 가속화할 것이라며 르네상스 댐 건설 중지를 촉구했다. 이집트 정부의 격한 반대에 에티오피아 정부 역시 "르네상스 댐 주변의 드론 비행을 금지한다"고 맞대응하며 물리적 충돌 가능성도 높아지고 있다.

티그리스·유프라테스강을 둘러싼 상류의 터키와 하류의 이라크·시리아 간 대립 역시 심각하다. 터키는 1970년대부터 낙후된 남동부 지역을 개발하기 위해 티그리스·유프라테스강에 22개의 댐과 19개의 수력발전소를 지었는데, 수자원의 70%를 두 강에 의존하는 이라크가 큰 타격을 입을 수밖에 없다. 22개 댐 중 2020년 5월부터 본격 가동에 들어간 일리수 댐은 고대 수메르 문명, 로마제국, 오스만튀르크제국 등의 문화유산이 풍부한 곳에 지어져 문화재 파괴 우려도 높다.

인구 증가 및 도시화가 빠르게 진행되면서 이렇게 세계 곳곳에서는

중동-아프리카의 주요 수자원 분쟁

에티오피아 vs. 이집트	나일강 상류의 에티오피아가 7월부터 르네상스댐(GERD)에 물을 채우자 나일강 하류의 이집트가 수자원 부족, 경제 타격 등을 우려해 반발
이스라엘 vs. 팔레스타인	서안지구를 점령한 이스라엘이 관개 농업에 치중해 요르단강 수량 감소. 팔레스타인에 일평균 물 사용 할당량 제시
터키 vs. 이라크·시리아	터키가 티그리스·유프라테스강 상류에 댐과 수력 발전소를 속속 건설하자 농업용수 및 식수 부족에 직면한 이라크와 시리아 등이 반발

자료: 세계은행, 세계자원협회, 언론 종합

수자원을 둘러싼 갈등이 커지고 있다. 온난화로 인한 전 세계적 기후 변화, 경제 개발에 따른 각국의 식수 산업용수 농업용수 수요 증가 등이 물 부족과 각종 분쟁으로 이어지고 있는 것이다.

물이 돈 되는
수자원 비즈니스의 부상

물을 물처럼 쓰던 시대는 지났다

물이 석유처럼 귀해지다 보니 물을 재활용하고 관리하는 수자원 비즈니스가 새로운 시장으로서 주목을 받고 있다. ESG 중 환경 분야에서 산업의 규모 측면으로 폐기물 분야(22.7%) 다음으로 높은 비중을 차지하고 있는 것이 물 분야(20.9%)이다.

영국의 연구기관 글로벌워터인텔리전스GWI에 따르면 세계 물 산업 시장 규모는 2020년 기준 약 8034억 달러(약 960조 원)로 추정되고 2024년까지 연평균 3.4% 성장을 기록할 것으로 전망된다. 바이든 대통령은 미국 전역의 수처리 인프라에 약 1110억 달러(약 130조 원)를 투자할 계획이라고 밝히기도 했다. 블랙록 등 글로벌 투자 운용사들도

ESG 활동 강화와 관련해 물은 중요 주제 중 하나가 됐다. 물 부족과 오염 등 지속 불가능한 물 사용으로 인한 외부 요인이 투자 기업의 손익에 영향을 미치고 이로 인해 운용 자산의 장기 성과에 영향을 미칠 수 있기 때문이다. 물 스트레스로 인해 운영 중단, 제품 수명 단축, 시장 접근 상실 또는 자본 지출 위험으로 이어질 수 있으며 이로 인해 경쟁 구도나 시장 수요가 변경될 수도 있다. 반면 수자원을 효율화하는 제품 및 기술에 대한 수요는 증가하고 있어 물 솔루션을 가진 기업에게는 기회로 작용할 수 있다.

한 예로 반도체 파운드리(위탁생산) 업계 세계 1위인 대만의 TSMC는 대만 남부에 공장을 지었는데, 뜻밖에도 반도체 공장이 아니라 '물 공장'이었다. 산업폐수를 용수로 재활용하기 위해서다. 반도체 산업에서 '물'은 핵심 자원이다. 반도체 공정에 다량의 화학 성분이 들어가는데 이를 씻어내는 과정에서 물이 쓰이기 때문이다. 물 공장 설립 배경에는 2020년부터 이어진 대만의 물 부족 사태가 있다. 대만은 2020년 8월(강수량 322.5mm)을 제외하면 6~9월 강수량은 100mm 안팎이었고 10월과 11월은 20mm 수준으로 1964년 이후 처음으로 심각한 가뭄을 겪었다. 가뭄은 2021년에도 계속됐고 결국 식수와 생활용수는 물론 농업용수와 공업용수가 부족해졌다. 대만 저수지 21곳 중 무려 11곳의 저수량이 20% 아래로 내려갔고 절반 이하로 내려간 곳까지 합치면 18곳에 달한다.

물 부족 상황이 심각해지자 대만 정부는 기업의 산업용수 공급을 줄이는 한편 농업용수로 쓰던 물도 반도체 공장으로 공급한다고 발표하기에 이르렀다. 부가가치가 높은 산업을 우선시한 조치로, 대만 관개지의 5분의 1에 해당하는 농지에 물 공급이 중단됐다. 긴급조치로 위기를 넘겼지만 상황이 장기화되면 위험 요인이 될 수 있기에 TSMC는 물 부족 위기를 스스로 해결하기 위해 물 공장을 세우기로 했다. 2019년 기준 TSMC는 5690만 톤의 물을 사용(대만 생산공장 기준)했는데, 이전부터 취수처를 다변화하고 공정 과정에서 물 사용을 최소화하며 공정에서 쓴 물은 정수해 재사용하는 등 많은 노력을 기울였다. 이를 통해 TSMC는 328만 톤의 물을 아낄 수 있었다. 대만 남부 지역에 첫 민영 재생수 공장을 짓는 것도 수자원 관리를 위한 노력의 일환으로 2025년에 2만 톤의 재생수를 취수할 계획이다. 이처럼 물은 모든 산업의 핵심 부품인 반도체 생산을 좌지우지할 수 있는 중요한 자원이고, 이를 제대로 관리하지 못하면 기업의 지속가능경영은 어려워지는 것이다.

그렇다면 반도체 세계 강국인 한국은 물로부터 자유로울까? 삼성전자와 SK하이닉스, DB하이텍과 키파운드리, SK하이닉스시스템IC, 매그나칩반도체 등 종합반도체기업IDM 및 파운드리 기업을 보유한 한국도 물 관리가 점차 중요해지고 있다.

한국수자원공사의 2019년 발표 자료에 따르면, 한국의 연평균 강수량은 연간 1277mm로 세계 평균(807mm)보다 약 1.6배 많다. 영국 생태환경·수문학센터CEH의 물 빈곤지수Water Poverty Index: WPI로도 한국은 147개국 중 43위이며 OECD 29개국 중 20위로 비교적 수자원 관리가 잘되고 있다. 그렇다고 물을 함부로 막 쓸 만큼 넘쳐난다는 의미

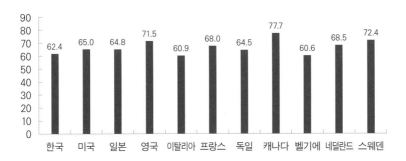

세계 각국의 물 빈곤지수

지표명	한국	미국	일본	영국	이탈리아	프랑스	독일	캐나다	벨기에	네덜란드	스웨덴
WPI	62.4	65.0	64.8	71.5	60.9	68.0	64.5	77.7	60.6	68.5	72.4

※ WPI: 0~100 사이의 값을 가지며, 0에 가까울수록 수자원 여건이 좋지 않음을 나타냄

자료: 언론 종합

는 아니다.

삼성전자와 SK하이닉스가 반도체 제작 과정에서 취수하는 물의 양은 삼성전자가 1억3345만 톤, SK하이닉스가 8464만 톤으로 두 회사의 물 취수량을 합치면 2억 톤을 넘는다. 한국의 2019년 총급수량은 66억 6600만 톤으로, 두 회사에서 취수하는 물의 양은 국내 의 물 급수량 대비 3.3% 수준이다.[26]

아직은 대만만큼 물 부족이 심각하지는 않지만, 점차 가속화되고 있는 기후변화로 한국도 물 부족 사태를 겪을 가능성은 존재한다. 매년 강수량은 늘어나지만 비가 집중적으로 내려 담수 능력은 오히려 줄어들 수 있기 때문이다. 실제로 국내 연 강수량은 14% 증가했지만 연 강수일수는 7% 감소했고, 장마철인데 비가 내리지 않는 '마른장마'도

2010년대 들어 빈번해지고 있다. 이런 기후변화는 반도체 업계에 심각한 리스크 요인이다.

중국, 미국 등 해외에 반도체 공장을 두고 있는 경우엔 더욱 문제가 된다. 중국은 1년 중 물이 부족한 달이 절반 이상이나 되고 수자원 인프라가 잘 갖춰지지도 않았다. 극심한 한파도 문제다. 2020년 2월 미국 텍사스주를 강타한 한파로 삼성전자 오스틴 파운드리 공장은 한 달 이상 멈추었다. 물을 공급해줄 배관이 동파되면서 현지 공장을 아예 가동할 수 없게 됐기 때문이다.

지구온난화가 지속되면 폭우와 가뭄은 심해지고 깨끗한 물에 대한 수요는 더욱더 증가한다. 세계 주요 연기금과 투자자들은 세계적인 물 부족의 심각성을 인지하고, 물 의존도가 높은 부문과 물 부족, 수질오염 및 기타 물 관련 위험에 노출된 지역에서 운영 또는 가치사슬을 가진 기업을 대상으로 ESG 활동을 강화하도록 촉구했다. 지속가능한 물 관리 방안 마련과 함께 이를 기업 전략, 위험 관리 및 보고에 통합해야 한다고 주장한다. 또한 기업들이 물 문제를 처리할 수 있는 거버넌스, 시스템 및 기술을 보유하며 더 나아가 물 위험을 완화하고 새로운 시장 기회를 차지하는 데 차별화된 위치를 선점하도록 요구하고 있다. ESG 평가에 있어서도 물 관련 정보를 투명하게 공개하는 한편, 물 관련 국제 원칙, 지침 또는 산업 이니셔티브 및 UN SDGs(6번 깨끗한 물과 위생) 등에 근거해 물 위험 노출도, 물 위험 관리 및 성과를 평가하고 있다.

물을 기회 삼아 수익을 창출하다

물이 자원화되면서 물을 기회 요인으로 이용해 수익을 창출하는 것을 수자원 비즈니스, 물 산업Water Industry이라고 한다. 수자원 비즈니스는 일반적으로 생활과 공업에 필요한 용수를 생산해 공급하는 산업과, 발생된 하수와 폐수를 이송 및 처리하는 사업으로 정의(OECD의 환경산업 정의, 1999)된다. 상하수도, 폐수, 생수, 정수기 등도 수자원 비즈니스 영역에 포함된다. 최근에는 보다 넓은 의미에서 '도시·공업·농업 용수 공급, 하수처리 및 수질 관리, 태풍·홍수 시 재해 방지, 수력발전, 수상운송, 레크레이션, 환경·어류·야생 동식물을 위한 물 공급 등' 물의 순환 과정 전반에 걸친 포괄적인 산업을 가리켜 수자원 비즈니스로 규정하고 있다. 또한 부품, 소재, 장치, 기술, 건설, 엔지니어링, 연구교육, 컨설팅 등 최종 또는 중간 서비스를 공급하는 후방 산업을 '물 연관산업'이라고 한다. 물 연관산업은 그 규모가 갈수록 커짐에 따라 재래식 기술 단계에서 벗어나 인공지능, 사물인터넷, 빅데이터 등 다양한 IT 기술과의 융복합 과정을 거치면서 산업 내 기술혁신이 빠르게 진행되고 있어 고부가가치 창출이 가능한 첨단 산업으로 주목받고 있다.

수자원 비즈니스는 두 가지 관점에서 접근한다. 하나는 한정된 자원인 물을 아껴서 효율적으로 사용하도록 하는 것, 또 하나는 버려지는 물의 양과 질을 관리해 물 순환구조를 만드는 것이다. 수자원 비즈니스 분야는 크게 하드웨어, 소프트웨어, 운영 및 관리Operation로 분류할 수 있다. 하드웨어 분야는 건설, 제조업 관련 부문으로 수원 개발

수자원 비즈니스에 대한 기관별 정의

기관	내용
환경부	수자원을 공급하고(상수도), 배출하는(하수도) 것을 운영하는 사업과 이와 연관된 제조, 건설, 연구, 컨설팅 사업 등 일체를 의미함
K-Water	농업용수를 제외한 생활용수와 공업용수를 생산 및 공급하는 사업과 하수 및 폐수 이송 처리를 하는 산업 서비스, 그리고 이들과 연관된 산업
일본 수자원정책 연구소	상수도, 공업용수, 농업용수 등의 물 공급, 조수(造水, 해수 담수화 등), 하수 처리, 재생수뿐 아니라, 유역·수역 환경보전 등을 포함하며 조사·계획, 수처리막 등의 소재(素材) 공급, 플랜트 건설, 엔지니어링, 시설 유지관리·운영, 분석 업무 등의 분야를 포함

자료: K-Water, 각 사 홈페이지, 신영 ESG

이나 홍수 조절, 신재생에너지, 정수장, 친수도시 등이 포함되는데, 한국은 주로 하드웨어 분야에 집중되어 발전해왔다. 소프트웨어 분야는 엔지니어링, ICT 관련 부문으로 유역조사, 공정관리 및 Smart Water Grid$_{SWG}$ 등이 있고, 운영 및 관리 분야는 상하수도 운영, 하천 운영 및 관리, 유역 통합관리 등이 포함된다.[27]

수자원 관리를
자사의 경쟁우위로 만든다

물은 기업의 가치를 높여주는 원천

ESG 경영에서 수자원을 기업의 경쟁력으로 갖기 위해서는 어떤 방법들이 있을까? SASB 중대성 지도에서 수자원과 관련된 항목은 환경 영역의 '용수 및 폐수 관리Water & Wastewater Management' 이슈 카테고리에 해당한다. 여기서의 관련 지표는 회수된 물 및 배출된 물과 물의 총소비량, 물 관리 위험에 대한 논의 및 전략 여부, 수질 허가 및 표준·규정과 관련해 위반한 사건 수 등이 있다. 이러한 기준 하에 수자원을 효율적으로 관리하면서 이를 기업의 경쟁력으로 만든 대표적인 사례가 마이크로소프트MS의 워터 포지티브이다.

MS의 '워터 포지티브Water Positive'는 물 부족 사태 해결에 동참하기 위해 자사의 IT 기술을 이용해 자사가 사용하는 물의 사용량을 줄이고 물 재활용 시스템을 통해 재생수를 보급하는 프로젝트이다. MS는 자사의 지속가능성 설계 표준을 정하고, 지속적인 투자를 기반으로 전 세계에 위치한 캠퍼스 운영 전반에 걸쳐 물 사용 감소와 보충을 진전시켜 2030년까지 자사 캠퍼스 운영에 사용되는 물의 양을 줄이고, 물 재활용 시스템을 통해 재생수를 보급할 방침이다.

MS의 실리콘밸리 캠퍼스는 빗물 수집 시스템과 폐기물 처리 공장을 갖추고 있어, 모든 잡용수는 재활용 자원에서만 나오는데, 이러한 통합 물관리 시스템으로 빗물과 폐수가 관리 및 재활용되어 매년 430만 갤런의 물을 절약할 수 있다. 이스라엘 헤르츨리야Herzliya에 위치한 캠퍼스는 효율적인 배관 설비를 구축해 물 보존 양을 약 35% 늘리는 한편, 에어컨에서 배출된 모든 물은 식물에 재사용해 물 사용량을 줄인다. 인도의 하이데라바드Hyderabad 캠퍼스 역시 조경, 플러싱flushing, 냉각탑 등에 재활용 폐수를 사용한다. 미국 애리조나에 위치한 데이터센터는 화씨 85도 이하의 열에는 물 대신 외부 공기를 사용하는 단열 냉각 시스템을 사용해 반년 이상 냉각에 물을 전혀 사용하지 않는다. 그 이상의 온도는 다른 수계 냉각 시스템에 비해 물을 최대 90% 적게 소모하는 증발식 냉각 시스템을 사용한다. 또한 기존 전기 발전 대신 태양광 공급을 위해 태양광업체 퍼스트 솔라First Solar와 제휴해 연간 3억 5000만 리터 이상의 물을 절감할 수 있다.

또한 MS는 수자원 효율화 기술을 에너지 전문기업인 슈나이더 일렉트릭Schneider Electric, 펌프 전문회사 그런포스Grundfos 등에 제공하

며 새로운 수익원을 창출하기도 했다. 이러한 혁신적인 환경보호 노력 덕분에 MS는 MSCI의 ESG 평가에서도 최고 등급인 'AAA'를 받았다. ESG 경영에서 물은 '물'이 아니라 기업의 가치를 높이는 중요한 경쟁 요소인 것이다.

특히 수자원 관리에 많은 노력을 기울이는 기업에는 데이터 서버를 운영하는 IT 기업들이 상당수 있다. 구글은 2030년까지 사용한 물의 120%를 자연으로 되돌려주는 한편 사무실과 데이터센터가 있는 지역의 식수 안전을 지원하겠다고 했다. 구글은 사무실 및 데이터센터 전반의 수자원 관리 강화와 물 복원, 물 부족 지역 주민의 건강과 생태계 개선, 물 부족에 따른 스트레스를 예상해 방지하고 회복시키는 기술 및 수단의 공유 등 3개 분야를 중점적으로 관리할 방침이다. 구글은 2019년 기준 34억 갤런의 물을 사용했는데, 조지아주 더글러스 카운티에 있는 데이터센터의 냉각에 재생 폐수를 사용하고 현지 기상 조건에 맞는 급수 시스템을 사용하는 등 물 관리 개선을 추진해왔다.

메타(구 페이스북)도 2030년까지 사용한 물보다 더 많은 물을 자연으로 되돌려주는 물 사용 순제로Net Water Positive 목표를 선언했다. 메타는 물 부족 지역에서의 식수 공급과 물 사용을 줄이는 농업용수 인프라 개선 사업과 함께 건기에 강에 물을 흘려보내 어족 자원을 보호하는 수자원 관리도 실시한다. 메타는 그동안 물 대신 외부 공기를 이용한 냉각 시스템을 개발해 일반적인 데이터센터보다 물 사용을 80% 줄였는데, 사용한 물을 자연으로 되돌려주는 물 복원 사업을 통해 연간 8억 5000만 갤런의 물을 복원할 계획이라고 밝혔다.

물의 재활용으로 환경도 기업 가치도 플러스

IT 기업뿐만 아니라 물 사용이 많은 건설 및 제조업체에서도 수자원의 효율적 관리를 통해 경쟁력을 높이려는 활동들이 늘고 있다. 일본의 건설업체인 시미즈 건설은 ESG 경영 차원에서 수자원의 보전 및 사용 효율화에 노력하고 있다.

건설 현장에서 필요한 물의 양은 주변 환경이나 건축물의 종류, 규

시미즈 건설의 수자원 관리

사무실 활동	낭비 감소, 재사용수 사용
건설 현장	보유 기술 활용에 의한 수자원 효율화 · 재이용 · 배수 관리
연구개발	수자원 활용 및 처리 기술 연구

자료: 시미즈 건설

모, 공법 등에 따라 달라진다. 사전에 계획을 세워 상황에 맞게 물을 사용하고 배출해야 하는데, 이 과정에서 비용이 발생하므로 물 관리를 잘해야 기업 이익도 늘어나게 된다.

시미즈 건설은 방진 대책으로 살수가 필요한 건물 해체 공사에서는, 해체 중에 지하 피트pit에 쌓인 물을 재사용해 상수 사용량을 절감한다. 또한 오염 토양의 굴착 및 반출에 사용되는 반출 차량의 타이어 세정에는 지하 구덩이에 모인 물을 재처리해 순환 이용한다. 터널 공사 등의 경우에는 현장 내의 탁수 처리 플랜트를 통해 갱내 용수를 공사 용수로 재이용해 물 순환 및 절수를 실천하고 있다.

이러한 노력 외에도 시미즈 건설은 외부 기관과 협력해 수처리에 관한 공동 연구, 프로젝트 참가, 인프라 정비 등을 진행해 수자원 관리를 위한 새로운 기술들을 계속해서 확보하고 있다. 대표적인 프로젝트로 국제석유·가스협력기관JCCP 및 오만 정부 석유가스 담당기관과 공동 진행하는 연구가 있다. 석유를 수반하고 있는 물의 성질과 처리 기술 개발을 통해 새로운 수자원을 만드는 연구로, 원유 시추 시 대량으로 채취되는 석유수반수(원유와 함께 퍼올려지는 지하수로 원래는 폐기물로 처리)를 수자원으로 이용하는 기술이다. 2014년부터는 교토대학과 협력해 부지 내 빗물 배수 억제를 목적으로 한 레인가든Rain Garden을 빌딩 내에 적용하는 실증실험을 전개하고 있다. 레인가든이란 도시 사막화 방지와 분산식 빗물 관리를 도입한 정원으로, 빗물을 일시적으로 저장해 지하 유입을 촉진하고 강우 유출을 줄여 도시 홍수를 예방한다. 녹지와 빗물 처리 기능을 결합한 특수 정원으로 시미즈 건설은 신축 건물을 지을 때 레인가든을 도입해 수처리 효율화를 꾀하고 있다.

사용한 물의 양에 상응하는 수자원 재생 조치를 통해 실질적인 물 사용량을 '제로(0)'로 만드는 '물 중립'으로 자사의 가치를 높인 기업도 있다. 다량의 공업용수를 사용하는 기업들은 정수장에서 공급받은 물을 생산에 적합한 초순수Deionized Water(이온, 기체류, 고체입자 등의 불순물을 모두 제거한 물)로 만들어 사용하고, 오염된 물을 폐수 처리장으로 보내 맑은 물로 재처리한 뒤 방류한다. LG디스플레이는 '용수 재이용' 시스템을 도입해 낮은 농도의 폐수를 자체 정화해 재이용하고, 지방자치단체와 협력해 인근 지역의 생활 하수를 끌어와 공업용수로 재사용한다. 공급받는 물의 총량은 줄이고, 재이용 총량은 늘려나간 결과, 2020년 기준 LG디스플레이의 용수 재이용률은 197%에 달한다. 폐수 처리를 거쳐 하천에 방류되는 물은 매우 상태가 좋아 2급수에서 주로 서식하는 피라미나 붕어, 민물장어에 이르기까지 다양한 어종이 생태계를 이룰 정도다. 물 절약을 위한 지속적인 노력으로 LG디스플레이는 CDPCarbon Disclosure Project(탄소정보공개 프로젝트) Korea로부터 '물 경영' 부문 우수기업에 3년 연속 선정되기도 했다.[28]

4장

·

근로 환경:
안전하고 건강한 일터가
기업의 경쟁력

안전 불감증 사고 현장,
경제 손실만 30조 원

2021년 6월 9일, 광주시 재개발 지역에서 철거공사 중이던 지상 5층 상가 건물이 붕괴되어 건물 옆 정류장에 서 있던 시내버스를 덮쳤다. 버스 안에 있던 17명의 탑승자 중 9명이 숨지고 8명이 중상을 입는 대참사가 발생했다. 조사 결과, 철거 계획과 달리 무리한 해체 방식을 적용해 건축물 내부 바닥 절반을 제거한 후 10m 이상의 과도한 성토(지반 위에 흙을 돋우어 쌓는 것)를 해 작업을 하던 중 1층 바닥판이 무게를 이기지 못하고 파괴되면서 건물이 무너진 것으로 밝혀졌다. 게다가 살수 작업의 지속, 지하층 토사 되메우기 부족 등 성토 작업에 따르는 안전 검토 미비 등 기준 위반 사항도 드러났다. 작업 환경의 안전기준을 지키지 않은 전형적인 인재人災였다.

광주 건물 붕괴 참사가 난 지 4개월 후 이번엔 전남 목포에서 리모델링을 이유로 해체 중이던 주택이 무너져 작업자 한 명이 매몰되는 사고가 발생했다. 연달아 비슷한 사고가 나면서 건설 작업 현장에서의 '안전 불감증' 지적이 나왔다.

2021년 4월 22일에는 20대 대학생 근로자가 평택항에서 일하다 300kg이나 되는 개방형 컨테이너 날개에 압사하는 사고도 있었다. 당시 300kg의 컨테이너 벽은 안전핀이 빠진 채 접혀 있었는데, 날개가 무너지지 않게 고정해야 하지만 안전핀을 모두 다 풀어놓았던 상태였다. 그런 상황에서 지게차 기사의 지시로 나뭇조각을 줍고 있다가 다른 지게차가 날개 한쪽을 접자 그 여파로 반대편 날개까지 접혀 사고가 일어난 것이다. 청소 작업을 맡았던 담당자는 그날 처음 컨테이너 안을 치우는 업무를 지시받아 어떤 위험이 있는지조차 예측할 수 없었고, 지게차를 수신호하는 신호수도 없었다. 이 역시 안전관리 소홀이 빚은 인재가 아닐 수 없다.

산업통상자원 중소벤처기업위원회가 고용노동부의 2015년 이후 산업재해 현황자료를 분석한 결과에 따르면, 국내 산업재해자 수는 2017년 8만 9848명에서 2020년 10만 8379명으로 2018년 이후 매년 10만 명 이상의 산업재해자가 발생하고 있다. 2021년 5월 말 기준으로도 벌써 4만 7807명의 재해자가 발생했다. 산업재해로 인한 전체 사망자 수는 2020년 기준 2062명으로, 2021년 상반기에만 1000명에 가까운 산재 사망자가 발생했다. 사고사망자를 산업별로 분석하면 최근 7년간 건설업이 2813명으로 50% 이상을 차지했고 제조업이 1393명,

국내 산업재해 현황

	2015	2016	2017	2018	2019	2020	2021. 5월 말
재해율(%)	0.50	0.49	0.48	0.54	0.58	0.57	0.25
– 질병재해율(%)	0.04	0.04	0.05	0.06	0.08	0.08	0.04
– 사고재해율(%)	0.46	0.45	0.43	0.48	0.50	0.49	0.21
재해자수(명)	90,129	90,656	89,848	102,305	109,242	108,379	47,807
– 질병재해자수(명)	7,919	7,876	9,183	11,473	15,195	15,996	7,870
– 사고재해자수(명)	82,210	82,780	80,665	90,832	94,047	92,383	39,937
사망재해(건)	1,785	1,759	1,929	2,108	2,001	2,019	926
사망만인율(‰)	1.01	0.96	1.05	1.12	1.08	1.09	0.48
재해사망자수(명)	1,810	1,777	1,957	2,142	2,020	2,062	930
– 질병사망자수(명)	855	808	993	1,171	1,165	1,180	543
– 사고사망자수(명)	955	969	964	971	855	882	387
* 제조업(명)	251	232	209	217	206	201	77
* 건설업(명)	437	499	506	485	428	458	194
* 서비스업(명)	149	127	144	154	118	122	62
* 기타(명)	118	111	105	115	103	101	54
중대산업사고(건)	11	11	4	12	12	15	8 (6월 말)
경제적 손실추정액(조 원)	20	21	22	25	28	30	13

자료: 국회 산업통상자원중소벤처기업위원회 이장섭 의원, 고용노동부, 2021.9.

서비스업 876명 등의 순이었다. 수치가 보여주듯이 건설 현장에서의 안전관리가 아직도 제대로 지켜지고 있지 않음을 알 수 있다. 중대산업사고도 매년 10건 이상씩 일어나고 있고, 2021년 상반기 기준으로 벌써 8건의 중대산업사고가 발생했다.

산업재해로 인한 경제적 손실도 막대하다. 산업재해로 인한 경제적 손실 추정액은 2018년 25조 원, 2019년 29조 원, 2020년 30조 원, 그리고 2021년 5월 기준 13조 원으로 최근 7년간 지속적으로 증가하고 있다. 2015년 이후 산업재해로 인한 경제적 손실 추정액을 모두 합하면 무려 159조 원에 이른다. 산업재해만 제대로 관리해도 수많은 인명 피해와 막대한 비용손실을 줄일 수 있다.

중대재해처벌법에 CEO가 떨고 있다

현장에서 사고가 나면 최고경영자를 처벌

줄어들지 않는 산업재해와 끊이지 않는 안전관리 소홀에 따른 사고를 막기 위해 정부가 마침내 칼을 빼 들었다. 작업 현장에서 발생하는 사고를 막기 위해 경영자를 대상으로 강력하게 처벌하겠다는 취지의 법안, 이른바 '중대재해 처벌 등에 관한 법률(중대재해처벌법)'을 만들었고 이 법은 국무회의에서 통과됐다. 산업계의 거센 반발도 있었지만 국무회의를 통과함에 따라 중대재해처벌법은 2022년 1월 27일부터 시행, 적용된다.

2014년 세월호 참사, 가습기 살균제 사고 등이 이슈화되면서 대형 재난사고에 대한 책임자 처벌 등 강력한 처벌이 필요하다는 국민적 공감대가 형성된 것이 시초였다. 건설 현장, 대형 물류센터에서의 근로자 사망사고 등이 발생하면 사업주들은 과태료나 벌금 등 가벼운 처벌에 그치고 있어 기업의 책임자 처벌을 강화하자는 주장이 지속적으로 제기돼왔었다. 그러다 2020년 이천물류센터 화재사고로 38명의 근로자가 사망하면서 중대재해처벌법에 대한 논의가 급부상했고, 2020년 9월에 중대재해기업처벌법 제정에 대한 국회 국민동의 청원이 10만 명을 돌파했다. 이런 배경 하에서 2020년 11월 더불어민주당 의원 등 45명이 중대재해에 대한 기업 및 정부 책임자 처벌법 발의와 관련한 5개의 의원입법안을 제출했고, 2021년에 중대재해에 대한 기업의 책임을 강화하는 내용의 '중대재해에 대한 기업 및 정부 책임자 처벌에 관한 특별법(안)'이 발의되어 공포됐다.

중대재해처벌법은 중대한 인명 피해를 주는 산업재해가 발생했을 경우 사업주에 대한 형사처벌을 강화하는 내용이 핵심이다. 1명 이상 사망사고 발생 시 사업주에게 1년 이상 징역 또는 10억 원 이하 벌금이 부과되는데, 경영책임자가 사고의 책임을 물어야 한다는 점에서 CEO들에게 비상이 걸린 것이다.

'중대재해처벌법'에서 말하는 '경영책임자'는 누구를 지칭하는 것일까? 경영책임자는 사업을 대표하고 사업을 총괄하는 권한과 책임이 있는 사람 또는 이에 준하여 안전보건에 관한 업무를 담당하는 사람을 말한다(정부기관의 경우는 중앙행정기관의 장, 지방자치단체의 장, 지방공기업의 장, 공공기관의 장을 말한다). 만약 기업 내에 안전보건 담당 임원이 있다면 대표이사는 처벌을 면할 수 있을까? 그것은 중대산업재해

중대재해처벌법과 산업안전보건법의 비교

구분		중대재해처벌법	산업안전보건법
처벌대상 중대재해		중대산업재해 및 중대시민재해	중대산업재해
보호대상		종사자 및 이용자	근로자
형사처벌대상		개인사업자(사업주) 또는 경영책임자 등 법인	행위자 (회사의 규모 및 조직에 따라 다르지만 대표이사, 공장장 등 안전보건관리(총괄)책임자가 행위자로서 형사책임을 부담한다)
제3자로부터의 노무제공 유형		도급, 위탁, 용역	도급
형사처벌대상	사망 시	1년 이상 징역 또는 10억 원 이하 벌금(병과가능) 법인: 50억 원 이하 벌금	7년 이하 징역 또는 1억 원 이하 벌금 법인: 1억 원 이하 벌금
	그외	(사망 외의 중대재해 발생 시 7년 이하 징역 또는 1억 원 이하 벌금) 법인: 10억 원 이하 벌금	(안전·보건 조치 미준수 시) 5년 이하 징역 또는 5천만 원 이하 벌금 법인: 관련 규정의 벌금
징벌적 손해배상		(고의, 중과실) 손해액의 5배 이하	×

자료: 언론 종합

를 예방하기 위한 인력, 시설, 조직을 실질적으로 총괄하는 책임과 권한을 갖고 있느냐에 따라 달라질 수 있다. 또 본사는 서울에 있고 지방에 건설 현장이 있는 경우에 건설 현장에서 사망사고가 발생한다면, 산업안전보건법과 중대재해처벌법이 동시에 적용될 수도 있다. 법에서 정하고 있는 처벌대상자가 각각 다르기 때문이다. 중대재해처벌법의 처벌대상자는 서울 본사에 있는 경영책임자가 되고, 산업안전보건법에 따른 처벌대상자는 안전보건관리책임자인 공장장(현장소장)이 되는 것이다.[29]

중대재해처벌법은 경영책임자 등의 형사책임 등 기존의 산업안전보건법보다 훨씬 강력하다. 산업안전보건법이 '노무를 제공하는 사람'을 보호 대상으로 하고 있다면 중대재해처벌법은 '이용자로서의 시민'과 '근로계약, 도급, 용역, 위탁 등 계약의 형식에 관계없이 사업의 수행을 위해 대가를 목적으로 노무를 제공하는 종사자'를 보호 대상으로 하고 있어 훨씬 범위가 넓다. 산업안전보건법이 산업재해의 사전적 예방조치에 중점을 두었다면, 중대재해처벌법은 중대재해를 야기한 사업주에 대해 강력한 처벌을 하기 위한 형사적, 사후처벌법이란 측면에서 경영진 입장에서는 더 신경 쓰이지 않을 수 없다. 산업안전보건법과 중대재해처벌법은 보호 대상이 다르고 입법목적도 다르기 때문에 규율하는 대상과 범위가 상이한데, 중대재해 발생 시에는 산업안전보건법에 앞서 중대산업재해처벌법이 적용된다.

다만 중대재해처벌법이 '5인 미만 사업장'에는 적용되지 않고 '5인 이상 50인 미만 사업장'은 3년간 법 적용을 유예한다는 점은 아쉬운 대목이다. 한국노동연구원에 따르면, 국내 5인 미만 사업장에 고용된 노동자들의 전체 규모는 455만 명(2018년 기준)으로 전체 노동자 중 28%를 차지한다. 또한 고용노동부의 산재사고 사망자 세부 통계를 보면, 사망사고는 주로 소규모 영세 사업장에서 발생한 것으로 나타났다. 2020년 기준 산업재해사고 사망자 5명 가운데 4명은 50인 미만 사업장 소속이고, 산재사고 사망자 3명 가운데 1명은 5인 미만 사업장 소속이었다. 2021년 상반기 기준 전체 산재 사망자의 81%는 50인 미만 사업장에서 일하던 이들이었다(5인 미만 사업장이 35.4%, 5~49인 사업장이

45.6%). 사업장에서 발생한 산업재해를 신고하지 않거나(산재 미신고) 은 폐한 사건의 절반 이상은 50인 미만 소규모 사업장에서 발생했다. 산재 사망사고를 줄이겠다는 취지로 제정된 중대재해법이지만 이처럼 소규모 영세 사업장은 여전히 사각지대로 남아 있어, 이 부분을 어떻게 해결해야 할지도 향후의 과제이다.

중대재해처벌법의 사각지대와 과제

그렇다면 뜻하지 않은 사고로 버스에 탄 시민들의 목숨까지 앗아간 광주 건물 붕괴사고와 같은 일이 또 발생한다면 중대재해처벌법을 적용해 현장의 원청 사업주를 처벌할 수 있을까? 결론부터 말하면 지금의 중대재해처벌법으로는 처벌이 어렵다.

광주 붕괴사고의 경우, 현장에서 일하다가 사망한 피해자는 없었기 때문에 중대산업재해에는 해당되지 않고 중대시민재해로 볼 수 있는데, 핵심은 '중대시민재해'로 인정되는 '공중이용시설'의 범위이다(중대재해처벌법은 중대산업재해와 중대시민재해로 구분된다).

중대재해처벌법에서는 공중이용시설, 공중교통수단을 이용하다가 사상의 피해가 발생할 경우를 중대시민재해로 정하고 있는데, '철거 중인 건축물'과 그 인근이 '공중이용시설'에는 포함되지 않고 있다. 중대시민재해와 관련해 공중이용시설의 범위로는 실내 주차장이나 업무시설 중 오피스텔·주상복합, 전통시장은 제외한 실내공기질 관리법의 다중이용시설시설군, 수문·배수펌프장 등을 제외한 시설물안전법의 시설 중 1·2종 시설물, 화재 위험이 큰 다중이용업소법의 영업장이 공

중대산업재해와 중대시민재해 개요

구분	중대산업재해	중대시민재해
정의	「산업안전보건법」제2조제1호에 따라 산업재해	특정원료 또는 제조물, 공중이용시설 또는 공중교통수단의 설계, 제조, 설치, 관리상의 결함을 원인으로 하여 발생한 재해
대상자	근로자, 노무제공자	이용자, 일반시민
내용	① 사망자가 1명 이상 발생 ② 동일한 사고로 6개월 이상 치료가 필요한 부상자가 2명 이상 발생 ③ 동일한 유해요인으로 급성중독 등 대통령령으로 정하는 직업성질병자가 1년 이내에 3명 이상 발생	① 사망자가 1명 이상 발생 ② 동일한 사고로 2개월 이상 치료가 필요한 부상자가 10명 이상 발생 ③ 동일한 원인으로 3개월 이상 치료가 필요한 질병자가 10명 이상 발생
예	현대중공업 아르곤 가스 질식 사망사고, 물류창고 화재사고, 태안화력발전소 압사사고	4·19 세월호 사건, 가습기 살균사건

자료: 언론 종합

중이용시설에 포함됐다. 하지만 대형 재해가 자주 발생하는 장소들이 '도로'와 '건설, 철거 현장'은 빠져 있어, 광주 붕괴사고와 같은 일이 또 벌어지면 중대재해처벌법이 시행된다 하더라도 처벌이 불가능하다. 또한 법이 정하고 있는 '공중교통수단'에 시내버스는 포함되지 않고 버스 자체의 결함으로 발생한 사고 역시 아니어서 적용하기에는 어려움이 있다. 철거 중인 건물을 다중이용시설로 보기도 어렵고, 사고가 도로 위에서 발생하기는 했지만 도로 관리의 결함 때문에 사고가 발생했다고 보기도 어렵다. 중대재해처벌법으로 중대재해를 막겠다는 정부의 취지가 무색해지는 부분이다.

물론 첫술에 배부를 순 없다. 이제 막 탄생한 중대재해처벌법이 완벽할 수는 없다. 수많은 시행착오와 논의를 거쳐 계속적으로 보완해나

공중이용시설이란 시행령에서 정하는 시설로서 다음과 같다. 첫째는 실내공기질 관리법 적용시설로서 모든 지하역사, 지하도상가, 대합실, 의료기관 등이다. 둘째는 시설물의 안전 및 유지관리에 관한 특별법 적용시설로서 교량, 터널, 항만, 댐, 건축물, 하천 등이다. 셋째는 다중이용업소의 안전관리에 관한 특별법 적용시설로서 휴게음식점, 단란주점, 유흥주점, 영화상영관, 비디오물감상실, 각종 학원, 목욕장업(사우나), 인터넷게임제공업, 노래연습장, 산후조리업, 고시원, 실내사격장, 실내골프장, 안마시술소 등이다. 넷째는 주유소, 가스충전소, 종합유원시설업 등이 포함된다. 다만 근로자 10인 이하의 소상공인과 교육시설은 제외된다.

공중교통시설이란 도시철도차량, 철도차량, 노선승합자동차, 여객선, 항공기들을 대상으로 하고 있다.

자료: 국가법령정보센터

가야 한다. 입법예고 기간 동안에도 경제계와 노동계 양측의 목소리를 반영해 법 규정의 미비점을 손질했지만 여전히 양쪽은 부족하다고 주장한다. 경영책임자의 안전보건관리체계 구축 의무 중 '안전보건관리책임자 지원 방안'에 대해 '업무를 충실하게 수행할 수 있도록 할 것'이라는 문구를 두고 기준이 불명확하다는 지적이 있었다. 그래서 최종안에는 업무에 필요한 권한과 예산 및 업무 수행 평가 기준을 마련하고, 반기 1회 이상 평가·관리할 것이라는 구체적인 의무가 보완 수정됐다.

사업장에서 3명 이상 발생 시 사업주가 처벌받게 되는 '직업성 질병' 기준에 대해서도 기존의 '덥고 뜨거운 장소에서 발생한 열사병'을 '고열 작업 장소에서 체온 상승을 동반한 열사병'으로 변경했다. 그러나 뇌 및 심혈관 질환(과로), 직업성 암은 직업성 질병에 포함되지 않아 '중대재해'에 해당되지 않고, 사업주의 책임도 묻지 못하게 됐다. 이에 대해 노동계와 시민사회는 기대에 미치지 못한다며 법의 개정을 요구하고 나섰다. 앞으로도 이런 식의 보완 작업은 계속해서 진행될 것이다. 그렇지 않으면 중대재해처벌법에 남아 있는 모호한 법 규정들이 그대로 기업과 경영자의 부담으로 이어질 수 있기 때문이다.

최고경영자 공백이 우려되는 중소기업

경영책임자 처벌에 초점이 맞춰진 중대재해처벌법 시행으로 모든 기업이 어려움을 호소하고 있는 가운데, 특히나 비상이 걸린 곳이 바로 중소기업과 자영업자들이다. 중소기업중앙회와 한국경영자총협회가 실시한 '중대재해처벌법 이행준비 및 애로 사항 기업 실태조사 결과'에 따르면, 중대재해처벌법에 규정된 안전보건 확보의무 준수 가능 여부에 대해 응답 기업 66.5%가 '어려울 것'이라고 답했다. 특히 50인 이상 100인 미만의 중소기업으로 범위를 좁히면 '어려울 것'이라고 답한 기업의 비율은 77.3%나 됐다.

법 시행 시 예상되는 가장 큰 애로 사항은 '의무범위가 과도하게 넓어 경영자 부담 가중'(61.5%), '종사자 과실로 재해가 발생해도 처벌 가능'(52.2%), '형벌 수준이 과도하여 처벌 불안감 심각'(43.3%) 순으로 조사됐다. 산재예방의 의무와 책임을 경영자에게만 묻고, 종사자 과실로 발생한 재해로도 처벌을 받을 수 있다는 불안감이 중소기업들에 퍼지고 있는 것이다. 최고경영자의 의사결정과 지시 사항으로 모든 것이 움직이는 중소기업의 경우, 한순간의 사고로 최고경영자 공백 사태가 벌어지면 회사는 그야말로 올스톱, 대혼란이다. 중소기업의 99%는 오너가 대표인 국내 상황에서 사업주에게 과도한 부담감을 지우는 것은 오히려 재해 예방을 어렵게 만들 수 있다. 대다수 중소기업은 현장 안전 및 중대재해처벌법 대비에만 최소 1년이 걸릴 것이라며 과도한 법규제로 기업의 경쟁력을 상실하지 않을까 우려하고 있다. 일부 기업들은 중대재해처벌법에 위배될 것을 우려해 기존 대표가 물러나고 새로운 대표를 선임하는 이른바 '바지사장(이름만 빌려준 사장)'을 앉히기까지 한다. 100% 예방이라는 것은 현실적으로 불가능하기 때문에 중대재해로 대표가 처벌을 받고 회사가 망하느니 바지사장이라도 앉혀서 위기를 타개하겠다는 고육지책苦肉之策인 것이다.

자영업자들도 발등에 불이 떨어진 것은 마찬가지다. 국내 40만 명에 육박하는 배달기사(라이더)에게도 중대재해처벌법이 적용되기 때문이다. 안전, 보건 조치의무를 위반해 인명 피해가 발생하게 한 사업주, 경영책임자 등을 처벌하는 규정에 따라, 만약 배달기사가 사고를 입거나 일으키게 되면 배달 플랫폼사, 배달대행업체, 가맹 음식점주 등 관련된 모두가 중대재해처벌법에서 자유로울 수 없다. 문제는 이런 배달 시 발생하는 사고의 경우 누구에게 책임을 물어야 할지가 모호하다는 점이다. 이륜차 사고는 운전자의 부주의나 숙련도, 교통 환경 등에 따라 사고 유형이 다양하기 때문에 책임 소재를 가리기가 쉽지가 않다. 배달업계는 코로나 사태로 업무량이 늘고 인력은 부족한 상황에서 속도 경쟁까지 벌어지면서 산업재해가 크게 늘고 있다. 중대재해처벌법으로 배달 시 사고가 많이 줄어들면 좋겠지만 모호한 법규정으로 애꿎은 피해자가 나오는 일만은 없기를 바라는 바이다.

처벌만이 능사인가?
해외의 중대재해처벌법

중대재해처벌법에 대해 처벌만을 강조한 '과잉입법'이라는 산업계의 목소리가 높은데, 특히 기업인을 '잠재적 범죄자'로 규정한 처사에 대해 해외와 비교해 너무 과도한 것 아니냐는 지적도 적지 않다.

한국경제연구원이 G5 국가(미국, 영국, 일본, 독일, 프랑스)를 대상으로 산업재해 관련 처벌 규정을 조사한 내용에 따르면, 영국과 미국의 처벌 수준이 한국의 중대재해처벌법과 비교적 유사함을 보이고 있다. G5 국가들의 산업재해 처벌 수단을 보면 다음과 같다.

미국은 연방법인 '산업안전보건법'에 따라 사업주는 정부에서 발표하는 산업안전 기준을 준수해야 한다. 근로자가 사망할 경우, 해당 사업주는 1만 달러(한화 약 1000만 원)의 벌금 또는 징역에 처해진다(법 제17조

G5의 산업재해 관련 법

미국	산업안전보건법(OSH Act of 1970)
영국	산업안전보건법(Health and Safety at Work Act 1974) 기업과실치사법(Corporate Manslaughter and Corporate Homicide Act 2007)
일본	노동안전위생법(労働安全衛生法)
독일	산업안전보건법(ArbSchG)
프랑스	노동법(Code du travail) 제4부

자료: 한국경제연구원

〔미국법전 제29편 제666조〕. 주에 따라 별도 규정을 두기도 하는데, 캘리포니아주는 근로자를 사망에 이르게 한 사업주나 직원은 최대 3년의 주州교도소 징역 또는 25만 달러(한화 약 2억 7000만 원)의 벌금에 처할 수 있다.

일본은 근로자가 사망하거나 부상을 입은 경우, '형법'에 의거해 5년 이하의 징역이나 금고 또는 100만 엔(한화 약 1015만 원) 이하의 벌금을 부과할 수 있다. 하지만 노동재해 방지를 위한 의무를 게을리한 경우 사업자에게 적용되는 '노동안전위생법'에 따르면 6개월 이하의 징역 또는 50만 엔(한화 약 507만 원) 이하의 벌금 정도에 그친다.

독일은 산업재해에 대한 기본법에 해당하는 산업안전보건법 Arbeitsschutzgesetz 제18조에 따라 연방정부가 사업주 및 기타 책임자에 대한 조치를 취할 수 있는 시행령을 제정할 권한이 있다. 작업장에서 인명 피해가 발생한 경우, '산업안전보건법'에 의한 형벌규정 외에도 건설공사 현장 시행령, 소음 및 진동에 관한 시행령, 근로 현장에서의 모성보호에 관한 시행령, 바이오 물질을 다루는 사업장에서의 안전과 보건에 관한 시행령 등 여러 시행령에 근거해 근로자의 생명과 건강을 위태롭게 한 자에 대하여 1년 이하의 자유형 또는 5000유로 이하의 벌금에 처한다는 처벌규정을 두고 있다. 다만 시행령에서 규정하고 있는 형벌규정은 중죄Verbrechen가 아닌 경죄Vergehen로 1년 이하의 자유형만이 가능한 형벌을 규정하고 있고, 그 이상의 범죄에 대해서만 형법으로 처벌하고 있다.

프랑스는 근로자 사망사고가 발생한 경우, '형법전 제221-6조'에 따라 징역 3년 및 벌금 4만 5000유로(한화 약 6098만 원)이 내려진다. 사망사고의 책임이 법인에게도 있는 경우 법인은 자연인에 부과되는 벌금의 4배에 해당하는 벌금형이 부과된다. 또한 영구적 또는 5년 동안 하나 이상의 직업활동 또는 사회복지활동의 직간접적 수행 금지, 법정관리, 재산몰수, 경우에 따라 사업소 폐쇄 등의 부가형을 받을 수 있다.[30]

한국의 중대재해처벌법이 모델로 삼은 영국의 기업과실치사법은 2007년에 제정된 법으로, 13년간의 토론과 심의 끝에 만들어졌다. 법인 등 조직체의 관리운영에 중대한 위반이 있고, 이로 인해 사망을 유발한 경우 법인에 상한 없이 벌금을 부과하는 법이다. 중대재해처벌법과는 달리 경영책임자 개인에 대한 처벌규정은 없고, 사망이 아닌 재해에는 적용하지 않는다. 중대재해의 책임을 경영책임자에게 직접 묻는 법은 한국의 중대재해처벌법이 유일하다.

영국의 기업과실치사법은 1987년 헤럴드 엔터프라이즈호Herald of Free Enterprise 사고를 계기로 논의됐다. 당시 영국 도버항과 벨기에 제브뤼헤항 사이를 운행하던 엔터프라이즈호가 전복되면서 190여 명이 숨지는 큰 사고였는데, 보조갑판장이 선수문을 미처 닫지 않은 채 항해를 한 것이 사고 원인이었다. 이 사건으로 선박 소유주인 P&O 유러피언 페리사와 임원들이 살인죄로 기소됐지만 1991년에 무죄로 풀려났다. 1997년 9월에는 영국 사우스올에서 고속열차가 화물열차와 충돌해 7명이 숨지고 100여 명이 다치는 사고가 발생했다. 이 사고 역시 자동경보장치 결함으로 기관사가 신호를 제대로 보지 못해 벌어진 인재였다. 열차 회사인 그레이트 웨스턴은 살인죄와 작업 중 건강과 안전에 관한 법(산업안전보건법) 위반으로 기소됐지만, 150만 파운드의 벌금만 부과받았다. 일련의 사건들을 겪으면서 영국 내에서는 기업살인법이 논의됐다. 그리고 2007년 기업과실치사법이 제정되어 2008년 4월 6일에 시행됐다.

　기업과실치사법이 제정됐지만 산업안전보건법에 의한 처벌이 우선으로, 2012년까지 기소된 사망사고 104건 중 대부분은 산업안전보건법 위반 혐의가 적용된 것이었다. 기업과실치사법으로 유죄가 선고된 것은 3건에 불과했다. 참고로 최초의 기업과실치사법 유죄 선고 기업은 2011년에 유죄판결을 받은 중소기업 CGHCotswold Geotechnical Holdings이다. 2008년에 지질학자가 작업하다 3.8m 아래 구덩이에서 지반침하가 일어나 질식사를 하는 일이 발생했는데, 당시에 관리자도 없었고, 안전수칙도 지켜지지 않았다. CGH는 기업과실치사법에 따라 연매출액의 250%인 38만 5000파운드(6억 7300여 만 원)의 벌금을 선고받았다.

산업재해를 방지하고 근로자의 안전을 지키겠다는 중대재해처벌법의 취지에는 모두가 공감하고 있지만 처벌을 강조한 방식에 대해서는 예방 효과가 있을지 의문이다. 영국은 기업과실치사법 시행 직후인 2009년 기준 근로자 10만 명당 산업재해 사망자 수가 0.5명으로, 시행 직전인 2006년의 0.7명보다 다소 감소했지만 2011년부터는 다시 증가하는 양상을 보였다. 산업재해 기업에 대해 형사처벌을 강화한 호주, 캐나다도 실질적인 효과는 크게 높지 않은 것으로 나타났다. 처벌만이 능사가 아니라는 비판이 나오는 것도 이 때문이다.

안전하고 건강한 일터가
곧 기업의 경쟁력

건강한 조직 문화로 업무 효율성이 높아진다

중대재해처벌법의 시행은 노동 환경 개선과 관련이 있다. SASB 중대성 지도에서 보면 인적 자본Human Capital 영역 중 직원의 건강 및 안전Employee Health & Safety 카테고리 이슈와 노동 관행Labor Practices 이슈가 이에 해당한다. 직원의 건강 및 안전 카테고리에서는 TRIRTotal Recordable Incident Rate(기록 가능한 사고발생률) 및 직원(계약직 포함)의 사고사망률, 교통사고 건수, 위험물질 규정 준수, 운전자의 체력, 규제물질 및 차량 유지관리 등이 관리 지표로 제시돼 있다. 노동 관행 카테고리에서는 단체 교섭 협약이 적용되는 인력 비율, 작업 중단 횟수 및 총 유휴 일수 등이 지표로 설정돼 있어, 꼭 중대재해처벌법이 아니더라도 ESG 경영을 실행하는 기업 입장에서는 노동 환경 개선에 각별한 신경을 기울일 필요가 있다.

안전하고 쾌적한 일터의 마련은 ESG 경영 측면에서 기업의 경쟁력을 높일 수 있다. 선제적인 노동 환경 개선을 통해 직원들의 안전을 지키고 작업 효율성을 높인다면, 이는 기업의 실적 향상으로도 이어진다.

중대재해처벌법으로 건설, 제조 등의 현장 노동자에 대한 안전관리가 중요해지고 있는 가운데, 최근 들어 조직 내 스트레스로 인한 사무직 직원의 사고도 늘어나고 있는 추세다. 게다가 이런 사고는 ESG 경영을 내세운 기업들 사이에서도 일어나고 있다.

글로벌 ESG 평가기관 모건스탠리캐피털인터내셔널MSCI의 ESG 평가에서 최고 등급인 'AAA'를 획득한 국내 기업 A사는 ESG 위원회를 설치하고, 친환경 서버를 운영해 탄소저감 기술을 적극적으로 도입하는 등 ESG 경영을 위해 많은 노력을 기울였다. 사회Social 분야에서도 기업윤리규범과 AI 윤리준칙, 개인정보 자기통제권 관련 정책, 직군별 교육훈련 체계 등과 함께 QR 체크인, AI 케어콜 등 코로나 방역에 기여를 한 점이 ESG 평가에 좋은 영향을 미쳤다.

그런데 A사의 한 직원이 조직 내 갑질 등 업무 스트레스를 호소하며 극단적인 선택을 한 충격적인 일이 벌어졌다. 해당 직원은 담당 상사로부터 지속적인 폭언을 듣고 과로에 시달린 것으로 드러났다. A사 직원들은 문제 해결을 위해 사내 절차를 밟아 지속적으로 개선을 요구하였고, 그 과정 중 결국 안타까운 사태를 맞이하게 됐다. A사는 해당 사건 직후 재발 방지를 위해 사내 제도 및 조직 문화 개선에 나섰고,

2021년도 하반기 주요 목표를 '건강한 조직 문화 조성'으로 꼽았다.

2019년 7월에 '직장 내 괴롭힘 금지법'이 시행됐지만, 여전히 많은 기업에서는 상사의 갑질이나 조직 내 따돌림이 존재하고 이는 직원들의 스트레스로 작용해 업무 효율성까지 떨어뜨린다. 게다가 5인 미만 사업장은 법 적용 대상에서도 제외된 상태다. '직장 내 괴롭힘 금지법'이 나온 지 2년이 지나도 직장 내 갑질이 문제화되면서 2021년 10월 14일부터 새 '직장 내 괴롭힘 금지법'(개정 근로기준법)이 시행됐다. 직장 내 괴롭힘을 행한 가해 사용주와 그의 배우자, 4촌 이내 친·인척까지도 최대 1000만 원의 과태료를 물도록 규정한 것이다. 또한 사용자가 괴롭힘 발생 뒤 객관적 조사와 피해자 보호 등 조치의무를 이행하지 않았을 때 500만 원 이하 과태료를 부과할 수 있다. 피해자의 근무 장소를 바꿔달라는 요청을 무시하는 경우도 200만 원의 과태료가 발생한다.

하지만 직장인 대다수는 법 개정 사실을 잘 모르고 있는 것이 현실이다. 직장인 1000명을 설문조사한 결과 10명 중 7명 이상은 과태료 부과 등 처벌조항을 담은 근로기준법 개정 내용을 모르고 있었다.[31] 5인 미만 사업장은 이번에도 해당 법이 적용되지 않아 사각지대로 남게 됐다. 특히 5인 미만 사업장은 사장이 전권을 휘두르는 구조로 상사의 갑질이 만연해 있지만 그 어떤 통제나 제재를 가할 수 없어 시행령 및 시행규칙 개정을 통해 적용 범위를 확대해야 한다는 주장이 제기되고 있다.

현장도 사무실도 건강하고 안전하게

ESG 경영의 한 요소인 사회 영역에서 건강한 조직 문화는 기업 가치에 영향을 미치는 매우 중요한 요소이다. 조직 내 스트레스가 덜한 직원들은 그만큼 업무에 대한 몰입도가 높고, 창의적이며 혁신적인 사고로 문제 해결에 접근한다. 갑질과 고압적인 분위기의 조직에서는 그저 주어진 업무에만 충실할 뿐 더 이상의 새로운 아이디어가 나오지 못한다. 이래서는 차별화되고 혁신적인 ESG 경영도 불가능하다.

산업 현장의 안전한 일터를 만드는 것만큼이나 사무직 일터의 건강한 조직 문화 형성도 기업의 경쟁력을 높이는 중요한 요소이다. ESG 경영을 선도하는 많은 기업이 앞으로도 지속적으로 ESG 경영 리더로서 자리매김하기 위해서는 '진정성' 있는 기업 윤리를 가지고 직원들의 건강한 일터를 만들기 위한 노력이 필요하다.

건강하고 안전한 일터를 만드는 방법에는 여러 가지가 있을 수 있는데, 최근에는 AI(인공지능), 자율주행 로봇, 드론 등 디지털 기술을 도입한 '스마트 현장' 구축이 기업들 사이에서 확산되고 있다. 이에 대한 자세한 내용은 'ESG 디지털 트랜스포메이션DX' 파트에서 다루기로 하겠다.

5장

·

조직 다양성: 기업의 혁신은 다양성에서 나온다

조직 다양성에 주목하기 시작한 글로벌 기업들

기업 성과에까지 영향을 미치는 조직 다양성과 포용성

국내 언론이나 기업들은 ESG 이슈들 중 E(환경)에 많이 주목하고 있지만, 해외에서는 S(사회) 영역에 대한 관심도 높다. 특히 여러 인종이 모여 사는 서구권 국가에서는 평등, 차별 금지, 다양성 등에 대한 이슈가 중요하게 다뤄지는데, 이를 DEIDiversity, Equity and Inclusion, 즉 사회 내 다양성, 형평성, 포용성이라고 설명한다. ESG 경영에서는 조직 문화와 결부 지을 수 있는데, '조직 다양성'이라고 하여 인종, 성별, 학력, 국적, 문화, 종교, 세대, 성 소수성의 차이를 차별하지 않고 그 자체가 존중되는 조직 문화를 추구한다. 인종의 다양성 비율이 높지 않은 한국의 경우, 다양성이라고 하면 대개 성차별의 의미가 내포된 '젠더

Gender 다양성'을 떠올리지만 해외에서는 다양성의 범위가 상당히 넓다. 《포춘》 500대 기업 중 약 40%는 조직 내 DEI 확산과 수준을 높이기 위해 다양성 업무 전담 임원들을 두고 있는데, 이들의 역할은 조직 내에서의 차별 방지, 원활한 소통, 수평적 조직 문화로의 변화 관리다.

SASB 중대성 지도Materiality map에서 조직 문화 이슈는 인적 자본Human Capital 분야에 해당된다. 인적 자본에는 지속가능성 테마를 강조하는 세 가지 이슈가 있는데, 직원 건강 및 안전, 노동 관행, 그리고 종업원 참여·다양성 및 포용이다. SASB에서 다루는 77개 산업 표준 중에서 13개 산업이 산업별, 재정적으로 중요한 영향을 미치는 이슈로 종업원의 다양성과 포용 이슈를 다루고 있다.

SASB에서 주목하는 것은 조직의 다양성이 기업 성과에 어떤 영향을 미치는가로, 정성 및 정량적 관점에서 이를 모니터링한다. 다양성이 어떻게 개별 직원의 경험과 고용주와의 관계에 직접적인 영향을 미치는지, 다양한 인력이 기업의 최종 제품이나 서비스에 어떤 영향을 미칠 수 있는지를 살펴보는데, 이는 기업 내 여러 조직이 다양한 소비자 기반의 요구를 반영한 제품이나 서비스를 개발하는 데 도움을 줄 수 있다. 창의성을 요하는 게임, 엔터테인먼트나 미디어 콘텐츠를 제작하는 회사에서는 조직의 다양성이 긍정적인 영향을 미치는 것으로 분석되고 있다.

산업군별로 조금씩 다르기는 하지만 SASB 중대성 지도에서 다루는 다양성 및 포용성과 관련한 지표는 다음과 같다.

- 모든 직원의 자발적 및 비자발적 이직률
- 외국인 및 해외 거주 직원 비율
- 임직원의 업무 관여도·몰입도 비율(employee engagement)
- 경영진, 비상임 경영진, 전문가, 기술 직원 및 기타 모든 직원의 성별 및 인종·민족 비율 (산업군별로 요구되는 임직원 분류는 다름)
- 비자 소유자인 기술직원의 비율
- 고용 차별과 관련된 소송으로 인한 금전적 손실 총액 등

출처 : SASB HP

직원의 정체성을 인정하면 역량은 극대화된다

보스턴컨설팅그룹BCG은 미국, 영국, 프랑스, 독일, 일본 등 16개국 1만 6000명을 대상으로 조사한 〈포용적 조직 문화, 근로자의 건강 및 행복지수 증진〉이라는 보고서를 발표했는데, 70%의 직원들이 자신의 직장 문화가 포용적이라고 느끼고 있었다는 결과가 나왔다. 북유럽 등에서는 약 85%의 직원들이 직장 문화가 포용적이라고 답한 반면, 일본 등 몇몇 국가에서는 포용적 조직 문화를 느끼는 비율이 35%밖에 되지 않았다.

이 보고서를 통해 기업의 포용성 정도가 직원들의 행복과 복지에 직접적인 영향을 미치는 것으로 나타났는데, 다양성, 평등 등 포용적인 문화를 갖춘 기업은 헌신적이고, 자신감 있으며, 높은 성과를 내는 직원들로 보상받을 수 있다는 분석이다. 기업이 포용성을 갖추려면 성적 지향, 인종, 건강 상태, 개인적 상황 등 직원의 정체성이 그대로 받

아들여지도록 관심을 갖고 이를 위해 투자해야 한다. 그로 인해 모든 직원이 자신의 가치를 인정받게 된다면 직원들은 더욱 생산적인 인력으로 거듭나게 된다. 포용적인 문화의 기업에서 일한다고 답한 응답자의 80%는 '직무에 만족한다'고 답했는데, 이는 포용성을 느끼지 못한다고 답한 응답자보다 3배 높은 수치다. 자신의 정체성을 숨기지 않은 직원들은 포용적인 근무 환경에서 자신의 의견을 자유롭게 말하고 능력을 최대치로 끌어올릴 수 있다. 조직 내 다양성이 결여되면 편향적인 사고思考에 빠질 위험성이 크다. 긴장도가 떨어지고 역동성도 부족해진다. 다양성이 인정받지 못하고 다수의 행동 방식만 따르게 되면 구성원들의 역량을 제대로 발휘할 수 없다. 모든 구성원이 각자 본래의 모습을 인정받았을 때 자신의 역량을 최대치로 발휘할 수 있다.

시장이 글로벌화되면서 이에 대응하기 위해 기업은 성별, 성적 지향성, 민족, 인종을 뛰어넘는 다양한 직원들로 조직을 구성한다. 이 과정에서 직원 개개인의 정체성을 존중해 포용적 문화를 조성하면 직원들은 심리적 안정감을 느낄 수 있다. 직원들이 의문을 제기하고 도전할 수 있도록 상호 신뢰와 존중의 환경이 만들어지면 창의력과 혁신적 아이디어도 자연스럽게 창출된다. 실제로 구글은 인력 2000명으로 구성된 '다양성·포용성' 전담팀을 만들었고, 슈나이더 일렉트릭은 '다양성과 포용성'을 기업 철학으로 두고 모든 직원이 안정된 환경 속에서 개개인의 역량을 발휘할 수 있게 다양한 정책을 펼치고 있다.

대부분의 글로벌 기업들은 매년 다양성 보고서Diversity Report를 발간해 여성과 남성 비율, 인종과 국가 출신 비율, 장애인 평등지수 등을 발표한다. 지표별 목표를 정하고 현재 진행 상황을 공개하기도 한다. 하지만 한국은 별도의 다양성 보고서 대신 ESG 보고서 내에 기업 내 여성 직원 및 여성 관리자 비율 정도를 공개한다. 인종, 국적, 장애, 성 소수자 등과 관련한 지표들은 아직 본격적으로 다루고 있지 않은데, 한국거래소가 발표한 'ESG 공개 가이드라인'에도 평등 및 다양성 항목 에는 성별·고용 형태별 임직원 현황만 있다.

유리 천장을
부수다

재무성과에 영향을 미치는 조직의 성별 다양성

금융·기업 데이터 제공업체인 레피니티브(옛 톰슨로이터)는 매년 전 세계 9000여 개 기업을 대상으로 조직 및 이사회 등 기업 내 다양성과 포용성을 평가하는 '글로벌 다양성·포용성 지수Refinitiv Diversity & Inclusion' 보고서를 발표한다. 〈2021년도 우수 글로벌 다양성·포용성 기업 100Top 100 Most Diverse and Inclusive Companies〉을 살펴보면, 산업군별로는 은행 및 투자 서비스 및 보험 기업이 13개로 가장 많았고, 바이오·의약 관련 기업이 9개, 소매업 8개, 통신 및 생활 서비스 기업이 7개로 나타났다.

국가별로는 미국이 25개, 영국이 9개, 호주, 이탈리아 및 독일이

2021년도 우수 글로벌 다양성·포용성 아시아 기업 순위

순위	기업명	업종	국가	D-I 점수
13	Sony Group	Corp Computers, Phones & Household Electronics	JAPAN	77
26	Samsung Electronics Co Ltd	Computers, Phones & Household Electronics	SOUTH KOREA	74.25
30	Nomura Holdings Inc	Investment Banking & Investment Services	JAPAN	73.75
67	President Chain Store Corporation	Food & Drug Retailing	TAIWAN	71
68	Home Product Center PCL	Specialty Retailers	THAILAND	71
73	Murata Manufacturing Co., Ltd.	Machinery, Tools, Heavy Vehicles, Trains & Ships	JAPAN	70.75
81	Manila Water Company Inc	Water & Related Utilities	PHILIPPINES	70.5
86	Unilever Indonesia Tbk PT	Personal & Household Products & Services	INDONESIA	70.25
95	DiGi.Com Bhd	Telecommunications Services	MALAYSIA	70
100	Shiseido Company, Limited	Personal & Household Products & Services	JAPAN	69.75

자료: Refinitiv

6개, 캐나다, 프랑스 및 남아프리카 기업이 5개를 차지해 서구권 기업이 절반 이상을 차지하고 있었다. 한국 기업은 삼성전자(26위)가 유일한 가운데 일본은 소니, 시세이도, 노무라, 무라타제작소 등 4개, 대만, 필리핀, 말레이시아 등이 각 1개로, 아시아 기업들이 다양성 및 포용성에 있어 서구권 기업들에 비해 취약함을 알 수 있다.

아시아 기업들이 다양성 및 포용성 지수에서 낮은 평가를 받은 배경에는 기업 내 조직 다양성 비율과 활동 비중과도 연관이 있다. 미국의 경우, 스탠더드앤드푸어스S&P 500 지수 구성 기업의 이사회 성별 다양성 비율이 2021년 5월 기준 사상 처음으로 30%를 기록했다. 10년 전 이사회 성별 다양성 비율은 16%였는데 2배 가까이 늘어난 것이다. 여성 이사가 2명인 기업은 S&P 500 기업 중 98%로, 이 역시 10년 전 58%에서 크게 높아졌다. 이들 중 47%는 아프리카계, 아시아계, 히스패닉 등 소수인종 출신이고, 전체 이사의 50%는 비非백인으로 기업 중에서는 스타벅스와 액센추어의 이사회가 인종적으로 가장 다양한 것으로 나타났다.

이에 비해 아시아·태평양 지역의 이사회 성별 다양성 비율은 17.3%에 불과하다. 게다가 한국 기업의 이사회 내 성별 다양성 비율은 9.1%로 세계 평균인 24%의 절반에도 미치지 못한다.[32] 조사 대상 국가 총 46개국 중에서는 일본에 이어 두 번째로 낮다. 한국 기업의 경영진 내 성별 다양성 비율도 8%에 불과했다. 한국 기업의 여성 CEO 비율은 4%이고, 여성 최고재무책임자CFO를 둔 기업은 아직 한 곳도 없다(참고로 전 세계 여성 CEO 비율은 5.5%, 여성 CFO 비율은 16%). 미국과 유럽 등에서는 이사회 내 다양성 측면에서 여성과 소수자 등을 포함하는 방안을 마련하고 있는 가운데, 한국에서도 자산총액 2조 원 이상 상장사의 여성 등기임원을 의무화하는 자본시장법 개정안이 통과되어 2022년 8월부터 이사회 이사 전원을 특정 성性의 이사로 구성하지 않아야 한다. 즉 상장기업들은 여성 등기이사가 최소 1명 이상은 있어야 한다.

하지만 꼭 법 때문만이 아니더라도 조직 다양성의 적극적 도입은 기업 성과에도 긍정적 영향을 미친다. 조직 다양성을 연구하는 경제연구소의 분석에 따르면, 기업 이사회의 성별을 다양하게 할 경우 기업의 재무 성과에도 긍정적인 영향을 줄 수 있는 것으로 나타났다. 이사회의 다양성이 개선될 경우, 기업의 혁신 활동 증진과 이사회 구성원들의 창의성 제고를 통해 기업의 경쟁력 향상과 기업의 재무 성과에 기여한다는 것이다. 이사회의 성별 다양성 비율이 높을수록 변동성이 낮고 연구개발에 대해 일관된 투자를 통해 기업의 투명성이 강화됐다. 이는 이사회 및 사외이사의 다양성 비율과 재무 성과의 상관관계 분석을 통해 나타난 결과이다. 미국의 경우 이사회의 성별 다양성은 재무 성과에도 긍정적인 영향을 주었는데, 2020년 기준 미국 100대 기업의 임원 및 이사회의 다양성 비중이 높은 상위 25%의 기업들은 ROE, 총자산순이익률ROA, 매출액순이익률ROS에서 높은 실적을 기록했다.[33]

여성들에게 꿈과 희망을 가르치는 갭의 교육 프로그램 'PACE'

'2021년도 우수 글로벌 다양성·포용성 기업 100'에서 1위를 차지한 기업은 글로벌 패션 브랜드 갭Gap이다. 그 배경에는 여성 근로자 삶의 질 향상과 리더십 고취를 위한 노력이 있다.

글로벌 패션 기업 갭은 2007년부터 비영리 연구단체인 ICRW International Center for Research on Women와 제휴를 맺고 개발한 PACE Personal Advancement and Career Enhancement 프로그램을 인도 등 개도국에 위치한 자사 생산공장에서 운영 중이다. 개도국 협력업체 여성 인력의 리더십 함양을 위해 만든 이 프로그램은 65~80시간 동안 문

순위	기업명	업종	국가	점수
1	Gap Inc	Specialty Retailers	UNITED STATES	86
2	Royal Bank of Canada	Banking Services	CANADA	81
3	Accenture Plc	Software & IT Services	IRELAND	80.25
4	Owens Corning	Homebuilding & Construction Supplies	UNITED STATES	80
5	Allianz SE	Insurance	GERMANY	79.5

자료: Refinitiv

제 해결 방법, 의사결정 방법, 법률 및 재무 등에 관한 교육을 수강해야만 기술교육을 받을 수 있도록 짜여 있다. 총 8~10개월 동안 고급 기술교육을 모두 받은 여성들에게는 관리자로 승진할 기회가 주어진다.

100만 여성들에게 PACE 프로그램의 혜택을 받을 수 있게 한다는 목표 하에 프로그램 도입을 원하는 모든 기업에 무상으로 커리큘럼을 제공하고 있다. 여성을 단순한 숙련 노동자로 만드는 것이 아니라 미래에 대한 꿈과 희망을 품은 인재로 거듭나게 한다는 것이 PACE 프로그램의 목표이다.

PACE의 시작은 '여성'과 '교육'에 대해 남다른 시각을 가지고 있는 갭의 기업 철학에서 비롯됐다. 갭은 창업자 도널드 피셔Donald Fisher와 도리스 피셔Doris Fisher 부부가 함께 회사를 키우면서 '남녀평등' 기업 문화가 자연스럽게 정착됐다. 부부는 교육에도 관심이 높아 미국의 열악한 공교육에 혁신을 일으키고자 비영리기관에 많은 돈을 기부하고 이사 직무도 수행했다.

갭이 성장하는 과정에서 많은 의류업체들은 생산거점을 해외 개발도상국으로 이전하게 됐는데, 공장 인력의 80%는 여성이었다. 하지만 개도국 여성의 사회적 지위는 낮다. 충분한 교육이나 지원을 받을 수가 없는 상황이었다. 만약 현지 여성 인력들의 기술 수준을 높일 수 있도록 훈련이나 교육 등이 이루어진다면, 의류업체의 품질 제고뿐 아니라 여성들의 보다 나은 삶을 지원해줄 수 있는 사회공헌에도 기여할 수 있게 된다. 갭의 창업자 부부는 이 점에 주목하게 된다.

평소 여성과 교육에 대해 남다른 철학을 갖고 있던 피셔 부부는 여성의 기술교육과 함께 삶의 질 향상을 위한 광범위한 교육 프로그램을 만들어 실시하기로 했다. 그것이 바로 여성들의 리더십을 키워주는 데 초점을 둔 PACEPersonal Advancement and Career Enhancement 프로그램이다. 개도국 현지 여성 재봉사들을 대상으로 봉제 기술은 물론 리더십에 이르기까지 다양한 교육 프로그램을 제공했다. 기본 과정을 통해 의사소통, 문제 해결 방법, 의사결정 방법, 시간 및 스트레스 관리, 건강관리, 법률 및 재무에 대한 기본 교육, 성 평등에 관해 가르친다. 법정 휴가 시간이나 개인 시간을 활용해 교육을 받다 보니 완전히 이수하는 데까지는 8~10개월 정도 걸린다. 고급 기술교육까지 받고 나면 마침내 일반 근로자에서 관리자로 승진할 기회가 주어진다.

관리자가 되면 다른 사람의 일까지 관리해야 해 업무량이 늘어나지만 그만큼 급여도 많아지고 자부심도 커진다. 실제 PACE 프로그램에 참가했던 인도와 베트남 현지 여성들은 자신의 미래에 대해 다시 생각하게 되고 꿈과 비전을 갖게 됐다고 얘기한다. 관리자로 승진하면서

부를 축적하고 미래에 대한 구체적인 계획까지 세우게 되어 삶의 질까지 높아졌다고 입을 모아 얘기한다. 갭이 PACE를 만든 이유도 이처럼 개발도상국 현지 여성 근로자들의 생활이 너무 열악했기 때문이다. 공장 관리자들은 대부분 남성이었는데, 그 이유는 여성의 능력이 부족해서가 아니라 제대로 된 교육을 받을 기회가 없었기 때문이었다. 갭의 창업자 부부는 이러한 차별이 옳지 않다고 느꼈고, 제대로 된 교육을 받는다면 여성 근로자도 충분히 관리자가 될 수 있을 것이라 생각했다.

갭의 PACE 프로그램은 여성을 단순히 숙련된 노동자로 만드는 데만 초점을 두지 않고 미래에 대한 꿈과 희망을 품은 인재로 거듭나게 하는 것이 목표다. 더 나은 삶을 제공하는 기회를 통해 열정적으로 일하는 직원들이 많아지면 회사에도 이익이다. 실제로 PACE를 도입해 운영 중인 공장들이 이전보다 생산성이 높아지고 이직률이나 결근율은 낮아졌다. 2012년부터는 자사 공장 근처에 있는 다른 회사 공장에도 이 프로그램을 전파했고, 아울러 지역사회의 13~17세 여성을 대상으로 하는 새로운 교육 프로그램도 만들었다. 갭은 세계 여성의 날을 기념해 계열사 브랜드는 물론 공급망까지 여성 역량 강화 프로그램 참여를 확대하는 데 속도를 내고 있다.

또한 갭은 PACE 성공을 기반으로 미국의 지속가능경영 지원기관인 BSRBusiness for Social Responsibility, ILO-IFC Better Work 및 CARE와 힘을 합쳐 공유 플랫폼인 'Empower@Work'를 운영한다는 계획이다. CARE는 빈곤 퇴치와 사회정의 실현을 목표로 설립된 비영리단체

자료: Gap, 언론 종합

로, 아시아 지역 여성 의류 노동자를 대상으로 'Made by Women'을 통해 글로벌 공급망에서 개선된 관행을 장려하고 여성의 리더십을 강화하며, 정부와 협력해 노동자들에게 긍정적인 영향을 미칠 공공정책 추진을 촉진함으로써 의류 산업 전반에 걸쳐 의미 있는 변화를 지원하고 있다. 'Empower@Work'는 글로벌 공급망에서 성 평등을 촉진하는 지속가능하고 체계적이며, 확장 가능한 프로그램을 구축 및 배포에 초점을 맞출 예정이다. 동시에 지식, 기술 및 네트워크를 활용해 글로벌 공급망에서 여성 노동자와 성 평등을 위한 집단행동을 유도하는 데도 중점을 둔다. 2025년까지 갭은 자사 브랜드인 Athleta와 함께 공급망 내 100% 모든 공장의 Empower@Work 여성 역량 강화 교육 참여를 약속했다.

조직 다양성으로 창의력을 발휘하는
넷플릭스

다양성 및 포용성은 창의성과도 연결된다. 캐나다 토론토대학의 마틴경제발전연구소가 개발한 글로벌 창의성지수Global Creativity Index는 '관용tolerance이 높은 지역에 인재talent가 모여들어 기술technology이 발전한다'는 '경제 발전의 3T 이론'에 기반한 것이다. 2015년 기준으로 한국은 포용성tolerance 부문에서 70위를 차지했는데 기술지수는 1위(국내총생산 대비 R&D 투자 3위, 100만 명당 특허 출원 수 1위)인 반면, 인재지수는 50위이었다. 특히 대학 이상의 교육 수준은 1위였지만, 전체 인구 중 과학, 문화. 비즈니스, 교육 등 창의성을 요하는 직업의 근로자 비중을 따지는 창의성 집단 비중은 78위로 하위권을 기록했다. 교육 수준은 세계 최고이지만, 다양성 및 포용성의 결여가 창의력 부족으로 나타난 것이다.

이와는 대조적으로 조직의 다양성과 포용성을 창의력과 잘 연결시킨 기업이 있다. 2021년 하반기 전 세계를 강타한 K-드라마 〈오징어게임〉은 무려 1억 4000만 명이 시청했고 전 세계 94개국에서 시청률 1위를 달리며 그야말로 신드롬을 일으킨 화제의 드라마이다. 이 엄청난 드라마를 제작하고 배포한 곳은 다름 아닌 '넷플릭스'이다.

넷플릭스가 〈오징어게임〉에 투자한 금액은 2400만 달러(약 285억 원)인데, 블룸버그의 분석에 따르면 〈오징어게임〉이 창출하는 경제적 가치는 9억 달러, 약 1조 원에 달한다고 한다. 30배가 넘는 수익률로 대박을 터뜨린 〈오징어게임〉은 사실 넷플릭스가 아니었다면 세상에 나올 수 없었다. 2009년에 시나리오가 완성됐지만 낯설고 잔인해서 상업성이 없다는 이유로 투자사들의 외면을 받았던 작품이었다. 하지만 넷플릭스는 〈오징어게임〉의 흥행 가능성을 보고 과감하게 2400만 달러를 투자했다. 이 밖에도 넷플릭스 오리지널 드라마 〈킹덤〉에는 회당 제작비 350억 원, 〈스위트홈〉에는 제작비 300억 원을 투자했다. 이는 한국 평균 드라마 제작비의 4~5배에 달하는 액수인데, 넷플릭스가 한국 콘텐츠에 대규모 투자를 추진한 배경에는 글로벌 시장에서도 통할 수 있다는 '창의적인 안목'이 크게 작용했다. 그리고 이 창의적 안목은 조직의 다양성에서 비롯되었다.

넷플릭스는 2021년 1월에 엔터테인먼트 업계 최초로 다양성 리포트를 발간했다. 넷플릭스 공동 최고경영책임자이자 최고 콘텐츠책임자인 테드 사란도스Ted Sarandos는 "훌륭한 이야기는 배경과 문화를 뛰어넘

자료: 넷플릭스 HP

어 제작될 수 있으며, 어디에서나 사랑받을 수 있다고 믿는다. 우리 스스로가 지금까지 걸어온 길을 되짚으며 다양성을 위한 중요한 초석을 놓은 만큼, 향후 넷플릭스는 물론 업계 전반에 다양성이 만들어내는 변화의 바람이 보다 커지기를 기대한다"고 보고서 발간의 취지를 밝혔다.

넷플릭스는 다양성을 평가하고 개선 방향을 수립하기 위해 젠더gender, 인종, 민족성, 성소수자, 장애 등 22개 항목의 다양성 지표를 바탕으로 126편의 영화와 180편의 TV 시리즈 작품 중 스크린에 등장하는 출연진을 비롯해 크리에이터, 프로듀서, 작가, 감독 등 제작진들의 구성을 분석했다.

그 결과를 보면 우선 여성 인력의 비율은 임원급 이상(47.8%), 부사

넷플릭스의 여성 임직원 비율

(단위: %)

■ 전체 ▨ 리더십(감독+)
■ 기술 역할 ■ 크리에이티브 & 기업

- 2017: 40.3% / 41.1% / 27.1% / 56.3%
- 2018: 44.6% / 44.8% / 28.5% / 57.7%
- 2019: 47.1% / 47.4% / 33.6% / 56.2%
- 2020: 47.1% / 47.8% / 34.9% / 55.1%

자료: 넷플릭스 HP

장(43.7%), 고위경영진(47.6%)을 포함해 47.1%로 나타났다. 전체 직원의 46.4%는 흑인, 라틴계, 히스패닉, 원주민, 중동, 아시아 출신이고, 이 사급 이상의 임원 비율도 42%나 됐다. 넷플릭스의 다양성은 19개 항목에서 매년 개선되고 있는데, 영화 및 TV 시리즈에서 유색인종의 여성 감독, 시리즈물의 여성 크리에이터 비율이 높아졌고 양성평등을 실현하는 배우 기용이 이뤄지고 있다. 유연한 육아휴직 정책은 성별 관계없이 모든 직원에게 적용되고, 직원의 출산 계획과 대리 임신, 입양 과정을 돕기 위한 가족 형성 지원 제도도 운영 중이다. 혼인 여부, 젠더, 성적 지향을 불문하고 이 제도의 혜택을 받을 수 있다.

넷플릭스 임직원 및 제작진의 다양성 증진은 출연진의 다양성 확보에도 긍정적인 영향을 미친다. 넷플릭스는 1억 달러 규모의 창작 발전 기금을 조성해 2021~2026년간 투자하고, 다양한 외부 조직과의 협력을 통해 콘텐츠 산업에서 소외된 전 세계 인재들을 발굴 및 훈련하며 일자리를 제공한다. 또한 2026년까지 2년마다 다양성 조사를 지속하고, 미국 외 전 세계 다른 국가에서도 다양성 조사를 확대 진행할 예정이다. 넷플릭스는 업계 최초의 다양성 보고서 발간을 통해 콘텐츠 다양성에 대한 정량적 분석 및 개선점을 확인하는 한편, 차세대 스토리텔러 양성을 위한 초석을 마련하게 됐다.

함께 보면 좋은 참고자료

 넷플릭스의 다양성 보고서 및 'Building a legacy of inclusion' 동영상
https://about.netflix.com/ko/inclusion

6장

지배구조:
'G'로 ESG 경영이 완성되다

G야말로 ESG 경영의
진짜 경쟁력

ESG 중에서 G, 지배구조Governance는 환경이나 사회적 요인에 비해 비교적 언론에 잘 드러나지 않는다. 언론에 등장했을 때는 기업이 파산하거나 분식회계, 정경유착 등 경영에 문제가 발생했을 경우이다. 그렇지만 ESG를 연구해온 대다수의 전문가들은 ESG 중에서 가장 중요한 것은 지배구조 'G'라고 얘기한다.

지배구조의 정의부터 다시 한번 살펴보자. 지배구조란, 기업을 지배하는 구조로 영어로는 'corporate governance', '기업통치'라는 의미다. 한마디로 기업을 누가 어떻게 운영하느냐에 대한 메커니즘을 지배구조라고 할 수 있는데, 구체적인 정의로 보면 몇 가지로 구분될 수 있다.

① 기업이라는 경제활동의 단위를 둘러싼 여러 이해관계자들 간의 관계를 조정하는 메커니즘[34]
② 경영자원의 조달과 운용 및 수익의 분배 등에 대한 의사결정 과정과 이에 대한 감시기능의 총칭
③ 기업 가치의 극대화를 위해 기업의 이해관계자 간 대리인 비용 agency cost과 거래비용transaction cost을 최소화하는 메커니즘[35]
④ 기업의 경영을 감시, 규율하는 것 또는 이를 행하는 기구

스탠더드앤드푸어S&P는 '거버넌스Governance'에 대해 "주권자의 정책 결정에서부터 이사회, 관리자, 주주 및 이해관계자를 포함한 다양한 기업 참여자들의 권리와 책임 분배에 이르기까지의 의사결정 체계"라고 정의하고 있다. 이 개념으로 보면 'Governance'를 단순히 '지배구조'라고 번역하기보다는 '의사결정 체계'로 이해하는 것이 더 맞는 의미다. 지속가능경영 관점에서 본다면, 거버넌스Governance는 이사회 중심을 의미하는 것만도 아니다.

기업에 있어서 지배구조가 중요한 이유는 기업을 소유한 주주와 기업을 경영하는 경영자가 분리되어 주주와 경영자 간 이해상충 문제가 발생하기 때문이다. 창업주가 회사를 세웠어도 회사가 성장하고 투자자가 회사 주식을 소유하면서 나중에는 투자자들이 창업주를 회사에서 쫓아내는 일이 발생한다. 대표적인 사례가 1985년 애플의 스티브 잡스가 해임된 사건이다. 애플의 창업자 스티브 잡스는 성장 중인 애플의 경영을 맡기기 위해 초빙했던 존 스컬리 CEO와 충돌이 잦았었는

데, 1984년 잡스가 만든 고가의 매킨토시가 실패하면서 갈등은 극에 달했다. 1985년, 스컬리 CEO는 매킨토시를 포기하고 기존 성공작인 개인용컴퓨터 '애플II' 판매를 통한 이익 실현을 강조했다. 그러나 잡스는 매킨토시 가격 인하로 판매를 늘려야 한다고 주장했다. 결국 이사회는 창업주인 잡스를 해고하고 스컬리의 손을 들어줬다. 물론 이전부터 독단적이고 직원들에게 함부로 대했던 잡스의 태도도 이사진을 불편하게 만들어 해고 결정에 영향을 미치기도 했다. 이처럼 지배구조의 근본적인 목적은 창업주를 해임해서라도 기업의 수익력을 강화하고 기업 가치를 보존하는 것이다.

1980년대 이후 최근까지 시장과 경제 상황의 변화에 따라 CEO의 독단적인 지위에 제한이 가해지고 이사회의 기능이 강화되는 지배구조의 획기적인 변화가 진행되고 있다. 즉 무한 경쟁과 급속한 기술 발전으로 대표되는 사업 환경 속에서 경영자의 독단적 의사결정의 한계에 대한 인식, 소액투자자를 비롯한 투자자 보호와 경영의 투명성 확보에 대한 요구, 기관투자자의 지분 확대로 대표되는 소유구조의 변화, 경영자 인력시장이나 공개매수와 같은 시장제도의 변화 등 최근 전개되고 있는 경제와 시장 여건의 변화는 최고경영자의 독단적 의사결정 체제에 한계를 인식하고 더욱 강화된 이사회의 견제기능을 요구하는 계기가 됐다.[36] 지배구조를 위한 여러 제도를 설계하고 실행함에 있어 주주, 채권자, 종업원 등 여러 이해관계자들의 이해가 충돌할 수 있다. 기업 매수에 의해 새로운 주주가 경영자를 교체할 경우, 자신들이 회사를 소유하고 있다고 생각하는 종업원들로부터는 반발을 불

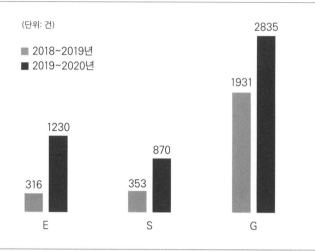

블랙록의 ESG 부문별 주주 관여

(단위: 건)
- ■ 2018~2019년
- ■ 2019~2020년

자료: DBR, 블랙록, 서진석의 ESG 코멘터리

러일으킬 수 있다. 이는 결국 "회사는 누구의 것인가"라는 '이해관계자 자본주의'와 '주주 자본주의'의 오래된 논의로 귀결된다.

블랙록은 2019년 7월부터 2020년 6월까지 3000건 이상의 주주 관여 활동을 했는데, 이 중 지배구조가 2835건으로 가장 많았다. 지속 가능발전소의 '2019년 ESG 사건사고 분석 보고서'에서도 지배구조 이슈 기업은 487개사, 사회는 290개사, 환경은 30개사로 나타났다.

세계경제포럼World Economic Forum: WEF에서는 거버넌스, 지구, 사람, 번영의 4개 축 중 거버넌스Governance를 가장 중요한 축이라고 강조한다. 사회와 환경 문제 해결에 있어 리더, 이사회, 이해관계자 등의 의지와 시너지가 없다면 E와 S가 제대로 추진될 수 없기 때문이다. 블랙록의 스튜어드십팀 본부장 역시 "환경(E), 사회(S), 거버넌스(G)가 개별적

기업 외부
이해관계자

기업 내부
이해관계자

좋은 지배구조로 인해
환경과 사회적 목표 달성

으로 독립해 존재하는 요인이라고 생각하는데 절대 그렇지 않다. 모든 게 지배구조 문제라고 해도 무방할 정도로 거버넌스는 ESG 리스크를 관리하는 데 있어 가장 중요한 근본 요소다"라고 강조했다.

ESG 평가에서도
영향력을 행사하는 지배구조

SASB 중대성 지도에서는 리더십 및 거버넌스Leadership & Governance 영역에서 5가지 이슈 카테고리를 다루고 있다.

SASB 중대성 지도에서 알 수 있듯이 지배구조의 핵심 이슈는 건강한 사업 윤리와 그에 기반한 기업의 적극적인 리스크 관리다. 건강한 사업 윤리는 경영진의 올바른 기업 철학과 함께 독립적이고 전문적인 이사회의 역할에 의해 결정된다.

기관투자자 입장에서 보면, 독립적이고 전문적이며 다양성을 갖춘 이사회는 매우 중요하다. CEO가 개인을 위해 음성적으로 대규모 지출을 하는 등 대리인 문제agency problem가 발생하지 않도록 하려면 이사회가 잘 작동해야 하기 때문이다. 또 이사회가 내부거래 등 법적·윤리

SASB 리더십 및 거버넌스 영역에서 5가지 이슈 카테고리

이슈 카테고리	지표(산업군별로 다를 수 있음)
사업 윤리 (Business Ethics)	• 내부자 거래, 독점 금지, 반경쟁 행위, 시장 조작, 자금 세탁, 과실 또는 기타 산업법·규정과 관련된 법적 절차 결과로 발생한 금전적 손실 총금액 • 내부 고발자 정책 및 절차에 대한 설명 • 가치사슬 전반에 걸친 부패 및 뇌물 방지를 위한 관리체계 설명 • 국제투명성기구의 부패인식지수에서 가장 낮은 20위를 차지한 국가의 생산량
경쟁적 행동 (Competitive Behavior)	• 가격 담합 또는 가격 조작과 관련된 법적 절차 결과로 발생한 금전적 손실 총금액 • 지적재산권(IP) 보호를 보장하기 위한 접근 방식에 대한 설명
법률 및 규제 환경 관리 (Management of the Legal & Regulatory Environment)	• 정부 프로그램을 통해 받은 보조금 금액 • 업계에 영향을 미치는 환경 및 사회적 요인을 다루는 정부 규제·정책 제안과 관련된 기업 입장 논의
중대 사고 위험 관리 (Critical Incident Risk Management)	• 중대 프로세스 사고(PSIC) 건수, 사고 비율(PSTIR), 안전도 비율(PSISR)
체계적인 리스크 관리 (Systemic Risk Management)	• 데이터 침해 건수, 개인식별 정보 관련 비율 • 기술오류, 보안 침해 및 시장 혼란 방지 위한 노력 • 자본 적정성 계획, 장기 기업 전략 및 기타 비즈니스 활동에 의무적·자발적 스트레스 테스트 결과를 통합하는 방법

자료: SASB HP

적 이슈에 대해 반대 의견을 내려면 독립성이 보장돼야만 한다. 이사회 운영을 투명하게 공개하고 다양성이 보장되며 견제와 감시 기능이 강화된다면 기업 경영에 있어 불법, 부패, 비윤리, 불공정 등의 리스크가 줄어든다. 독립적이며 투명한 이사회는 책임 있는 기업 운영을 위한 중요한 이슈이다. 물론 최고경영자의 리더십 및 경영 마인드, ESG 관련 위험 및 기회 요인을 경영 활동에 반영하는 시스템, 이해관계자의 참여, ESG 경영 실행 체계, 평가·보상 체계, ESG 정보공개 등도 이사회 운영과 함께 봐야 할 중요한 영역이다.

리스크 관리는 비윤리적, 불공정, 불법을 막음으로써 기업의 불안정성과 취약성을 해소한다. 평가기관인 MSCI에서도 도덕성, 조세 투명성을 주요 이슈로 보고 있다. 리스크 관리는 기업 경영의 가장 기본이 돼야 하는데, 이를 위해서는 ESG 경영과 관련된 여러 정보를 투자자들에게 객관적으로 정확하게 제공해야 한다. 그래야만 자산의 적정 가치를 제대로 평가하고 자본의 효율적 배분이 가능하기 때문이다. 현재의 리스크 관리는 투자자 관점의 재무적 리스크 측면을 강조하고 있는데, 점차 ESG 경영 차원의 기회를 찾아내는 관점에서 바라볼 필요가 있다. 위기와 기회는 동전의 양면과 같다. 환경보호 측면에서 석탄산업은 리스크이지만, 반대로 친환경 신재생에너지 산업은 기회 영역이다. 지배구조가 ESG 경영에서 가장 중요시되는 이유도 ESG 요소에 따른 위험을 이해하고 평가하는 것을 넘어, 환경과 사회 영역의 활동들을 원활하게 수행하도록 ESG 경영을 전반적으로 개선하는 '조타수'의 역할을 하기 때문이다.

지배구조가 ESG 경영에서 무엇보다 중요하다는 인식이 확산되고 있지만, 아직 국내에서는 개선해야 할 부분들이 많다. 한국기업지배구조원의 조사에 따르면 지배구조 부문에서 A+ 등급을 받은 기업은 총 9개(포스코, 포스코인터내셔널, 에쓰오일, SK㈜, SK네트웍스, SK텔레콤, 풀무원, KT, 네이버)인 반면, 최하위 등급인 D를 받은 기업은 24개사나 됐다. (2020년 기준) 최상위 등급인 S등급을 받은 기업은 한 곳도 없었는데, 이에 대해 KCGS는 "A+를 받은 기업들도 우수한 지배구조를 갖추고 있지만 개선의 여지가 있다는 점에서 S가 아닌 A+를 받았다"고 설명하고 있다(S등급은 "지배구조·환경·사회 모범 규준이 제시한 지속가능경영 체계를 매우 충실히 갖추고 있으며 비재무적 리스크로 인한 주주 가치 훼손의 여지가 매우 적음"으로 정의하고 있다).

지배구조는 ESG 등급 평가에서도 가장 중요한 비중을 차지하고 있다. 기업의 지배구조는 기업의 지속가능성의 원천이자 척도이다. 투명한 지배구조는 새로운 기업 가치를 창출하고 기업 발전과 주가 상승이라는 선순환에 상당한 영향을 끼친다. 그렇기에 투자자와 평가기관들은 경영자를 평가하고 보수를 산정하는 기준이 회사 성장 방향과 일치하는지, 회사가 지속가능한 성장을 위한 비즈니스 모델을 갖추고 있는지 등을 면밀히 살펴본다.

평가기관에 따라 기준과 방식의 차이는 있지만 어떤 기업이든 지배구조가 ESG 등급에 많은 영향을 주는 것은 사실이다. 지배구조와 관련한 여러 평가 기준 중에서 우선적으로 보는 부분은 이사회에서의 사외이사 비중이다. 상법상 자산총계 2조 원의 상장사는 이사회의 과반을 사외이사로 구성해야 하는데, 통상 8인의 이사회의 경우 절반인 4인을 사외이사로 구성한다.

사외이사 비율이 높을수록 평가에서 고득점을 받을 확률이 커서, 최근에는 사외이사 비율을 늘리는 추세이다. 가장 높은 사외이사 비율을 기록한 기업은 KT(72.7%)로 이사회 11명 중 무려 8명이 사외이사이다. 이사회 멤버들의 이사회 출석률과 이사회 산하의 위원회 구성도 중요하다. 자산총계 2조 원 이상의 상장사는 사외이사후보추천위원회(사추위)를 의무적으로 설치해야 한다. 사추위 외에도 내부거래위원회,

지배구조 ESG 등급 평가 기준

지배구조(G) 등급 평가 기준
① 이사회 구성 (사외이사 비율)
② 사내·사외이사 이사회 출석률
③ 이사회 산하 위원회 구성의 다양성과 구체성
④ 대표이사·이사회 의장 분리 여부
⑤ 사회이사후보추천위원회(사추위)의 구성
⑥ 사추위장·사내이사 분리 여부
⑦ 사회이사 직무수행 지원조직 및 사외이사 교육실시 현황
⑧ 사내이사·사외이사 간 독립성 보장 여부 및 사외이사 전문성
⑨ 주주총회 관련 기업 관행 개선 여부
⑩ 계열사 간 내부거래 비율
⑪ 주주환원정책 (배당성향)

자료: 더벨

보상위원회 등 다양한 위원회를 구성하면 평가에 유리하다. 독립성 제고를 위해 평가기관들은 사외이사로만 사추위를 구성할 것을 권고하는데, A+ 기업들 중에서는 SK네트웍스와 풀무원이 사외이사로만 사추위를 구성했다.

　대표이사와 이사회 의장 분리 여부도 평가 대상인데, 대표이사의 과도한 권한 행사를 막는다는 취지에서 가능하다면 양쪽의 직책을 분리하는 것이 좋다. 대표이사와 이사회 의장 분리의 경우, 포스코인터내셔널을 제외하고 모든 기업이 준수하고 있다. 회사 내 사외이사들이 직무 수행을 하기 위한 지원 조직을 갖추고 있는지 여부와 각 기업이 요구하는 전문성을 사외이사들이 갖추고 있는지 여부도 평가에 있어 눈

여겨보는 항목이다. 계열사 간 내부거래 비율도 평가기관의 관심사로, 그룹 내 내부거래를 지양하도록 권고하고 있다.

2022년부터 시행되는
지배구조보고서 공시 의무

2022년부터는 연결기준 자산총액 1조 원 이상 상장법인의 기업지배구조보고서 제출 의무가 시행된다. 금융위원회의 기업지배구조보고서 공시 확대방안에 따라 연결재무제표 기준 자산총액 1조 원 이상 유가증권시장주권상장법인은 2022년부터 기업지배구조보고서를 제출해야 한다.

기업지배구조보고서는 ESG 중 지배구조에 초점을 맞춘 보고서로 한국거래소가 기업지배구조와 관련된 사항으로 지정한 10가지 핵심원칙의 채택 여부를 공시하는 보고서이다. 또한 투명한 기업지배구조 확립을 위해 준수를 장려할 필요가 있는 핵심 지표 15개(필수 기재 사항)를 선정해 준수 여부를 공개해야 한다.

지배구조 10가지 핵심 원칙

구분		핵심 원칙
주주	주주의 권리	① 주주는 권리행사에 필요한 충분한 정보를 시의적절하게 제공받고, 적절한 절차에 의해 자신의 권리를 행사할 수 있어야 한다.
	주주의 공평한 대우	② 주주는 보유주식의 종류 및 수에 따라 공평한 의결권을 부여받아야 하고, 주주에게 기업 정보를 공평하게 제공하는 시스템을 갖추는 노력을 해야 한다.
이사회	이사회 기능	③ 이사회는 기업과 주주이익을 위해 기업의 경영목표와 전략을 결정하고, 경영진을 효과적으로 감독해야 한다.
	이사회 구성	④ 이사회는 효율적으로 의사를 결정하고 경영진을 감독할 수 있도록 구성해야 하며, 이사는 다양한 주주의견을 폭넓게 반영할 수 있는 투명한 절차를 통해 선임되어야 한다.
	사외이사의 책임	⑤ 사외이사는 독립적으로 중요한 기업경영정책의 결정에 참여하고 이사회의 구성원으로서 경영진을 감독·지원할 수 있어야 한다.
	사외이사 활동의 평가	⑥ 사외이사의 적극적인 직무수행을 유도하기 위해 이들의 활동내용은 공정하게 평가되어야 하고, 그 결과에 따라 보수지급 및 재선임 여부가 결정되어야 한다.
	이사회 운영	⑦ 이사회는 기업과 주주의 이익을 위한 최선의 경영의사를 결정할 수 있도록 효율적이고 합리적으로 운영되어야 한다.
	이사회 내 위원회	⑧ 이사회는 효율적인 운영을 위해 그 내부에 특정 기능과 역할을 수행하는 위원회를 설치해야 한다.
감사기구	내부감사기구	⑨ 감사위원회, 감사 등 내부감사기구는 경영진 및 지배주주로부터 독립적인 입장에서 성실하게 감사업무를 수행해야 하며, 내부감사기구의 주요 활동내역은 공시되어야 한다.
	외부감사인	⑩ 기업의 회계정보가 주주 등 그 이용자들로부터 신뢰를 받을 수 있도록 외부감사인은 감사대상기업과 그 경영진 및 지배주주 등으로부터 독립적인 입장에서 공정하게 감사 업무를 수행해야 한다.

자료: 기업지배구조 핵심 원칙별 가이드라인, 금융위원회

ESG 정보 공시 의무 일정

	19	20	21	22	23	24	25	26	27	28	29	30
지배구조보고서 (거래소)	2조 이상			→ 1조 이상		→ 5000억 이상		→ 전체				→
환경정보 공개 (환경부)				2조 이상			→ 5000억 이상				→ 전체	
지속가능보고서 (거래소)							2조 이상				→ 전체	

자료: 한국상장회사협의회, 언론 종합

2017년 3월부터 코스피 상장법인을 대상 자율공시 형태로 도입됐고, 현행 자산총액 2조 원 이상 상장법인은 의무공시 대상이다. 2022년부터는 자산 1조 원 이상 법인이 공시 의무 대상이 되며 2024년에는 자산 5000억 원 이상 법인도 기업지배구조보고서를 제출해야 한다. 기업지배구조보고서 제출기한은 매년 5월 31일까지로 일원화하고, 기업지배구조보고서 영문 공시 제출 시한은 3개월로 확대된다. 2026년부터는 모든 코스피 상장법인을 대상으로 거래소 공시가 의무화될 예정이다. ESG 경영에 있어 기업지배구조보고서 공시는 중요하지만 100페이지 분량의 공시보고서들을 작성해야 하는 기업 입장에서는 행정 및 비용적 측면에서 다소 부담이 될 수도 있다. 이에 대해 전경련(전국경제인연합회)은 체계적인 ESG 경영 전략 수립과 효율성 제고를 위해 공시제도의 간소화 및 단일화를 검토해야 한다고 주장하고 있다.

지배구조로 자사의 가치를 높인 기업들: SOMPO, 벤앤제리스, 풀무원

경영과 감독을 철저히 분리한 SOMPO

일본의 경제주간지 《동양경제》는 매년 '우수 ESG 기업 순위'를 발표하는데, 2021년도 1위를 차지한 기업은 2018년부터 4년째 1위를 해온 'SOMPO 홀딩스'라는 보험그룹이다. SOMPO 홀딩스는 2010년에 설립되어 손해보험, 생명보험을 주력으로 하는 일본 내 1위 보험회사이다. SOMPO 홀딩스는 기후변화와 인권·지역사회에 대한 관심을 사업 프로세스에 접목시켜 지속가능한 사회 실현에 공헌하고 있어, 어느 ESG 경영 평가에서든 높은 등급을 받고 있다. (ESG 평가기관 서스테이나가 발표한 'SUSTAINA ESG AWARDS 2021'에서도 SOMPO는 거버넌스 부문 최우수 기업으로 선정됐다.)

동양경제가 발표한 ESG 순위 평가 점수를 보면, 환경과 기업통치 (지배구조)가 100점 만점이고 인재 활용이 99점, 사회성이 96.3점으로 타 기업을 압도하는 점수를 기록하고 있다. 환경에 있어서는 'SAVE JAPAN 프로젝트'를 통해 '생물이 살기 좋은 환경 만들기'를 추진하고, 그룹 전체적으로 GHG 배출량을 2017년 대비 2030년까지 약 21%, 2050년까지 약 51% 삭감을 목표로 하고 있다. 또한 '사원이 일하고 싶은 회사'를 목표로 한 인사 전략을 추진해 능력개발 지원이나 글로벌 인재의 육성을 실시하는 등 'ESG 경영의 교과서'라고 할 수 있는 활동들을 폭넓게 전개하고 있다. 특히 기업통치 100점을 받을 정도의 우수한 지배구조는 지배구조가 비교적 취약한 일본 기업들 내에서도 정평이 나 있다.

우선 사외이사 비율은 2020년 기준 75%에 달한다. 2010년에도 사외이사 비율은 50%였는데, 계속해서 사외이사 비율을 늘린 것이다. 참고로 일본 상장사 중에서 사외이사 비율이 30%를 넘는 기업은 43% 정도로 SOMPO의 사외이사 비율은 일본 내에서도 최고 수준에 달한다. 또한 이사회 12명 중 3명이 여성 이사로 전체 25%를 차지하고 있다.

또한 SOMPO가 지배구조에서 높은 평가를 받은 이유에는 경영의 수행과 감독의 철저한 분리로 투명하고 공정한 경영이 가능했기 때문이다. 일본은 회사법상 위원회설치회사에 지명위원회, 보수위원회 및 감사위원회를 설치해야 하고, 각 위원회는 3인 이상으로 조직하며 그 과반수는 사외이사여야 한다. 그런데 SOMPO는 지명위원회와 보수위원회는 아예 전원을 사외이사로 구성했고, 각 위원회의 위원장은 모두

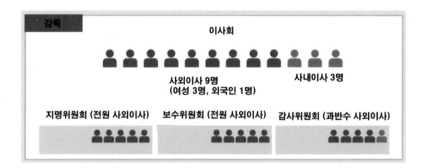

사외이사를 임명했다. 이로 인해 경영의 객관화와 투명성이 보장됐고, 보다 공명정대하게 경영진의 경영 활동을 평가할 수 있게 됐다.

투자자 및 이해관계자들을 위한 설명회와 개별 미팅도 자주 개최해 정보를 공개하고 ESG 경영에 대해 이해를 돕고 있다. 2020년 기준으로 약 300여 건의 설명회와 미팅을 개최했는데, 정기적인 IR 설명회나 개인투자자 대상 설명회, 증권사 대상 컨퍼런스 외에 ESG 경영에 대한 불명확한 부분이나 문제 해결, 최신 정보 등을 제공하는 개별 미팅 건수가 무려 274건에 달해 투자자 및 금융기관들로부터 긍정적인 평가를 받고 있다.

또 하나 SOMPO에는 흥미로운 조직이 있는데 2019년에 신설된 CEO 고문기관인 'Global ExCoGlobal Executive Committee'이다. Global ExCo는 SOMPO 그룹의 중장기 경영 전략, 자본 정책, 신규 사업 전략, 인사 전략, 디지털 혁신 전략, 일하는 방식 개혁 등 회사에 중대한 영향을 미치는 주제들을 기업 내 최고위층들이 모여 격의 없이 논의해 문제를 해결하는 일종의 회의체이다. CEO의 독단적 의사결정을 막고 합리적이면서 신속하게 사업 방향을 정하도록 CEO를 지원하는 것이 목적인데, 매년 4~5회 정도 그룹 CSOChief Strategy Officer를 의장으로 하여 회의가 열린다. Global ExCo에서 논의된 내용은 가감 없이 이사회에 전달되어 보고되고, 이사회에서는 이 내용들을 객관적이고 전문가적인 시각에서 검토한 후 의견을 제시하고 보완한다.

Global ExCo는 회의에 임할 때 세 가지 사항을 지키도록 당부하는데, 첫 번째는 '허심탄회' 말그대로 상정된 문제에 대해 사전 조율 없이 있는 그대로 바라보고 상황에 따라서는 '악마의 대변인Devil's Advocate(어떤 사안에 대해 일부러 반대 의견을 말하는 사람)'이 돼서라도 문제에 깊숙이 접근하라는 것이다. 두 번째는 '그룹 베스트'로 임원 각자가 속한 담당 부서만 생각하지 말고, SOMPO 그룹 전체의 성과를 극대화하는 관점에서 논의하고 문제를 해결하라는 주문이다. 그리고 세 번째는 '사실 기반'으로, 막연한 추론이나 생각만으로 논하는 것이 아니라 정량적인 정보와 객관적 사실에 기초해 끈질기게 답을 찾아내자는 것이다.

SOMPO는 2010년 설립 이래 쉬지 않고 지배구조를 개선하고 혁신하는 데 주력해왔다. 환경과 사회를 위한 ESG 경영도 게을리하지 않았지만, E와 S의 성공적 수행을 위해서는 G, 지배구조의 혁신 또한 중요하다는 것을 알고 있기에 여러 노력을 기울이고 있다.

기업은 팔아도 기업 철학은 팔지 않은 벤앤제리스

미국 1위 아이스크림 기업이자 사회적 기업으로 유명한 벤앤제리스 Ben&jerry's는 2010년 유니레버에 무려 2조 6000억 원에 인수되면서 더욱 유명세를 탔다. 벤앤제리스 아이스크림은 인체에 유해한 물질을 최대한 넣지 않은 '내추럴 아이스크림'으로, 성장 촉진 호르몬을 사용하지 않고 키운 젖소 우유만을 쓰고 인공 색소를 넣지 않는다. 지속가능한 제품 생산방식과 공급자, 농부, 가맹점부터 고객에 이르기까지 모든 이해관계자를 위한 공동의 가치 추구를 기업 이념으로 삼고 있어 대표적인 행동주의 ESG 기업으로 손꼽는다. 제품 생산에 있어 환경에 미치는 영향을 최소화하기 위해 제조 시설 내 탄소 절감 프로그램을 도입하고, 온실가스 배출 감소에 앞장서고 있으며 다양한 환경보호 캠페인도 실천 중이다.

그런데 이런 착한 기업의 아이스크림을 쓰레기통에 버리는 동영상이 온라인에 퍼져 화제가 됐다. 그것도 이스라엘의 경제 장관이 말이다. 2021년 7월, 이스라엘의 경제 장관은 SNS를 통해 냉장고에서 벤앤제리스 아이스크림을 꺼내 쓰레기통에 버리는 영상을 공유했는데, 이는 벤앤제리스 아이스크림이 문제가 있어서가 아니라 정치적 이유 때문이었다.

벤앤제리스는 미국 내에서도 흑인 인권 문제, 성소수자 문제, 선거 자금 개혁 문제 등에 적극적인 목소리를 내는 것으로 유명한 기업인데, 이번에는 이스라엘의 팔레스타인 점령지인 요르단강 서안지구에서 아이스크림 판매를 중단하겠다고 선언하면서 파문이 일었다. 이스라엘의 요르단강 서안지구 점령을 반대한다는 의미의 행동이었다. 그러자 이스라엘 정부에서는 난리가 났다. 이스라엘 나프탈리 베넷 총리는 벤앤제리스의 모기업인 유니레버 최고 경영자에 항의 전화를 해 '반유대 조치'에 항의했다. 이스라엘은 벤앤제리스의 아이스크림 판매 중단이 미국내 반유대주의 확산으로 연결되는 것을 우려했다 보이콧 금지법을 시행하고 있는 미국 35개주에 법적 제소를 하겠다는 서한을 보내고, 경제부장관은 발끈하며 아이스크림을 쓰레기통에 버리는 영상을 자신의 SNS에 올렸다.

1978년 벤앤제리스를 설립한 베넷 코헨과 제리 그린필드는 이스라엘의 비판과 불매운동 위협에도 "우리는 공동선을 추구한다. 우리는 자랑스러운 유대인이고, 이스라엘이라는 나라의 지지자이지만, 이스라엘의 일부 정책에는 반대할 수 있다. 점령지에서 아이스크림 판매를 중단한 것은 회사 43년 역사에서 내린 가장 중요한 결정 중 하나"라며 기업 철학을 강조했다. 또한 팔레스타인에 아이스크림을 유통하는 이스라엘 회사와 2022년 계약이 종료되면 계약 연장을 하지 않겠다고도 덧붙였다.

이스라엘 총리까지 나서서 모회사인 유니레버에 항의했지만, 유니레버는 벤앤제리스의 결정이라며 밴앤제리스의 경영 철학을 존중하겠다고 답변했다. 유니레버는 벤앤제리스를 100% 소유하고 있었고, 벤앤제리스의 행동은 분명 유니레버의 이익을 저해할 수 있다. 미국 공직자들은 보이콧 금지법에 근거해 유니레버에 투자 중인 연금 기금을 매각하겠다고 위협하는가 하면, 유니레버의 손실을 우려해 유니레버가 벤앤제리스와의 오래된 계약을 종료할 방법을 찾아야 한다는 주장도 제기됐다.

벤앤제리스가 기업 철학을 유지할 수 있었던 것은 2000년 유니레버에 인수될 당시 인수계약을 맺으면서 독립적인 이사회를 요구했고, 이를 통해 이해관계자 자본주의 거버넌스를 가지고 있었기 때문이었다.

벤앤제리스는 인수된 직후 사회·환경 활동가들 중심으로 독립적인 이사회를 구성했다. 그리고 이 이사회에 두 가지 권한을 별도로 부여했는데, 하나는 사회적 미션social mission 목표를 보존하는 것이고, 다른 하나는 브랜드 무결성을 보호하는 것이다. 현재도 벤앤제리스 이사회는 유색인종 50%, 미국 외 출신 50%, 여성 50%로 구성돼 있는데, 팔레스타인 점령 지역 판매 중단을 이끈 이사회 의장 아누라다 미탈 Anuradha Mittal은 인도 출신의 인권, 토지 권리, 원주민 권리 옹호자였다.

벤앤제리스의 사회적 미션은 "공익을 위해 회사를 혁신적인 방법으로 이용하는 것"이라고 밝히고 있다. 2010년 사회 및 환경 평가 보고서에서는 "평화와 정의의 대의명분을 위해 회사를 이용하라", "우리의 가치에 부합하는 아이스크림을 만든다", "지속가능한 글로벌 유업 관행을 촉진하기 위해 앞장서라"는 사회적 미션 목표를 추가로 정의하고 있다. 이러한 미션 강화의 책무를 부여받은 이사회는 CEO 1명, I 클래스 이사 9명, U 클래스 이사 1명 등 11명으로 구성돼 있다. CEO는 유니레버와 I 클래스 이사 과반수가 지명한 2명의 이사 간 협의를 통해 선임되고, U 클래스 이사는 유니레버가 지명한다. 유니레버가 직접적으로 영향을 행사할 수 있는 이사는 1명, 그리고 협의에 의해 영향력

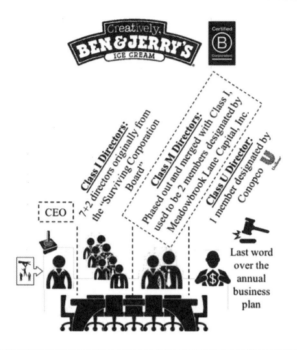

자료: 벤앤제리스 HP

을 행사할 이사까지 포함하면 2명뿐이다. 이사회의 절대다수를 차지하고 있는 것은 I 클래스 이사 9명인 셈이다. 사회적 미션과 브랜드 무결성에 대한 책임을 부여받은 것도 사실상은 I 클래스 이사들이다. I 클래스 이사들은 유니레버에 의해 통제되지 않고 다른 이해관계자의 이해를 대변하도록 독립성을 부여받았는데, 이 I 클래스 이사들은 사회, 경제, 환경 옹호 및 행동주의 활동 전문가들로 구성됐다. 그리고 이 이사회 운영 원칙은 현재까지도 그대로 이어져, 이번 팔레스타인 점령지

철수 결정을 실행할 수 있었던 것이다.[37]

벤앤제리스의 지배구조 사례는 이사회의 역할이 본질적으로 무엇인지를 잘 보여주고 있다. 벤앤제리스 이사회 운영 원칙은 사회환경 보고서에서도 잘 나타나 있다.

"이사회는 벤앤제리스의 사회적 미션을 담당한다. 무엇보다도 제품 품질 및 표준을 포함하는 벤앤제리스의 본질적인 가치Essential Integrity를 지킬 책임이 있다. 이 역할에서 이사회는 회사의 세 부분으로 된 미션 선언문을 유지 및 발전시키고 벤앤제리스의 브랜드를 보호하는 데 있어 벤앤제리스의 고위 경영진에게 명확한 방향을 제시한다. (…중략…) 벤앤제리스 이사회는 사회, 경제, 환경 옹호 및 행동주의 분야의 글로벌 리더로 구성돼 있고, 앞으로 직면하게 될 복잡하고 다양해지는 문제들을 해결하는 데 필요한 경험과 전문성을 갖춘 인물들을 적극적으로 모집하고 있다."[38]

벤앤제리스는 인수당하면서도 '사회적 미션 실현'이라는 기업 철학을 위해 그에 맞는 인물들로 독립적인 이사회를 만들었고, 이를 인수 협약으로 명문화하여 기업이 추구하는 가치를 지킬 수 있었다. 6명의 사외이사 구성을 봐도 2명은 유니레버 출신, 1명은 벤앤제리스 근무 경력자, 3명은 진보적 인사로, 유니레버 출신 2명을 제외한 나머지 4명은 회사의 가치를 가장 잘 대변할 수 있는 인물들로 선임했다. 벤앤제리스는 G, 지배구조가 왜 ESG 경영에서 중요한지를 이사회 운영으로 몸소 실천해 보여주고 있다. ESG 경영 선언과 함께 부랴부랴 ESG 위원회를 만들고 사외이사를 선임했지만 정작 무엇을 위해 위원회를 만들고 앞으로 어떻게 해야 할지를 몰라 막막해하는 국내 기업들에게 벤앤 제리스 사례는 유기농 아이스크림처럼 좋은 본보기가 될 것이다.

투명한 지배구조가 기업의 경쟁력, 풀무원

국내 기업 풀무원은 '2020년 ESG 우수기업 시상식'에서 식품 기업 중 최초로 4년 연속 ESG 통합 A+ 등급을 획득했는데, 특히 환경(E)과 사회(S) 측면 외 지배구조(G) 부문에서 높은 등급을 받았다. ESG를 가장 잘하는 기업으로 손꼽히는 풀무원의 경쟁력은 다름 아닌 투명한 지배구조였다.

풀무원은 1984년 창사 이래 33년간 지속됐던 오너 경영을 마감하고 2018년부터 전문 경영인 체제를 도입했다. 전문 경영 체제를 통해 객관적 견제 장치를 갖추게 되어 한층 투명한 기업 구조를 갖게 되는 동시에, CEO의 독단적 경영을 방지하고 경영 역량을 갖춘 CEO를 통해 기업의 실적 향상을 기대할 수 있게 됐다.

풀무원은 객관성과 공정성을 확보하기 위한 이사 선임 프로세스를 수립해 효과적으로 운영하고 있는데, 사내이사 후보는 이사회 산하 인사위원회의 사전 검토를 통해 후보에 대한 자격과 자질을 검토한 후 주주총회에 추천할 후보를 선정한다. 사외이사 후보는 사외이사후보추천위원회에서 추천 방안과 후보자들을 선정한다. 이후 수차례의 심도 있는 토의를 거쳐 주주총회에 추천할 후보를 확정한다. 후보 확정을 위한 토의 시에는 이사의 독립성 기준을 철저히 지키는 것은 물론, 후보의 전문성, 경영 마인드, 사회적 지명도 등의 평가 기준과 이사회

자료: 풀무원 HP

구성의 다양성, 선임 시기별 경영 환경 등을 고려해 이사를 선임한다.

풀무원의 이사회는 사외이사 7명, 사내이사 3명, 기타 비상무이사 1명 등 총 11명으로, 사외이사 비중이 64%에 달한다. 사외이사 비율이 높은 점 이외에도 사외이사진에 성별 다양성을 확보하고 있다. 7명의 사외이사 중 여성은 3명으로 다른 기업에 비해 여성의 비율이 높다. 여성가족부에 따르면(2019년 1분기 기준) 상장사들의 사외이사진에서 여성이 차지하는 비율은 3.1%이다. 또한 이사회가 효과적으로 감독 기능을 수행하고, 공정한 의사결정을 내리기 위해서는 독립성 확보가 필수이다. 풀무원은 사외이사 주요 결격 사유를 규정해 이를 엄격히 준수하며, 통합 보고서를 통해 대외적으로 이사회의 독립성을 공개하고 있다.

풀무원은 이사회 산하에 다양한 위원회를 두고 있는데, 경영위원회, 보상위원회, 사외이사후보추천위원회(사추위), 사외이사평가위원회, 감사위원회, 전략위원회, ESG 위원회, 총괄CEO 후보추천위원회 등 총

8개이다. 이 중 전략위원회, ESG 위원회, 총괄 CEO 후보추천위원회, 사외이사평가위원회는 풀무원만의 독특한 위원회다. 위원회는 기업 경영과 관련된 특정 영역을 보다 면밀히 검토·논의하는 기능을 수행하는데, 다양한 위원회를 신설해 이사회 운영의 효율성을 제고하고 있다.

특히 사외이사의 활동과 이사회를 공정하게 평가하는 사외이사평가위원회를 설치한 것은 국내에서 보기 드문 경우로, 사외이사평가위원회 소속 위원들은 1년 동안 풀무원 이사회 활동을 평가하고 평가 결과를 공유한다. 이사회 평가 결과는 이사의 보수 및 재선임 결정에 반영해 감독 기능이 실질적·효과적으로 작동하도록 유도한다. 또한 사외이사 3인으로 구성된 ESG 위원회는 국내에 ESG 붐이 일기도 전인 2017년에 신설되어 ESG 이슈를 파악하고, 지속가능한 경영 전략을 점검·자문하고 있다.[39]

7장

ESG
디지털 트랜스포메이션

ESG와 IT의 결합으로
차별화된 가치를 창출하다

ESG 경영에는 디지털화가 필수

전작 《ESG 혁명이 온다》에서 ESG DXDigital Transformation(디지털 트랜스포메이션)란 'ESG와 관련된 활동들에 IT를 접목시켜 업무의 효율성을 높이는 동시에 결과에 대한 객관성과 정확성, 신뢰 및 투명성을 높이는 것'이라고 설명한 바 있다. 평가에서 경영에 이르는 전반적인 ESG 활동에 있어서 IT 도입을 통해 모든 ESG 정보들을 데이터로 관리하고, 기존 ESG 경영에서 수행하기 어려웠던 활동들을 IT로 해결하는 혁신적인 디지털 전환Digital Transformation을 'ESG DX'라고 정의했다.

그런데 ESG를 언급하면서 IT가 등장하자 뜬금없다는 의견들이 적지 않았다. ESG와 IT 사이에 어떤 연관성이 있는지도 잘 모르겠다는

질문도 있었다. 하지만 잘 살펴보면 ESG와 IT야말로 ESG 경영 수행에 있어 둘은 떼려야 뗄 수 없는 관계임을 알 수 있다.

ESG 활동들은 대부분 정성적이다. ESG 활동들은 비재무적이지만 투자자들은 ESG 성과로 투자를 결정해야 하므로 나타나는 결과는 수치로 보여줘야 한다. ESG의 비재무적 요소를 디지털 처리해서 데이터화하여 분석하고 가시화를 해야 투자자 및 이해관계자들은 기업의 ESG 성과를 파악하고 이해할 수 있다. 여기서 중요한 것이 디지털화 Digitalization를 통한 데이터의 생성이다.

디지털화와 디지털 트랜스포메이션DX을 같은 의미로 사용하는 경우도 있지만, 일반적으로 디지털 트랜스포메이션은 디지털화를 포함해 새로운 가치 창출 과정까지를 아우르는 일련의 활동을 의미한다. 디지털 트랜스포메이션 개념도, '디지털 기술을 생활에 침투시킴으로써 생활을 더욱 풍요롭게 만드는 것'이다.[40]

온실가스 배출을 예로 들어보자. 눈에 보이지도 잡히지도 않는 이산화탄소를 줄이려면 먼저 정확한 '측정'이 필요하다. 이를 위해 이산화탄소 센서를 온실가스 배출 장소에 부착해 배출량을 측정하게 된다. 배출되는 물질별로 정확한 데이터가 산출되고 이 내용들은 지속가능 보고서(ESG 보고서)에 수치로 기재된다. 여기까지는 디지털화 과정이다. 대부분 기업들의 ESG 경영 활동은 디지털화 과정에서 끝난다. 그런데 측정된 이 온실가스 데이터들을 잘 활용하면 온실가스 감축은 물론 이익 창출까지도 가능하다. AI(인공지능) 분석을 통해 실시간으로 이산화탄소 배출을 모니터링해 누수되는 곳을 체크해 사고를 예방하고 향후 어느 정도의 온실가스가 배출될지도 예측해 계획적으로 온실가스를 관리할 수 있다. 공장 내 제조 공정마다 센서를 부착해 어느 부분에서 가장 많이 온실가스가 배출되는지도 파악해 생산량은 높이

DX는 데이터와 IT 기술의 활용으로 새로운 가치를 창출하는 것이다

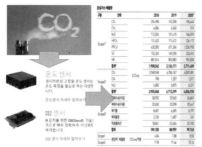

고 온실가스는 감축할 수 있는 최적의 공정 프로세스를 AI가 제시할 수도 있다. 이렇게 AI, 사물인터넷, 클라우드, 빅데이터 등 혁신적인 IT 기술을 활용해 디지털화된 데이터로 새로운 가치를 창출하는 과정까지가 디지털 트랜스포메이션이다. ESG 평가에서는 정확한 '측정'이 제일 중요하지만, ESG 경영에서는 측정을 통해 도출된 '데이터의 활용'이 가치 창출 측면에서 더 중요하다.

ESG와 DX의 공통분모는 '데이터'

이처럼 정량화 및 가시화가 요구되는 ESG와 혁신적 IT 기술로 가치를 창출하는 디지털 트랜스포메이션 사이에는 '데이터'라는 공통분모가 존재한다. 결코 ESG는 디지털 트랜스포메이션과 무관하지 않다. 오히려 '데이터'라는 공통분모로 밀접하게 연결돼 있다.

앞으로의 기업들은 차별화된 ESG 경영을 수행하기 위해서는 데이터

ESG와 DX의 공통분모는 '데이터'이다

정량화 및 가시화가 요구되는 ESG와 혁신적 IT로 디지털 전환을 추진하는 DX는 '데이터'라는 공통 분모가 존재

ESG Data Digital
ESG DX Transformation

를 어떻게 활용하는지에 따라 성과와 기업 가치, ESG 평가 등급까지 달라질 수 있다. 디지털화에 따른 '페이퍼리스Paperless'나 블록체인 기술을 활용해 탄소 배출량을 모니터링하는 활동들은 ESG의 E(환경)에 해당되고, S(사회) 영역에 해당하는 직원들의 건강, 노무 관리를 비롯해 제품 생산과정에서의 안정성과 유해성 관리, 개인정보 보호, 지역사회의 발전을 돕는 사회공헌 활동 등에서 인공지능AI, 사물인터넷IoT, 클라우드 등이 이용될 수 있다. 또한 ESG 평가가 좋은 회사를 인수하거나 투자할 때, AI는 해당 기업의 비非재무지표를 객관적으로 판단하는 데 도움을 줄 수 있다. 실제로 ESG 경영에 IT를 접목시킨 마이크로소프트MS의 MSCI ESG 등급은 2017년부터 계속 최고 등급인 AAA를 유지하고 있다. 또한 ESG 도입을 어려워하는 중소, 중견기업들도 IT를 통한 디지털 트랜스포메이션으로 보다 효율적이고 수월하게 ESG 경영을 수행할 수 있다.

MS의 MSCI ESG 등급과 워터 포지티브 프로젝트

ESG 평가 기록
지난 5년 동안 또는 기록이 시작된 이후의 MSCI ESG 등급 기록 데이터.

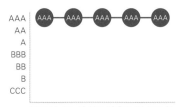

자료: MSCI 및 MS HP

대다수 기업들은 디지털 트랜스포메이션을 '기술'로만 생각하고 있지만, 디지털 트랜스포메이션은 기술을 지렛대로 삼아 ESG 경영의 근본적인 전환과 혁신을 이뤄내는 것이 핵심이다. 클라우드, 블록체인, AI, IoT 등이 어떻게 기업 가치에 영향을 줄 수 있을지 기존 비즈니스와 연결하는 작업이 선행돼야 하고, 새로운 비즈니스 모델 검토와 조직 내 인식 전환 역시 필요하다.

ESG의 디지털 트랜스포메이션은 ESG 경영의 비용적, 효율적 측면에서도 큰 기여를 하지만, MS의 사례처럼 전혀 새로운 가치를 창출하는 데 더 큰 의미가 있다. 이는 신규 사업으로도 연결될 수 있는 좋은 기회이기도 하다.

그러면 ESG 경영에 IT를 어떻게 도입해 어떤 가치를 창출할 수 있는지 다양한 사례들을 통해 살펴보도록 하자.

그린 & 디지털 혁신,
트윈 트랜스포메이션

오래전부터 ESG 경영을 실행해온 EU(유럽연합)의 기업들은 이제 ESG를 통한 비즈니스 혁신에 주목하고 있다. 그리고 그 방법으로 내세우고 있는 것이 최신 경영 트렌드인 IT 기술 기반의 디지털 트랜스포메이션Digital Transformation(DX)이다. EU는 디지털과 순환이라는 두 가지 변화를 톱니바퀴처럼 맞물리도록 해 그린딜Green Deal을 완수하겠다는 큰 그림을 그리고 있다.

EU는 '그린 & 디지털 트랜스포메이션Green and Digital Transformation'을 선언하며 IT를 활용한 ESG 경영 혁신에 속도를 내고 있는데, 컨설팅 업체인 액센추어는 이를 '트윈 트랜스포메이션Twin Transformation'이라는 개념으로 설명하고 있다. ESG와 디지털 트랜스포메이션, 이 두 가지는 따로 움직이는 것이 아니라 쌍둥이처럼 함께 달성한다는 의미로, 기업이 디지털 혁신과 지속가능성이라는 두 개의 과제를 같이 풀어야 한다는 것이다.

2019년 12월, EU 집행위원회는 '2050년 탄소중립'을 목표로 에너지, 건축, 수송, 친환경 농식품, 생물 다양성 관련 정책을 제시한 유럽 그린딜을 발표했는데, 여기서 IT는 중요한 역할을 수행한다. 폐기물의 회수, 분류, 재활용 등을 지원해 순환경제로의 전환을 가속화시키는 일이다. 2020년 3월 말 내놓은 '신순환경제 행동계획'에서는 전자기기, 정보통신기술ICT, 배터리, 자동차, 포장, 플라스틱, 섬유 등 주요 상품에 지속가능한 상품 전략 프레임워크를 도입하기로 했다.

900만 톤에 달하는 EU의 전자 폐기물 중 재활용되는 비율은 아직 40% 수준으로(2017년 기준), 위험하고 관리하기 어려운 전자 폐기물은 환경은 물론 건강에도 문제를 일으킬 수 있다. 이를 해결하기 위해 EU는 ReCircE 프로젝트를 추진 중에 있다. 제품 재료와 특성, 제품수명주기 등 제품에 대한 모든 정보를 '라이프사이클 레코드'에 저장해 제품이 폐기 처분될 때 AI가 이 정보들을 분석해 재료 특성에 맞게 분류하고 재사용을 위한 추가적인 정보도 제공한다. 머신러닝 기반의 정보 분석으로 재료 재활용에 있어 전체적인 효율성을 높이는 동시에 환경 오염도 방지할 수 있다.

재료 감지 센서가 있는 '스마트 쓰레기통'은 AI 기반의 디지털 이미징 기술을 이용해 폐기물이 매립지에 들어가는 것 자체를 방지하고, 축적된 데이터 분석을 통해 버려지는 재료 이용을 최소화하는 데 기여한다. 노르웨이의 TOMRA Recycling은 대규모의 재료 샘플링에서 수집한 정보를 기반으로 정확한 AI 알고리즘을 개발했고, 핀란드의 ZenRobotics는 기계 학습과 로봇 공학을 AI 기반 회수 시설에 접목시켜 폐기물 처리 과정에서 희귀 재료를 분류하고 재활용률을 높였다. 이처럼 AI가 분석한 데이터는 폐기물 관리 시설의 '디지털 트랜스포메이션'을 결정짓는 중요한 요소가 되고 있다.

2021년 3월, EU는 유럽 그린 디지털 연합European Green Digital Coalition: EGDC을 출범시켰다. EGDC는 유럽 내외의 녹색경제와 디지털 혁신을 지원하자는 공동 미션을 가진 선도적인 기술 기업들이 최초로 설립한 연합으로, EU는 기후변화, 천연자원 고갈, 대기오염, 멸종 위기 생물 등 환경문제에 대응하기 위해 디지털 네트워크, 기술, 애플리케이션의 핵심 역할을 강조하기 위해 EGDC 연합을 설립했다. 다양한 업계에서 친환경, 디지털 솔루션의 개발과 구축에 적극적으로 투자할 계획으로 SAP, 다쏘시스템, 슈나이더를 비롯해 보다폰, 도이치텔레콤 등 디지털화 분야 솔루션 및 서비스 대기업 26개사가 주요 창립멤버로 가입했고, 45개 중소기업도 참여했다.

EGDC는 에너지와 재료 효율성이 높은 친환경 디지털 기술과 서비스를 개발하기 위해 NGO 및 관련 전문가 조직과 협력해 환경 및 기후에 대한 녹색 디지털 기술의 순영향을 측정하는 방법과 도구를 개발한다. 1년간 환경, 사회, 경제적인 면을 모두 고려한 녹색 디지털 전환을 위한 권장 사항과 지침도 마련할 계획이다.

한편 EU 집행위원회는 향후 4년 동안 955억 유로(약 128조 5000억 원)를 투자하는 EU 연구 및 혁신 프로그램인 호라이즌 유럽Horizon Europe의 첫 번째 전략 계획(2021~2024)을 채택했다. EU는 이 계획을 바탕으로 디지털 핵심 기술에 대한 투자를 확대하고 탄소중립적이며 지속가능한 발전을 촉진하기 위한 연구 및 혁신에 투자함으로써 기후위기에 대응하고 지속가능한 발전을 실천하는 유럽 그린딜Green Deal과 디지털 전환을 더욱 가속화할 전망이다.

EU 집행위원장은 2021년 2월에 열렸던 뮌헨안보회의에서 새로운 글로벌 어젠다로 기후변화와 디지털 전환을 강조하는 등 최근 EU가 마련하고 있는 정책의 방향이 기후변화와 디지털에 중점을 두고 있다고 밝혔다. 또한 EU 집행위원회는 2030년까지의 성공적인 디지털 전환을 목표로 하는 '2030 디지털 컴퍼스2030 Digital Compass'를 발표했다. 디지털 컴퍼스는 디지털 시민 및 전문가 양성, 지속가능한 디지털 인프라 구축, 기업의 디지털 전환, 공공서비스의 디지털화 등에 계량

EU에서 주목받고 있는 트윈 트랜스포메이션

2021: The year of the Twin Transformation

Europe's competitiveness in **twin transformations** wanes compared to APAC

Digital and sustainable: The twin transformation you're ignoring

Posted on 10 March 2021 · By Mauro Macchi

자료: 언론 종합

화된 구체적인 목표를 제시하고, 디지털 환경에서의 규제, 역량 강화, 기술 문제 해결 등 국제협력 방식을 포함하고 있다.

　EU 회원국 간 운송, 에너지, 통신 네트워크를 연결해 물리적 단일시장 형성을 목적으로 하는 유럽 연결 프로젝트Connecting Europe Facility도 있는데, 이 프로젝트 추진에 있어 친환경·디지털 전환을 위해 제안한 33억 7000만 유로(약 45조 7000억 원)를 장기 예산안(2021~2027)에 포함하도록 잠정 합의했다. 유럽 연결 프로젝트는 이 예산을 활용해 친환경, 디지털 운송을 통해 2050년까지 탄소 배출량을 90% 절감할 계획이고, 에너지 시장 통합 및 초국경 에너지 협력을 통해 기후변화에도 대응할 계획이다.

AI로 탄소를
줄이자

AI가 기업의 ESG 경영에 미치는 영향을 금액으로 나타내면, 추가 매출 및 비용 절감을 통해 2030년까지 약 1.3조 달러에서 2.6조 달러의 가치를 창출할 것으로 추정된다.[41] 이 부가가치는 EU의 탄소배출권거래제에서 탄소 가격을 약 30달러로 가정하고 산출한 것이어서 만약 영구적인 온실가스 제거에 톤당 80달러의 비용이 지출된다고 하면, AI 활용을 통한 온실가스 배출 감축 가치는 2080억~4240억 달러가 추가적으로 창출된다. AI는 주변 환경으로부터 엄청난 양의 데이터를 수집하고 인간이 놓친 연결고리들을 직관적으로 찾아내며 스스로 적절한 조치를 추천한다. 이런 AI의 능력을 탄소중립 실현에 적용한다면 모니터링, 예측, 감축의 세 가지 영역에서 AI를 활용할 수 있다.

배출가스 모니터링	• AI 기반 데이터 엔지니어링 이용해 탄소 발자국 전반에 걸쳐 배출가스 자동 추적 • 운영, 출장 및 IT 장비 등의 활동, 원자재 및 부품 공급업체, 운송업체, 상품의 다운스트림 이용자들을 포함하는 가치사슬의 모든 부문에서 데이터 수집 가능. 인공위성과 같은 새로운 소스의 데이터 활용도 가능 • AI는 누락 데이터에 대한 근사치를 생성하고 결과의 확실성 수준 추정
배출가스 예측	• 현재의 감축 노력, 새로운 탄소 감축 방법, 미래의 수요와 연관 지어 기업의 탄소 발자국 전반의 미래 배출가스를 예측 • 예측 결과를 토대로 보다 정확하게 감축 목표 수립, 조정, 달성 가능
배출가스 감축	• AI를 통한 최적화는 가치사슬의 모든 측면에서 세부적인 통찰력을 제공함으로써 생산, 운송, 기타 분야에서 효율성을 개선 • 이를 통해 탄소 배출가스 감축하고 비용을 절감

자료: Boston Consulting Group(BCG), 'Reduce Carbon and Costs with the Power of AI', 2021.1

탄소를 정확히 측정하자

AI로 탄소를 줄이기 위해서는 먼저 이산화탄소의 시각화가 필요하다. 이산화탄소를 얼마나 배출하고 있는지 정확하게 측정해야 하는데, 마치 다이어트를 할 때 자신의 체중이 얼마이고 체지방 비율이 얼마인지부터 파악하는 일과 같다. 정확한 진단이 있어야 제대로 처방을 내릴 수 있듯이 탄소 배출에 있어서도 마찬가지다. 세계 많은 기업들은 탄소 배출량을 줄이기 위해 여러 노력을 기울여왔지만 가장 중요한 탄소 배출량 데이터는 추정치에 의존한 경우가 많았다. 탄소 배출량 자체를 측정하는 데 상당한 비용과 시간이 들어가기 때문이다. 이산화탄소의 시각화에는 IoT 등의 센서 네트워크 및 데이터 분석 기술이 매우 중요한 역할을 담당하는데, AI의 등장으로 데이터 분석 기술이 획기적으로 향상됐다.

석유 및 가스 채굴 기업은 정확한 탄소 배출 측정이 수익과도 직결

된다. 이들 기업은 집적도를 높인 AI 탑재 센서를 도입해 특정 장소의 대기 성분을 분석하고 탄소 배출량 증가를 감지한다. 이 데이터로 석유 채굴을 위해 유정을 어디에 팔 것인지, 현장 환경의 최적화를 통해 배출량이 급격한 변동을 일으킨 지역이 어디인지를 파악한다. 또한 센서의 성능 보강을 통해 작업의 효율을 높여 AI의 활용 폭을 넓히고 있다.

보다 정확한 탄소 배출 측정을 위해 자사에 특화된 AI 칩을 개발하는 기업도 있다. 영국에 기반을 둔 정유 전문기업 BPthe British Petroleum는 벨몽Belmont 기술개발 회사에 1000만 달러 이상을 투자했는데, 자사에 특화된 AI 칩을 개발하고자 3년 전부터 투자를 시작했다. 자사에 맞는 AI 개발로 프로젝트의 라이프사이클 액셀러레이팅accelerating project lifecycle, 모델링과 정확한 타게팅을 통해 기초자료 수집과 분석, 가공 시간이 90%나 단축됐다.

제조업 등에서 AI를 통한 기본적인 데이터 수집 및 가공, 분석은 어느 정도 가능해졌지만, 실시간 분석은 아직 초보적 단계라 이를 위한 기술 개발은 계속 진행 중이다. GE는 실시간 분석을 위해 AI 회사인 비욘드 리미츠Beyond Limits에 2000만 달러를 투자하기도 했다. 특히 금융상품과 탄소 배출을 연계시킨 상품을 개발하는 금융업체들은 AI 기반의 이산화탄소 실시간 분석에 관심이 높다.

AI로 탄소를 줄이는 네 가지 방법

정확한 에너지 이용량과 이산화탄소 배출량의 측정이 완료되면 다음 단계는 실질적인 이산화탄소 감축이다. AI로 이산화탄소를 줄이는 방법은 크게 네 가지다.

하나는 에너지 절약이다. KT는 AI 엔진인 로보오퍼레이터를 이용해 광화문 사옥의 전기 및 가스 등의 에너지 소비를 11%나 줄였다. 로보오퍼레이터는 실시간 분석으로 건물 내 필요한 곳에 필요한 만큼 냉난방을 자동으로 가동한다. AI는 딥러닝으로 건물 내 냉난방 설비구조와 실내 공간 현황, 기존 에너지 소비 패턴 등을 학습하고, 시간대별로 달라지는 건물 밖 날씨 등 외부 환경 요인도 파악해 에너지 절감 대책을 세운다. 사람이 자신의 경험에 따라 직접 희망 온도를 입력하고, 냉난방을 가동하는 것보다 훨씬 효율적이다. KT는 이 시스템을 LS그룹의 LS용산타워, 대전의 대형 쇼핑몰 세이브존 등 6개 건물에도 적용했는데, LS용산타워는 에너지 절감 효과가 18%에 달했다.

에너지 절약은 온실가스 감축으로 이어졌다. KT는 2018년부터 2020년까지 3년간 온실가스 14만 1000톤을 감축했다. 이 성과로 국내

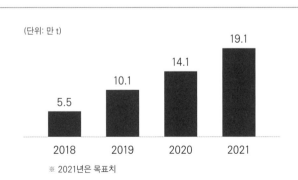

KT의 온실가스 감축량

(단위: 만 t)

2018	2019	2020	2021
5.5	10.1	14.1	19.1

※ 2021년은 목표치

자료: KT

통신사 중에는 최초로 탄소정보공개프로젝트CDP 최고 등급인 '플래티넘 클럽'에 진입했다.

두 번째는 주로 제조업에서 쓰이는 방법으로, 생산 공정의 최적화이다. 매출 규모 80억 달러의 한 글로벌 제철기업은 탄소 배출 및 비용 절감을 위해 AI를 활용한 생산 공정 최적화를 추진했다. 낭비 제거 및 에너지 원단위energy intensity 감소를 위해 AI 기반 공정제어를 실행했는데, 수천 개의 센서들이 수십억 개의 데이터 포인트를 수집하고 이는 다시 제어 시스템의 알고리즘에 적용됐다. 이를 통해 AI는 에너지 니즈를 정확하게 계산 및 예측하고 낭비 요인을 추적, 제거했다. 그 결과 AI 활용으로 연 23만 톤의 이산화탄소에 해당하는 탄소 배출 3% 감소를 달성했고 4000만 달러의 비용 절감까지 이루었다. 만약 모든 제철기업이 AI를 도입해 이 정도 수준으로 이산화탄소를 감축한다면 제철 산업의 이산화탄소 배출은 매년 2억에서 4억 톤 정도 감소하게 될 것이다.

생산 공정의 최적화를 넘어 공정에서 발생할 수 있는 리스크나 불량 등을 예측해 불필요한 가스 배출을 방지할 수도 있다. 유럽의 한 석유가스 기업은 예상치 못한 기계 문제와 사후 대응식의 제어 시스템으로 인해 늘 생산에 막대한 손실이 발생했다. 회사는 손실분을 보충하기 위해 추가적인 생산을 늘렸고, 그로 인해 배출가스와 비용은 증가했다. 이러한 문제를 해결하기 위해 머신러닝 기반의 AI를 도입해 모든 공장설비 뷰를 통일한 통합운영센터를 만들었다. 머신러닝 모델을 이용한 엔드투엔드end-to-end 시스템은 각 생산 단위별로 정비 문제 및 이산화탄소 배출을 예측한다. 이로 인해 공장 엔지니어들은 3~5시간 주기로 모든 생산 단위에서 발생하는 에너지 소비 및 배출가스를 예측할 수 있게 됐고, 초과 배출가스를 발생시킨 생산 단위를 구분, 분석 및 보완할 수 있었다. 그 결과 탄소 배출을 1~1.5% 정도 감소시켰는데 이는 연간 온실가스 3500~5500톤에 해당하는 양이다. 비용도 500만 달러에서 1000만 달러 정도 절감했다. AI 시스템의 장비 고장 예측 정확도는 87%, 이상 배출 예측 성공률은 80%를 기록했는데, 이 AI 시스템은 기계 및 공장은 물론 생산시설 전반에 도입되어 이산화탄소 감축량을 더욱 높일 계획이다.

세 번째 방법은 친환경 신재생에너지 사용의 촉진이다. 탄소 감축에 있어 친환경 신재생에너지로의 전환은 필수적인데, 신재생에너지의 경우 얼마만큼 발전을 하는지 예측하는 것이 중요하다. 신재생에너지 발전량은 날씨에 좌우되기 때문에 날씨 예상 데이터 등을 활용해 발전량을 예측해야 안정적인 전력 공급이 가능하다. 또한 발전 예측 데이터와 에너지 수요 예측을 매칭시켜 외부에서 얼마나 에너지를 조달해야 하는지도 계산할 수 있다. 최근에는 가상발전소에 대한 관심이 늘어나면서 AI 기반의 가상발전소 플랫폼도 등장하고 있다.

네 번째는 AI를 활용해 전력 낭비를 줄이는 것이다. ESG 경영의 일환으로 자사의 법인용 차량을 전기자동차로 교체하고 있는 기업들이 늘고 있는 가운데, 일본에서는 사원의 법인차량 이용 이력을 AI로 분석해 전기 요금이 저렴한 시간대에 필요한 만큼만 자동으로 구입하는 실증이 진행되고 있다. 가정에서도 전기 이용 생활 패턴을 AI가 분석해 불필요한 전력 낭비를 줄이고 알아서 가전을 제어하는 스마트홈 시스템도 개발되고 있다.

이산화탄소 배출 감축 및 비용 절감에 AI가 도움이 된다는 것은 이미 여러 사례를 통해 입증됐다. 이제 AI는 탄소중립 실현과 함께 새로운 기회 발굴로 기업의 재무적 성과 창출에도 기여할 수 있음을 보여주려 한다. 장기적으로 AI가 더 복잡한 기후 이슈들을 해결할 수 있게 된다면 AI는 지구온난화 완화에 핵심적인 역할을 하게 될 것이다.

AI가 배출하는 탄소도 줄여라

딥러닝 모델 중 하나인 트랜스포머 모델을 학습시키는 과정에서 자동차 한 대가 평생 발생시키는 이산화탄소의 5배나 되는 양이 배출된다. OpenAI의 AI 모델인 GPT-3은 70만 킬로미터 이상 주행하는 자동차와 같은 양의 온실가스를 발생시킨다.

이 문제를 해결하기 위해 BCG와 튜링상 수상자 요슈아 벤지오가 설립한 세계적인 AI 연구소 밀라 연구소, 펜실베이니아의 하버포드 칼리지, 머신러닝 협업 플랫폼 Comet.ml가 협업해 CodeCarbon 프로젝트를 추진 중이다. CodeCarbon은 AI 연산 과정에서 발생하는 이산화탄소 배출을 추산하는 데 필요한 정보를 자동 포착해 모든 실험 과정과 여러 프로젝트 전반에서 발생되는 배출가스를 추적, 기록, 시각화한다. 실제 코드에 삽입하면 탄소 발생량을 계산해주는 프로그램이다. CodeCarbon은 개발자들이 자신의 탄소 발자국을 줄이는 데 이용할 수 있는 요소들도 시각화해준다. 이를 통해 개발자들은 보다 간소하고 효율적인 알고리즘을 설계하고, 최저 수준의 배출가스가 발생하는 곳에 서버를 배치하며, 시스템에 가장 효율적인 하드웨어를 선택할 수 있다. 이를 통해 데이터 과학자들은 알고리즘 훈련에서 발생하는 배출가스를 최대 10배나 줄일 수 있다.

플랫폼을 기반으로 사업을 전개하는 빅테크 기업들도 탄소 문제에서 자유롭지 않다. 이메일을 한 번 보내는데 1g, 인터넷 검색 한 번에 약 0.2g에 이르는 이산화탄소가 배출되고, 비디오 스트리밍으로 1시간 동안 동영상을 보면 자동차로 1km를 주행하는 것과 비슷한 효과가 난다. 엄청난 양의 데이터를 처리하기 위해서는 데이터 센터가 필요하고 이 센터를 운영하려면 막대한 전력이 요구되는데, 여기에 소요되는 전력은 모두 화석원료 에너지 기반이다. 플랫폼 비즈니스의 중추적 역할을 하는 막대한 양의 데이터가 환경에 영향을 미치기 시작하면서, 이 문제를 해결하기 위해 빅테크 기업들은 적극적으로 탄소중립을 선언하고 대비책을 마련하고 있다.

전자상거래 플랫폼 기업인 아마존은 미국과 캐나다, 스페인, 스웨덴, 영국 등 9곳에서 신규 풍력과 태양광 사업을 추진한다. 아마존이 진행하고 있는 재생에너지 사업은 206건으로, 여기서 조달한 전력은 사무실과 주문센터, 자회사인 홀푸드 매장, 전 세계 아마존 웹 서비스 데이터 센터 등에 공급된다. 아마존은 2025년까지 기업 활동에 필요한 전력을 100% 재생에너지로 공급하겠다고 약속했는데 이는 기존 목표였던 2030년보다 5년을 앞당긴 것이다.

구글은 클라우드 업체 최초로 2030년까지 클라우드 사업 탄소 제로화를 공식 발표했다. 그린전력으로만 회사를 운영하기 위해 대형 배터리 시설과 원자력 기술, 그린수소, 탄소 포획 기술 등 차세대 기술을 적극 도입할 방침으로, 현재 데이터센터 운영에 필요한 전력은 모두 태양광 및 풍력 전력 생산자와 구매 계약을 맺고 친환경 전력을 공급받고 있다. 구글 데이터센터의 백업 전력은 배터리와 청정에너지로 전환 중이다. 메타(구 페이스북)는 미국 18개주와 5개국에서 6GW 상당의 풍력과 태양광 사업 계약을 맺고 있으며, 회사 운영과 데이터센터 관리에 필요한 전력을 모두 재생에너지로 공급받고 있다. 메타는 신규 풍력·태양광 사업 계약을 계속 확대해나가면서 자사 운영뿐 아니라 공급사들의 모든 밸류 체인, 비즈니스 여행, 근로자들의 출퇴근까지 배출 제로 방침을 적용할 계획이다.

AI로 흩어진 전력을 모으고 관리하는
'가상발전소'

AI와 클라우드로 친환경 전력을 관리하는 가상의 발전소

최근 세계적으로 주목받고 있는 가상발전소Virtual Power Plant: VPP는 산발적으로 흩어진 전력 자원을 가상의 단일 발전소로 묶어서 관리하는 것을 의미한다. 발전소라고는 했지만, 실제로는 물리적 실체가 없는 클라우드를 이용한 플랫폼이다. 분산된 전력 자원을 클라우드 기반의 단일 플랫폼으로 통합하고 이를 AI와 연계해 관리하는데, 온라인상으로 소규모 전력 자원들을 연결해 원격센서로 각 전력시설을 제어한다.

가상발전소는 각 지역에서 소규모 생산이 가능한 재생에너지 관리에 적합하다. 화력, 원자력 등 대형 발전소를 통해 생산되는 기존 전력 자원들은 한국전력공사 등의 일부 사업자를 통해 일괄적으로 공

자료: 언론 종합

급되고 관리됐다. 하지만 태양광, 풍력과 같은 재생에너지는 각 지역에서 소규모로 생산이 되고 전력 사업자들은 잉여 생산된 에너지를 저장장치ESS에 비축해 판매했다. 이러다 보니 제각각으로 생산되고 판매되는 전력 수요 관리가 어려워지고 자연히 전력계통에 대한 리스크도 커질 수밖에 없다. 탄소중립 실현을 위해 친환경 신재생에너지의 수요가 늘고 있는 상황에서 적절한 공급과 지속적인 비용 인하를 위해서는 규모의 경제를 키워야 한다. 그러기 위해서는 여러 곳으로 분산된 소규모 전력 자원을 단일 발전소처럼 한곳으로 모아 관리할 필요가 있는데, 가상발전소는 이러한 문제를 해결해준다. 가상발전소 운영을 통해 안정적인 전력시장이 구성되면, 재생에너지 생산으로 이득을 얻고자 하는 사람들의 참여도 늘어나고 전체 재생에너지 시장도 커지게 된다.

탄소중립이 본격화되면서 해외에서는 이미 가상발전소 실증을 실행하고 있다. 테슬라와 남호주South Australia 주정부는 공동으로 2022년까지 각 가구당 태양광 5kW 및 배터리 13.5kWh 규모의 스마트미터 시스템을 설치하고 이를 연계해 세계 최대 규모의 가상발전소를 구축한다. 프로젝트가 성공하면 안정적인 전력 공급망 확보와 함께 각 가정의 전기 요금을 약 30% 절감할 수 있다. 미국의 전력회사인 그린 마운틴 파워Green Mountain Power, 콘 에디슨Con Edison, 에너지 관리 시스템 회사인 선버지 에너지Sunverge Energy 등 다양한 기업들도 가상발전소 구축을 추진 중이고 영국, 독일, 일본 등은 관련 연구 및 실증을 진행하고 있다.

AI로 전력의 수요공급을 예측한다

가상발전소가 탄소중립 실현의 중요한 수단으로 주목받으면서 효율적 관리를 위해 인공지능AI 도입의 필요성 역시 높아지고 있다.

친환경 신재생에너지는 간헐성으로 발전량 예측이 어려운 전원이다. 규모도 작고 날씨 변화에 영향을 많이 받는 만큼 전력 생산의 높은 변동성을 최소화하여 제대로 대응하는 체계가 마련돼야 한다. 이런 문제를 해결하기 위해 AI로 날씨에 따라 제각각인 재생에너지 발전량을 정확히 예측하는데, 만약 재생에너지 발전량이 갑자기 많아져 전력을 공급하는 송·배전망이 불안정해지면 전력 안정을 위해 출력을 제한할 수 있도록 조절한다. 전력 생산지에서 소비지로 전달하는 계통 시스템은 일정 수준의 전력량이 유지돼야 한다. 만약 일정 수준 전력량이 유지되지 않으면 계통 시스템의 전압과 주파수의 변화로 정전 등이 발생할 수 있다. 전체 전력 생산에서 재생에너지 비중을 높이기 위해서는 날씨와 전력 계통 데이터 기반으로 초 단위의 빠르고 정확한 전력 공급과 수요 예측이 이루어져야 한다. 그런데 이 작업을 사람이 직접 하기에는 한계가 있고, AI를 도입하면 보다 정확하게 수요공급을 예측할 수 있다.

에너지경제연구원의 분석에 따르면, 2030년에는 재생에너지 출력 제한으로 약 3000억 원의 손실이 예상된다. 또한 2050년 탄소중립 방침에 따라 한국 정부는 설비용량 500GW 이상의 재생에너지를 확대하기로 하면서 신재생에너지에 AI 기술을 접목하는 방안은 더욱 주목받고 있다. 특히 2021년부터 재생에너지 발전량 예측제도가 신설되어 AI 도입의 필요성은 더욱 높아지고 있다. 재생에너지 발전량 예측제도 란, 20MW 이상 태양광·풍력 발전사업자 또는 1MW 이하 태양광·풍력을 20MW 이상 모집한 소규모 전력중개사업자가 하루 전 발전량을 예측해 실제 발전량과 예측 발전량의 오차율이 8% 이하면 인센티브 (성공예측 보상금)를 지급하는 제도이다.

이러한 인센티브를 극대화하는 AI 기반 가상발전소도 등장했다. 국내의 한 가상발전소 플랫폼 업체는 태양광 자원에 대한 실증에서 평균 오차율 5% 미만이라는 결과를 달성해 예측 인센티브 수익을 극대화할 수 있음을 증명했다. 또한 RPARobotic Process Automation 기술을 접목해 매일 반복되는 거래소 입찰과 중개거래 및 예측 인센티브 정산 관련 프로세스를 자동화하면서 업무 효율도 극대화했다.

한국은 2018년 5월 29일, 전기사업법에 소규모 전력중개 사업이 신설된 이후 2019년 2월에 소규모 전력중개 시장이 정식으로 개설되면서 가상발전소 운영을 위한 제도적인 기반이 마련되었다. 한국동서발전은 '지역거점 시민가상발전소 사업'을 통해 1.5MW 규모의 가상발전소를 구축했고, 서울에너지공사 역시 2018년 송파구에 1MW급 가상발전소를 설립했다. 서울시와 서울에너지공사는 이 경험을 바탕으로 2025년까지 100MW 규모의 '서울시민 가상발전소'를 조성할 계획이다.

다만 국내에서 AI 기반의 가상발전소가 활성화되려면 정확한 데이터 확보가 필요하다. 전력거래시장에 참여하지 않아 발전량이 실시간으로 확인되지 않는 비계량 태양광은 실제 발전량 데이터가 아닌, 날씨와 재생에너지 설비용량 데이터 등을 가지고 발전량 예측을 하는 상황이다. 현재 비계량 태양광은 전체 태양광발전소 20.2GW 중 75.2%를 차지하고 있다. 비계량 태양광의 발전량 데이터는 정확하지 않아 거래용 데이터로 사용하지 못하고 예측용으로 활용하기에 어렵다. AI가 신재생에너지의 발전량을 정확히 예측하려면 가상발전소를 통해 분산된 재생에너지를 하나로 관리하면서 날씨 데이터뿐 아니라 지금까지의 발전량 히스토리컬 데이터를 분석해야 가능하다

탄소중립 실현을 위해 점점 더 다양한 에너지의 소비 패턴이 늘어날 것으로 예상되는 가운데, 전력의 수요와 공급을 안정적으로 관리하면

서도 효율적으로 탄소를 감축하는 일이 그 어느 때보다 중요해지고 있다. 그리고 그 해답은 빅데이터와 AI에 있다고 해도 과언이 아닐 것이다.

AI가 찾아내는
미래의 새로운 에너지원

친환경 에너지 및 신소재 개발에 AI를 활용하는 기업이 늘고 있다. 석유를 대체할 새로운 에너지원이나 친환경 소재를 개발하는 과정에서 AI가 적합한 것을 고르고 가상 시뮬레이션 분석을 거치는 방식으로 테스트 시간을 단축하고 있다.

1888년에 설립된 세계 규모 6위의 일본 최대 정유업체 에네오스 ENEOS는 탄소중립 시대를 맞아 AI를 활용한 탄소 배출 저감 전략을 구사해 '환경보호와 신성장동력 확보' 목표를 실현한다. 일본도 탄소중립이라는 세계 기조에 발맞추어 제26차 유엔기후변화협약 당사국 총회COP26 연설에서 2030년까지 자국의 온실가스 배출량을 2013년 회계연도 기준 46% 수준으로 낮추겠다고 선언하고 2050년까지 '탄소중립'을 달성하겠다고 약속하면서 일본 내 기업들은 비상이 걸렸다. 많은 일본 기업들은 탄소를 줄이기 위해 석탄, 석유 대신 친환경 신재생에 너지로의 전환을 서두르는 한편, 법인차량도 휘발유·디젤에서 전기차로 바꾸는 등 빠르게 탈탄소 흐름에 동참하고 있다.

이에 전통 내연기관 연료 사용이 점점 줄어들 것으로 예상되면서 에네오스는 휘발유를 대체하는 새로운 연료를 인공적으로 만들기로 결정하고 2030년까지 신합성 연료를 개발하겠다고 선언했다. 석유의 주성분은 탄소와 수소의 화합물로, 수소와 이산화탄소CO_2를 촉매제와 함께 합성하면 석유와 거의 유사한 성분의 연료를 만들 수 있다. 여기에 착안해 에네오스는 공장 등에서 배출된 이산화탄소를 회수해서 합성하는 연구를 진행하는데, 관건은 촉매제의 성능이다. 연료를 만드는 화학 반응에서 어떤 촉매제를 사용하느냐가 제품 효율을 결정짓기 때문이다. 하지만 촉매제를 만드는 재료 조합은 무수히 많기 때문에 이를 수작업으로 처리하면 엄청난 비용이 소요되고 효율성도 높을지 미지수이다. 조합별로 반응 조건, 열역학적 안정성, 반응 속도 등도 제각각이어서 후보 물질 발굴과 테스트에 상당한 시간이 소요된다.

에네오스는 이 촉매제를 찾는데에 AI를 이용한다. 과거의 실험 데이터와 보고서를 AI에 학습시키고, 적합한 재료 조합을 예측한다. 이를 기반으로 막대한 수의 원자 조합을 가상 공간에서 시험하고, 최적의 값을 찾아낸다. AI가 합성 실패 가능성이 낮고 효율은 높은 촉매 조합을 도출할 수 있다. 한 번의 화학반응으로 20% 수준의 사용 가능 연료를 얻는데, AI를 활용하면 최대 60%의 효율성을 기대할 수 있다.

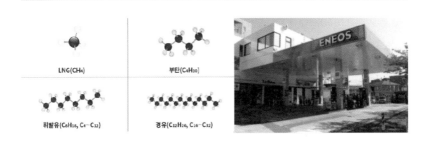

LNG(CH₄)   부탄(C₄H₁₀)

휘발유(C₈H₁₈, C₄~C₁₂)   경유(C₁₂H₂₆, C₁₆~C₃₂)

자료: 에네오스

현재 일본 내 합성 연료 생산 비용은 1리터 기준으로 약 700엔(7461원) 수준인데, 제조비용의 약 90%가 수소 원료 확보에서 발생한다(휘발유 가격은 약 150엔). 만약 AI가 효율성 높은 촉매제를 발견해 코발트나 기타 원소를 촉매제에 적용시킨다면 합성연료 비용을 대폭 줄일 수 있다. 에네오스는 AI로 80% 수준까지 합성 효율을 높일 수 있는 재료 조합을 연구할 계획이다.

국내에서도 KAIST가 AI 딥러닝을 활용해 소재 합성 가능성을 예측하는 기술을 발표했다. 합성 사례가 있는 물질 5만여 종, 가상 물질 8만여 종 등으로 이뤄진 소재 관련 데이터베이스 '머터리얼스 프로젝트'를 AI에 학습시켜 만든 모델이다. AI가 석유를 대신할 수 있는 새로운 물질을 하루빨리 만들어내는 일이 탄소중립 실현의 지름길이라 할 수 있다.

디지털 기술로
중대재해처벌법에 대비한다

중대재해처벌법 시행으로 ESG 경영을 추진하는 기업들은 안전 확보에 더욱 신경을 쓰지 않을 수 없게 됐다. 특히 현장에서 사고가 많은 건설업계에서는 사전 안전관리가 중요해짐에 따라 IT를 활용해 안전 사각지대를 해소하려고 한다.

AI가 작업 현장의 사각지대를 체크한다

국내 대형 건설사인 현대건설은 사물인터넷IoT 센서 기반으로 터널이나 빌딩 시공, 교량 현장 등을 실시간으로 파악할 수 있는 원격위치 관제 시스템을 도입했다. 이를 통해 관리 사각지대에서 발생하는 근로자 안전사고 방지에 실시간으로 대응할 수 있다. 또한 기존 초음파 방

AI 영상인식 기반 장비협착 방지 시스템

자료: 언론 종합

식의 단점을 개선한 AI 영상인식 장비협착 방지 시스템도 도입했다. 기존 초음파 포착 방식은 사람과 사물을 구분하지 못해 작업 시간 동안 지속해서 불필요한 알람이 발생했는데, AI 영상인식 기반 장비협착 방지 시스템은 중장비의 사각지대인 측후방에 설치한 카메라 영상 분석을 통해 AI로 사물과 사람을 구분해 중장비에 사람이 접근했을 때만 알람을 제공해 작업자의 안전을 확보할 수 있게 됐다. 초광역대 무선기술Ultra-WideBand 방식을 활용해 작업자와 중장비 간 거리 오차를 최소화하고, 현장 적용 확대를 위한 기술 개발도 진행 중이다.

현대건설은 모든 건설 현장에 '재해예측 AI'를 도입해 본격적인 AI 기반 건설 현장 만들기에도 주력한다. 재해예측 AI는 10년간 시공한 전체 프로젝트에서 수집된 3900만 건 규모의 빅데이터를 AI가 분석해 건설 현장의 잠재적 재해 위험을 파악해 현장 담당자에게 전달한다.

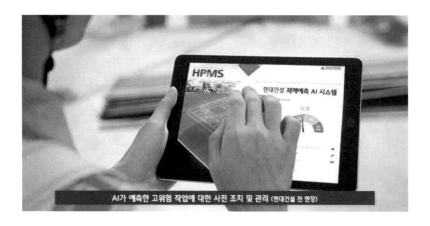

AI가 예측한 고위험 작업에 대한 사전 조치 및 관리 (현대건설 전 현장)

자료: 언론 종합, 현대건설

재해예측 AI는 현장 담당자가 현장관리 시스템에 입력한 예정 공사 정보를 분석해 유형별로 안전재해 발생 확률과 안전관리 지침을 도출하고, 현장소장 및 담당자는 작업 당일 이메일과 문자메시지를 통해 재해예측 정보를 받아 선제적인 안전관리가 가능하다. 10여 년간 축적된 시공 경험 데이터를 디지털화하여 AI 분석을 통해 사전 안전관리라는 가치를 만들어낸 것이다.

작업 현장에 로봇이 투입되어 안전지킴이 역할을 하는 사례도 있다. 종합건설업체 DL이앤씨는 '자율주행 다목적 로봇'을 개발해 안전 사각지대를 순찰하거나 현장 근로자의 이상 감지, 화재 등 현장 감시 등을 수행한다. 사람이 가기 힘든 안전 사각지대를 사람 대신 오가며 데이터를 수집, 분석하기도 하고, 모두가 퇴근한 야간에는 현장을 감시해

만약 화재 같은 사고가 발생해도 바로 대응해 큰 피해가 발생하기 전에 대비할 수 있다.

이 밖에도 현장 근로자가 무거운 장비를 옮기거나 들어 올릴 때 도움을 주는 '근력 보조 웨어러블 슈트'나 모션 센서를 활용해 근로자의 행동을 분석하는 안전관리 시스템, 건설 중장비 기계의 움직임을 감지하는 머신 컨트롤 기술, 작업자의 안전모에 센서를 부착해 현재 위치와 높이 정보 등을 송출하는 솔루션, 드론을 활용해 절벽 등 작업자가 다가가기 힘든 현장을 세밀하게 관찰하는 등 다양한 과정에 IT 기술을 도입해 현장 안전성을 높이는 데 노력을 기울이고 있다.

또한 그동안 발생했던 재해를 유형별로 AI가 분석하는 시스템도 개발했다. 사고 예방 활동 기법의 하나인 TPOTime·Place·Occasion 분석을

무거운 짐도 거뜬히 운반하는 근력 보조 웨어러블 슈트

자료: 언론 종합

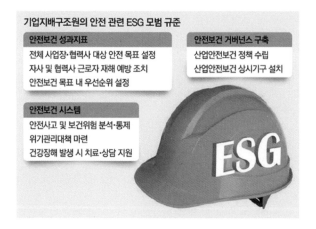

기업지배구조원의 안전 관련 ESG 모범 규준

안전보건 성과지표
전체 사업장·협력사 대상 안전 목표 설정
자사 및 협력사 근로자 재해 예방 조치
안전보건 목표 내 우선순위 설정

안전보건 거버넌스 구축
산업안전보건 정책 수립
산업안전보건 상시기구 설치

안전보건 시스템
안전사고 및 보건위험 분석·통제
위기관리대책 마련
건강장해 발생 시 치료·상담 지원

자료: 기업지배구조원

활용해 안전사고 빅데이터를 시간·장소·상황에 따라 분석하고 구체적인 대책을 수립해 도출된 사고분석 리포트를 현장 모든 직원에게 매달 발송한다.

중대재해처벌법이 아니더라도 일터에서의 안전관리는 ESG 경영 차원에서 매우 중요한 부분이다. 기업지배구조원에서 발표한 ESG 모범 규준에서도 안전보건 성과지표를 설정하고 안전보건 거버넌스를 구축하며 관련 시스템을 만드는 일의 중요성을 강조하고 있다. 중대재해처벌법의 도입도 '소 잃고 외양간 고치는' 식의 사후적 처리가 아닌 철저한 사전 안전관리로 인명 피해를 줄이겠다는 것이 목적이다. 그런 점에서 AI나 사물인터넷, 드론 등의 첨단 IT 기술은 인간의 생명과 건강을 지켜주는 든든한 우호군 역할을 할 것으로 기대된다.

메타버스를 활용한
ESG

　2021년에 국내외에서 가장 화제가 됐던 트렌드는 단연 '메타버스 Metaverse'이다. 가상, 초월을 의미하는 '메타meta'와 세계, 우주를 의미하는 '유니버스universe'를 합성한 '메타버스'는 오프라인 세상을 온라인에 구현시킨 일종의 가상 세계이다. 단순한 온라인상의 가상 세계라기보다는 현실의 직업, 금융, 학습 등이 연결되어 정치와 경제, 사회, 문화 전반적 측면에서 온·오프라인이 공존하는 거대한 또 하나의 지구라고 볼 수 있다. 《메타버스 새로운 기회》의 저자 김상균 교수는 "메타버스는 아바타가 살아가는 디지털 지구이다"라고 정의하고 있다.

온라인 게임과 ESG를 접목시킨 '유니티 포 휴머니티'

메타버스 열풍과 함께 메타버스를 활용한 ESG 활동도 주목을 받고 있다. 게임엔진 플랫폼 기업 유니티Unity는 3D VRVirtual Reality(가상현실) 기술을 활용해 ESG 경영을 실천하고 있다. 유니티는 2018년부터 사회공헌 활동의 하나로 자사 게임 엔진을 활용해 콘텐츠를 개발하는 '유니티 포 휴머니티Unity For Humanity'라는 공모전을 개최하고 있는데, 포용성과 다양성이 잘 표현된 콘텐츠를 우수작으로 선정해 기술적 지원과 멘토링 등을 제공하고 있다. 유니티의 사회공헌 활동 전담 부서인 '유니티 소셜 임팩트Unity Social Impact'가 주관하고, 3D 기술을 활용해 사회적 메시지를 전달하고 긍정적인 변화를 추구하는 전 세계 콘텐츠 제작자들을 지원하기 위해 마련된 행사이다. 2020년에는 사회, 보건, 교육, 인권, 환경 등 다양한 주제의 게임, 영상, 확장현실XR 콘텐츠들이 250건 이상 출품됐는데, 수상작 중 하나인 '사무드라Samudra'는 오염된 바다를 탐험하는 어린이가 바닷속 생물들을 만나 바다를 오염시킨 '물 위 서식자들surface-dweller'이 벌인 행위에 관한 진실을 밝히는 게임이다. 특히 이 게임은 인도네시아 환경단체와 함께 2025년까지 자국 내 플라스틱 사용량 70% 감축을 목표로 제작되어 큰 호평을 얻었다.

사회문제를 다룬 콘텐츠도 있다. 전쟁으로 인해 파괴된 집과 도시를 재건하는 인터랙티브 VR 체험 게임 '퓨처 알레포Future Aleppo', 미국의 주거 시스템에 내재된 불평등을 다룬 게임 '다츠 홈Dot's Home' 등은 3D 기술과 게임을 통해 사회적 메시지를 전달하고 긍정적인 변화를 추구했다는 점에서 많은 관심을 모았다. 특히 '다츠 홈'은 디트로이

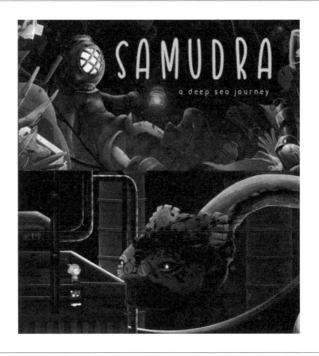

자료: 유니티 HP

트의 젊은 흑인 여성이 주인공이 되어 시간 여행을 하는 과정에서 부딪히는 여러 문제에 대해 답을 선택해나가는 시나리오형 내러티브 기반 게임으로, 레드라이닝redlining, 도시 재개발 문제, 젠트리피케이션 gentrification 등 민감한 사회 이슈들을 다루어 호평을 얻었다. (레드라이닝이란, 미국 은행이 빈곤층 동네 주민의 실업률과 주민 평균 소득 등을 고려해 '신용 리스크'가 큰 지역을 빨간 선을 표시한 것에서 유래한 용어로, 빈곤층 주민들에게는 대출을 제한하거나 대출을 받더라도 빨간 선 밖의 주민들보다 훨씬 많은 수

자료: 유니티 HP

수료와 높은 이자를 물어야 하는 차별적 현상을 의미한다. 젠트리피케이션은 도심 인근의 낙후 지역이 활성화되면서 외부인과 돈이 유입되고, 임대료 상승 등으로 원주민이 밀려나는 현상을 의미한다.)

디지털 트윈 기술로 가상 공간에서 시뮬레이션 작업

게임뿐만 아니라 자동차, 건축, 조선 등 다양한 산업 현장에서도 가상 도구virtual tools를 활용해 탄소 배출량을 감축하도록 지원한다. 남아프리카의 엔지니어링 컨설팅 기업인 '주타리Zutari'는 유니티의 실시간 3D 개발 플랫폼을 이용해 대규모 태양광 전력 변환solar photovoltaics 프로젝트를 가상 세계에 구현했다. 이로 인해 설계 단계에서 발생할 수 있는 시행착오를 미리 제거하고 시간과 비용을 줄일 수 있었다. 주타리의 목표는 아프리카 전역의 환경, 지역사회, 경제를 지원하는 혁신적인 엔지니어링 솔루션 개발로, 이를 위해 메타버스를 적극적으로 활용하고 있다.

가상 공간에 구현한 태양광발전소로 사전 시뮬레이션 작업

자료: 주타리 HP

프랑스의 부이그건설Bouygues Constructions은 프랑스를 대표하는 종합건설기업으로, 전 세계 60여 개국에서 설계, 프로젝트 구축 및 운영 등 건설 및 인프라 사업을 활발히 펼치고 있다. 이 회사는 자사 건설 프로젝트의 생산성 향상을 위해 디지털 트윈Digital Twin 기술을 이용한 클라우드 기반 3D 익스피리언스 플랫폼을 도입했다. 디지털 트윈Digital Twin은 미국 제너럴일렉트릭GE이 제시한 개념으로, 컴퓨터로 현실과 똑같은 상황이나 사물을 쌍둥이처럼 만들어 현실에서 발생할 수 있는 상황을 컴퓨터로 시뮬레이션함으로써 결과를 미리 예측하는 기술을 뜻한다. 대표적인 예로 도시 전체를 온라인상에서 똑같이 구현해 여러 사회문제를 시뮬레이션 한 국가 프로젝트 '버추얼 싱가포르Virtual Singapore'가 있다.

부이그는 설계·건축·유지 관리 전 과정에 디지털 트윈을 결합시켜 통합 건설 환경을 구축하는 동시에 저탄소 주택 건설 부문을 강화하며 미래 신성장동력을 확보했다. 클라우드 기반의 디지털 트윈 플랫폼

자료: 부이스 HP

에서 실제 건물의 에너지 및 자원 활용 시스템과 동일한 조건으로 시뮬레이션해 친환경 건물을 빠른 시간 안에 제작할 수 있다. 부이그가 지은 저탄소 주택은 물 소비량 70% 감소, 폐수 40% 감소 효과가 검증됐다. 또한 양로원이나 기숙사 건축에 있어 디지털 트윈으로 건설 물자, 자재 등 건설에 필요한 세부적인 요소들을 미리 구현해볼 수 있어, 실제 건설 단계에서의 폐기물 및 온실가스 발생을 최소화할 수 있다. 부이그는 건축 폐기물과 에너지 소비량 감소를 통해 2030년까지 온실가스를 30~40% 감축할 계획이다.

'디지털 트윈' 기술은 제품을 만들기 전에 가상 공간에서 시제품을 만들어 예상 가능한 모든 문제점을 테스트하는 데에도 활용할 수 있다. 신제품 개발에 소요되는 비용과 시간을 획기적으로 단축할 수 있어 그 과정에서 발생하는 탄소 발생 감축에도 기여한다. 지멘스의 암베르크 공장은 1000여 종이 넘는 제품을 연 1200만 개 이상 생산하는데, 한 라인에서 동시에 여러 제품을 생산할 수 있다. 그럼에도 불량

지멘스의 암베르크 공장

자료: 언론 종합

품 발생률은 0.0009%(100만 개 중 9개 결함)에 불과하고, 기존 공장 대비 에너지 소비량도 30% 수준이다. 부품 입고부터 제품 출하까지 걸리는 시간도 50% 줄었는데, 비결은 디지털 트윈을 이용한 테스트로 공정률, 불량률 등 생산과정에 관한 모든 정보를 사전에 파악할 수 있기 때문이다.

DX 배출량을 통한
탄소중립에의 기여

투자를 통해 탄소 감축에 기여하는 금융업체들

금융기관은 직접적으로 배출하는 온실가스량은 많지 않지만, 대출 및 투자를 통한 간접적인 탄소 배출량을 줄이라는 요구를 받는다. 은행 등이 탄소 배출을 많이 하는 업종과 기업에 대해 금융 지원을 한다면 배출량이 더욱 늘어나는 결과로 이어지기 때문이다. 영국계 냇웨스트NatWest와 바클레이즈, 모건스탠리, JP모건, HSBC, TD은행, 스페인계 산탄데르, 씨티, 골드만삭스, 웰스파고 등 글로벌 금융기관들이 탄소중립을 선언한 가운데, 이들 은행은 직접 발생시키는 탄소 배출량뿐만 아니라 거래 고객의 탄소 배출량(금융 배출량)도 감축할 것을 약속해 저탄소 경제로의 이행에 능동적이고 적극적인 역할을 수행한다.

세계자원연구소WRI가 제정한 '기업 온실가스 회계 처리 및 보고 기준'에 따르면 배출량 산출 범위는 온실가스의 배출원에 따라 직접 배출Scope 1과 간접 배출Scope 2, 3로 구분된다. 그리고 간접 배출은 다시 에너지 사용에 의한 간접 배출Scope 2과 기타 간접 배출Scope 3로 분류된다. 스코프 1은 제품 생산 단계에서 발생하는 직접 배출, 스코프 2는 사업장에서 사용하는 전기와 동력을 만드는 과정에서 발생하는 간접 배출이다. 스코프 3은 제품 생산에서 발생하는 직간접 탄소 배출을 제외한 모든 탄소 배출, 즉 협력업체와 운송 및 유통, 제품 사용과 폐기 과정에서 발생하는 외부 배출을 의미한다.

2011년 제정된 '기업 공급망Scope 3 온실가스 회계 처리 및 보고 기준'에 따르면 스코프 1, 2, 3 배출량은 모두 의무 보고 사항으로, 이 기준에서 스코프 3 배출량은 상위 활동 8개 및 하위 활동 7개 등 총 15개의 범주로 구분되는데 금융기관의 대출 및 투자로 인한 배출량은 15번 범주인 투자investment에 해당한다.

은행은 제조 활동을 하지 않기 때문에 경영활동에 의한 직접Scope 1 및 간접Scope 2 배출량은 크지 않지만 제공한 금융을 이용하는 기업이나 프로젝트에서 발생하는 배출량, 이른바 금융 배출량의 영향력은 매우 크다. 여기서 말하는 금융 배출량은 은행의 영업 활동이 실물경제에 미치는 기후 영향을 측정하는 핵심 지표로, 자산 포트폴리오 탄소 배출량이라고도 말한다. 은행의 탄소중립 달성에 있어 가장 중요한 부분은 자신의 경영 활동은 물론 거래 기업 고객의 탄소중립을 달성하는 것이다.

포트폴리오 탄소 배출량 공식

자료: KB은행, 언론 종합

자산 포트폴리오 탄소 배출량Financed Emission이란, 금융 기업이 보유한 대출과 투자자산에서 생성된 탄소량을 의미한다. 기업의 총자산을 타인자본(부채)과 자기자본의 합으로 봤을 때, 총자산 중에서 금융기관이 대출이나 투자를 통해 자금을 공급한 만큼을 금융기관의 기여도로 보고, 여기에 해당 기업이 1년간 배출한 온실가스량을 곱해 산출한다. 쉽게 말해 한 기업이 1년간 경영 활동을 해서 배출한 온실가스량 중에서 금융기관이 투자한 금액만큼의 비중을 계산해 해당 기업의 탄소 배출 감축에 얼마만큼 기여를 했는지 보는 것이 자산 포트폴리오 탄소 배출량이다.

예를 들어 KB금융의 경우, 계열사들이 대출과 투자를 해준 기업들과 각종 프로젝트 파이낸싱PF에서 1년간 배출하는 이산화탄소의 총량은 약 2676만 이산화탄소 환산톤tCO₂eq이라고 '자산 포트폴리오 탄소 배출량'을 공개했다. 이는 2020년 기준 포스코가 보유한 고로 9개 배출량(7565만 tCO₂eq)의 35%이자, 소형 승용차(연비 리터당 약 16km 기준)

2676만 대가 연간 주행 거리 1만 km를 주행했을 때 내뿜는 탄소량과 같은 규모다. 또한 KB금융이 1년간 자체적으로 배출하는 탄소 배출량은 14만 tCO_2eq인데, 자산 포트폴리오 탄소 배출량은 KB금융 자체 배출량의 190배나 된다. 그만큼 기업에 투자를 집행하는 금융 기관들의 탄소 배출 기여도가 크다는 것을 알 수 있다.

참고로 측정 대상, 사용 데이터, 산출 기준 등 다양한 세부 기준에 대해서는 탄소회계금융협의체PCAF 이니셔티브에서 자산 포트폴리오 탄소 배출량 산출을 위한 표준 방법론을 수립했다. PCAF는 기업 대출, 회사채 및 주식, 프로젝트 파이낸싱PF, 모기지, 차량 대출, 상업용 부동산 등 6개의 자산군별로 각각의 구체적인 계산법을 제공한다.

IT도 DX를 통해 기업의 탄소 감축에 기여할 수 있다

디지털 트랜스포메이션 파트에서 금융 기업의 자산 포트폴리오 탄소 배출량 이야기를 꺼낸 이유는 IT 기업들의 DX 활동도 이와 유사하기 때문이다. 앞의 여러 DX 사례에서 보았듯이 IT 기업들은 자사의 IT 기술을 경영 활동에 접목시켜 직접적으로 탄소 배출을 줄이기도 하지만, DX 역량을 기업 고객에 제공해 ESG DX를 지원함으로써 해당 기업의 탄소 배출을 줄이는데 기여를 하고 있다. 마이크로소프트가 자사의 워터 포지티브 프로젝트에 사용했던 '현실 인지 엔진Perception Reality Engine'이나 실시간 원격 수질 모니터링 앱을 기업 고객인 슈나이더 일렉트릭에 제공해 담수·폐수 관리 과정에서의 에너지 절약을 지원한 사례나 게임 엔진 플랫폼 기업 유니티가 주타리 컨설팅 기업에 3D 엔

금융 기업 ... **ESG 경영 실행**

온실가스 감축에 기여

IT 기업 **DX Tech** **ESG DX 실행**

진 기술을 제공해 태양광발전소 설립과 관련한 메타버스 환경 구축을 지원한 사례가 대표적이다.

이처럼 국내외 많은 IT 기업들은 B2B 영역에서 기업 고객들을 대상으로 인공지능AI, 클라우드, 사물인터넷IoT, 5G, 빅데이터, 가상현실VR, 증강현실AR 등 자신들이 보유한 다양한 IT 자원들을 제공해 ESG 경영의 업무 효율성을 높이는 한편, 혁신적인 방법을 통해 탄소를 감축하도록 지원하고 있다.

B2B DX의 시장 규모는 빠르게 성장 중인 가운데, 글로벌 DX 시장은 연평균 23%씩 성장해 2023년에 약 2조 3000억 달러(한화 2600조 원)에 달할 것으로 전망되고 있다. 이에 따라 IT 기업들의 DX 기여도 역시 금융기관의 자산 포트폴리오 탄소 배출량처럼 표준화된 방법론으로 공식화하여 수치적으로 관리될 수 있다면 2050년 탄소중립 실현

452

디지털 트랜스포메이션 탄소 배출량 개념

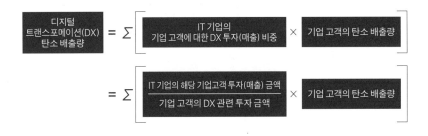

에 있어 IT 기업의 역할이 좀 더 명확해지고 중요해질 것으로 기대된다 (디지털 트랜스포메이션 탄소 배출량의 공식은 자산 포트폴리오 배출량의 모델에 근거해 개념 차원에서 만들어진 것임).

AI로 기업의 가치를 높이는
ESG 핵심 요소를 찾아낸다

기업의 미래 가치와 ESG 활동과의 상관 관계를 밝혀낸 AI

전작 《ESG 혁명이 온다》에서 ESG 경영 활동을 비용이 아닌 투자적 관점에서 바라보는 ROESG 모델을 소개한 바가 있다. ROESG 모델은 2014년 히토쓰바 시대 이토 구니오 교수가 제시한 개념을 일본 제약 회사 에자이의 야나기 료헤이柳良平 CFO가 구체화시킨 것으로, 기업의 3년간 평균 ROE에 ESG 스코어를 곱해 ROESG 포인트를 산출한다. 특히 야나기 CFO는 PBR(주가순자산비율)과 ROE의 비례 관계에 주목했다. ESG 활동들이 PBR 상승에 영향을 준다는 가설을 입증해 ESG 에 투입된 비용을 미래 투자로 간주해 이를 이익에 반영시켜야 한다는 'IIRC(국제통합보고위원회)-PBR' 모델을 주장했다. 'IIRC-PBR' 모델의 핵심은 IIRC가 정의하는 5가지 비재무적 자본(지적 자본, 인적 자본, 제조 자본, 사회 관련 자본, 자연 자본)이 PBR과 정正의 상관관계가 있음을 데이 터로 증명했다는 점이다.

여기서 중요한 포인트는 이 가설을 증명하기 위해 야나기 CFO는 에 자이의 ESG KPI 88개와 1088개의 시계열 데이터셋, 1만 개 이상의 기초 데이터Raw Data, 그리고 28년분의 에자이 PBR 데이터를 확보해 다중회귀분석을 시행했고, 이 과정에서 AI를 활용했다는 점이다. 다중 회귀분석은 독립변수가 2개 이상인 경우를 분석 대상으로 하는 회귀 분석 방법으로, 변수 간의 인과 관계를 통계적 방법에 의해 추정한다.

아빔의 AI 기반 디지털 ESG 플랫폼

자료: 아빔 HP

이 과정에서 정확성과 신속성을 위해 아빔Abeam이라는 AI 분석 솔루션 업체와 제휴해 ESG 활동과 PBR의 관계를 정밀하게 분석했다.

아빔은 IT 솔루션 개발 및 컨설팅 업체로 축적된 컨설팅 경험과 지식을 AI와 접목시켜 비즈니스 전략에 활용하는 'AI 데이터 분석 기술 Advanced Intelligence'에 강점이 있는 기업이다. 특히 기업의 ESG 퍼포먼스를 데이터로부터 분석하는 'Digital ESG Data Analytics'는 기업 내에서 보유한 ESG 관련 정량적 실적 데이터를 대상으로 통계 분석을 수행하고 ESG가 몇 년 후 기업 가치에 얼마나 영향을 미치는지, 어떤 가치 연관성이 있는지를 빠른 시간내에 정확하게 분석한다.

아빔의 AI 분석을 통해 수많은 ESG 활동 및 지표 중에서 장애인근로자 고용율과 인건비, 거래 제조약국 수 등이 P값 1% 미만의 유의미한 ESG KPI로 나타났고, 사원 건강진단 진료 비율, 여성 관리직 비율, 육아시간 단축근무제도 이용자 수, 해외 종업원 수 등도 P값 5% 미만의 유의미 지표로 분석됐다. 특히 인적 자본과 관련된 상당수의 KPI가 PBR 상승에 영향을 미치는 것으로 밝혀져, 사원에 대한 복지 및 교육 등이 미래 가치를 위한 투자로 작용하고 있음이 증명됐다. 실제로 에자이의 재무제표와 사내 데이터를 활용해 기업 가치 예측을 해보니, 인재 확보에 10% 추가 투자를 하면 5년 후 PBR은 13.8%가 증가하고 연구개발비를 10% 늘리면 10년 후 PBR은 8.2% 증가한다는 예상치가 나왔다. 또한 여성 관리직 비율을 10% 늘리면 7년 후 PBR은 2.4%, 육아시간 단축근무제도 이용자 수를 10% 늘리면 9년 후 PBR은 3.3% 증가하는 것으로도 나타나 ESG 활동을 통해 5~10년 후 에자이의 기업 가치는 500억에서 최대 3000억 엔까지 늘어날 것으로 전망됐다. AI가 실적와 지표 간의 상관분석을 통해 기업 가치에 실질적 영향을 미치는 핵심 요소를 정확하게 찾아낸 것이다.

AI로 정확하고 빠르게 ESG 경영을 평가하다

최근에는 AI를 활용해 기업의 ESG 성과를 정확히 파악하고 많은 ESG 정보를 빠르게 처리해 ESG 경영이나 평가에 도입하려는 기업 및 평가기관들이 늘고 있는 추세이다. 또한 AI 기반 ESG 지수나 ESG 평가 모델을 만들어 투자자들의 접근성도 높이고 있다.

데이터마이닝 전문 업체인 트루밸류 랩스Truvalue Lab의 경우, 뉴스를 비롯해 13개 언어로 된 10만 개 이상의 비구조화 텍스트 소스에 AI 기반 기술을 적용해 ESG 데이터를 구축하고 있다. 1만 6000개 기업의 수백만 개 데이터를 AI로 주기적인 업데이트를 하고 있는데 매달 이 같은 업데이트를 사람이 직접 하려면 약 50명이 필요하다. 독일의 금융지수 제공업체 솔랙티브Solactive와 함께 만든 'Solactive Truvalue ESG 미국 지수'는 투자자들이 AI가 제공하는 실시간 데이터로 기업의 ESG를 자신의 투자와 직접 연결할 수 있도록 만든 AI 기반의 평가 지수이다.

국내 기업으로는 지속가능발전소가 AI 알고리즘을 이용한 빅데이터 기반으로 ESG 평가를 수행한다. 지속가능발전소의 ESG 점수는 성과점수PA와 사건사고점수IA를 기반으로 수치화된다. 성과점수는 각 기업의 지속가능 보고서와 공시자료, 정부 부처의 기업 관련 공공 데이터를 바탕으로 ESG 성과와 전략 등 판단해 리스크에 얼마나 잘 대비하고 있는지를 나타내는데, 기업이 발간한 지속가능 보고서는 데이터 객관성을 확보하기 위해 최소한의 용도로만 활용한다. 사건사고점수는 뉴스에 보도된 각 기업의 ESG 사건사고를 분석해 리스크를 산출한다. 매일 국내 100여 개 언론사의 기사를 수집한 뒤 AI를 통해 17개 리스크로 분류, 평가한 자료를 제공한다. 성과점수는 매년 9월 연 1회 발표되고, 약 1000개 기업을 다룬다. AI로 매일 업데이트되는 사건사고점수는 약 2600개 기업을 범위로 두고 있다. 최종 ESG 점수는 AI 시스템으로 ESG 관련 뉴스를 수집해 해당 기업의 리스크를 산출한 뒤 성과점수에 최대 20% 할인율을 적용하고 섹터별로 정규화하는 방식으로 산출된다. 성과 순위가 높은 기업이라도 리스크 점수에 따라 통합 순위에서 하락하는 경우도 발생한다. 지속가능발전소는 AI 기반의 데이터 사업 모델의 잠재력을 인정받아 기업 가치가 약 200억 원으로 평가받고 있다.

이 밖에도 ESG 경영에서 AI를 활용한 다양한 사례가 있는데, RPA Robotic Process Automation(로봇 프로세스 자동화)를 활용한 지속가능경영 보고서 작성, 머신러닝 기반의 조기 위험 경보 시스템 구축early warning system 등이 있다. 현재 ESG 데이터 관련 업무 대부분의 작업은 많은 인력을 필요로 하고 사람의 개입으로 주관적일 수밖에 없는 한계가 있다. 이런 문제점을 극복하기 위해 빅데이터를 활용한 AI로 자료를 객관적으로 분석함으로써 의사결정의 한계점을 극복하고 미래 발생 가능한 사건들에 대한 예측 능력을 높여야 한다.

글로벌 금융정보 업체 레피니티브에 따르면 전 세계 기관투자자의 83%가 신뢰할 수 있는 데이터가 부족하다고 지적했다. 어렵게 얻은 ESG 정보를 바탕으로 여러 평가기관에서 제공하는 ESG 등급도 각양각색이다. 이런 배경에서 AI 기반의 ESG 분석은 객관적이고 투명하며 상대적으로 빠르게 업데이트할 수 있다는 장점이 있다. AI 분석은 방대한 지속가능성 보고서와 기사를 실시간으로 분석할 수 있어 비용과 속도에서 모두 효율적이다. 게다가 정형화되지 않은 데이터도 사람처럼 정확하게 해석하는 수준까지 성장했다. 예를 들어 기사에서 '뇌물수수'라는 단어를 발견하면 단순히 이를 지배구조 차원에서 부정적으로 평가하는 것이 아니라 관련 조사 결과까지 종합적으로 판단한다. 레피티니브의 경우, 자연보호 등의 키워드로 국가별 지속가능혁신 점수를 수집하고, SNS를 통해 직장 만족도를 지수화하는 방식에 AI를 활용하고 있다.

지금은 투자기관 및 평가기관을 중심으로 AI가 이용되지만 앞으로 ESG 경영 전반에서 AI 도입 움직임은 더욱 확대될 것으로 전망된다.

더 늦기 전에

1990년대 초반에 '내일은 늦으리'라는 환경보전 슈퍼 콘서트가 유행한 적이 있었다. 당대 최고의 가수들이 총출동한 환경 이벤트로 당시 발표했던 노래 중에 〈더 늦기 전에〉라는 곡이 유명했는데, 가사를 보면 다음과 같은 내용이 나온다.

> 하늘 끝까지 뻗은 회색 빌딩 숲 / 이것이 우리가 원한 전부인가
>
> 그 누구가 미래를 약속하는가 / 이젠 느껴야 하네 더 늦기 전에
>
> 그 언젠가 아이들이 자라서 / 밤하늘을 바라볼 때에
>
> 하늘 가득 반짝이는 별들을 / 두 눈 속에 담게 해주오
>
> 〈《더 늦기 전에》, 작사·작곡: 신해철〉

그로부터 30여 년이 흘렀다. 당시에 이 노래를 들었던 아이들은 어른이 되었지만 가사처럼 밤하늘의 별들을 볼 수 있을 만큼 대기질이 좋아지지는 않았다. 오히려 우리의 환경은 점점 더 악화되고 있다. 30년 전부터 '더 늦기 전에'라고 외쳐댔지만, 이제는 정말 더 늦출 시간이 없다.

2021년 11월 13일, 영국 글래스고에서 열린 제26차 유엔기후변화

협약 당사국총회, 이른바 COP26이 폐막했다. COPConference of the Parties는 UN이 매년 개최하는 기후회의로, 2021년 회의가 26번째여서 COP26으로 불렸다. COP26에서 석탄 발전 폐지에 적극적이었던 40여 개국은 "선진국은 2030년, 개도국은 2040년대에 석탄 발전을 중단하겠다"는 탈석탄 선언에 참여했는데, 이 선언에서 미국과 중국 등은 참여하지 않아 비난이 거셌다. 각국은 COP26에서 장밋빛 목표치를 내세웠지만 지구환경의 미래는 그리 밝지 않다. 중국은 전력난으로 하루에만 1188만 톤의 석탄을 생산했고, 인도는 탄소중립 달성 시점을 2050년보다 20년 늦은 2070년으로 정해버렸다. 온실가스 배출량도 각국의 상황에 맞게 평가한 뒤 제출됐다. 그마저도 강제성이 없어 제대로 지켜질지 의문이다.

그런데 COP26 행사 기간 중 흥미로운 동영상 하나가 사람들의 이목을 끌었다. 한 남성이 허벅지 높이까지 차오른 바닷물 속에서 연설을 하는 동영상이었다. 남성은 사이먼 코페 투발루 외교장관으로, 투발루는 매년 0.5cm씩 물이 차오르고 있는 남태평양 가운데에 위치한 섬나라이다. 장관이 수중 연설을 한 곳은 과거엔 육지였던 곳으로, 인구 1만 2000명의 투발루는 해수면이 계속 상승할 경우 주민들이 다른 곳으로 이주하는 것까지 고려할 만큼 심각한 상황에 놓여 있다. 코페 장관은 "지금 바닷물이 차오르고 있어 말뿐인 약속을 기다릴 수 없다"고 호소하며 수중 연설을 함으로써 기후변화로 존폐 기로에 선 섬나라들의 현실을 생생하게 전달했다. 정말 '더 늦기 전에' 특단의 조치가 시행되지 않으면 다음 연설은 바닷물 속에서 하게 될지도 모른다.

전작 《ESG 혁명이 온다》이 발간된 후, 거실에 놓여 있던 책을 본 초등학교 1학년생인 아들이 이렇게 물었다.

"아빠, ESG가 뭐예요?"

"음… (어떻게 설명할까 고민하다가) 우리가 살고 있는 지구와 환경을 생각하면서 다른 사람을 배려하고 거짓말하지 않는 거야."

"그거 이미 하고 있는데? 맨날 재활용 쓰레기 분리하고 비닐봉지 안 쓰고, 나도 반 친구들도 다 ESG 하는 거네?"

아들의 말처럼 ESG는 모두 다 같이 함께 해야 의미가 있다. 사회 구성원이 ESG에 대한 공감대를 형성하고 이를 사회적 활동으로 연계시키는 소셜 무브먼트Social movement로 확산돼야 ESG 경영도 제대로 된 성과가 나올 수 있다. 특정 기업 혼자서, 특정 부서 혼자서만 열심히 해서는 의미도 없고 힘만 든다.

ESG는 더 이상 투자자나 기업만의 관심사가 아니다. ESG는 우리가 살아가는 현실과 직결된다. ESG 경영 활동은 기업이 하지만 그 과정에서 나오는 결과들은 모두 소비자의 몫이다. 가습기 살균제 사건, 식중독균 사건, 주가조작, CEO의 갑질, 부실한 건설 현장에서의 청년 노동자 사고 등은 모두 ESG 경영을 제대로 실천하지 않은 결과들이다. '더 늦기 전에' 소비자들도 ESG에 관심을 갖고 기업이 '진정성' 있는 ESG 경영을 수행하고 있는 지 '매의 눈'으로 판단해야 할 것이다.

다음 30년 후에는 정말 '지금의 아이들이 자라서 밤하늘을 바라볼 때에 하늘 가득 반짝이는 별들을 두 눈 속에 가득 담게' 해주고 싶다.

참고문헌

- 강성종·이현·강성진·문은숙·박석희, 《ESG경영 리더를 위한 사회적 가치 강의: Environmental Social Governance》, 바른북스, 2021.06.
- 강성진·김태황·오형나·정태용·김용건, 《ESG 제대로 이해하기》, 자유기업원, 2021.06.
- 강일용, "CES 2021 바이든 정부, 저탄소 정책 강화… 기업들 ESG 서둘러야", 연합뉴스, 2021.01.13.
- 공경신, "미국의 ESG 규제 동향과 최근 이슈", 자본시장연구원, 2020.08.
- 과학기술정책연구원, "인공지능 기술 전망과 혁신정책 방향", 과학기술정책연구원, 2019.
- 곽민서, "지배구조 우수 기업, 코로나19 속 주가 방어 양호", 연합뉴스, 2020.05.29.
- 곽윤아, "EU 온실가스 규제 강화 방침에… 탄소배출권 가격 사상 최고치", 연합뉴스, 2021.02.04.
- 구은서, "美·EU, 탄소관세로 '무역장벽'… 탄소 못 줄이면 수출도 막힌다", 한국경제, 2021.01.14.
- 권선연, "일론 머스크도 찾는 탄소포집 기술이란", KOTRA, 2021.02.10.
- 권승문, "코로나 백신은 있지만, 기후위기 백신은 없다", 프레시안, 2021.01.11.
- 권유정, "바이든 시대, ESG 선택 아닌 필수", 조선비즈, 2021.01.21.
- 권준범, "넷제로(Net Zero) 달성 시 재생에너지 비중 60%", 에너지신문, 2020.09.16.
- 그린피스 서울사무소, "기후위기와 바이러스: 기후위기는 우리의 건강에 어떤 영향을 미칠까요?", 2021.02.05.
- 글로벌경영학회지 제17권 제3호, "A Study on the Relationship between ESG Evaluation Information and KIS Credit Ratings in Healthy Companies 건전한 기업의 ESG평가정보와 KIS신용평점간의 관련성에 관한 연구", 글로벌경영학회.
- 김경아, "코스피200 기업 38%, 'ESG위원회' 도입했다", 파이낸셜뉴스, 2021.08.23.
- 김경은, "기후는 경제다, 고공행진하던 탄소배출권의 콧대는 어쩌다 꺾였나", 연합뉴스, 2021.02.06.
- 김광기, "ESG 경영의 으뜸은 기업 거버넌스, 한국의 정치 거버넌스를 반면교사로", 에코타임즈, 2020.12.27.
- 김국현, "세계는 지금 ESG 혁신 중, 다양한 사례를 통해 알아본 ESG 경영", SK하이닉스 뉴스룸, 2021.02.09.

- 김기현·천영호, 《2050 에너지 레볼루션: 당신의 미래를 지배할 탈탄소 경제 전환과 ESG》, 라온북, 2021.10.
- 김대수, "日 투자기관 관계자가 말하는 ESG 투자의 현황과 과제", KOTRA, 2021.08.31.
- 김동원, "왜 이사회는 'No'를 두려워하는가?", 기업지배구조리뷰, 2011.
- 김명화, "[특집] AI, 원인과 대안으로 떠오른 환경문제 해결사? 재난·재해 사각지대 '유용' vs 빅데이터 사각지대 '경고'", ecomedia, 2020.02.10.
- 김민수, "코로나19 원인은 기후변화… 바이러스 품은 박쥐들 아시아로 유입", 동아사이언스, 2021.02.15.
- 김병연·박종철·정웅채, 《ESG 경영과 법률》, 정독, 2021.09.
- 김보경, "탄소배출 비용 부담, 기업들 비명… 1년 영업익 다 날아간다", 아시아경제, 2020.12.30.
- 김상호, 배한주, "2020년대 투자전략, EPS에서 ESG로", 신한금융투자, 2019.12.04.
- 김상호, 배한주, "the blue book, ESG", 신한금융투자, 2020.07.06.
- 김성은, 박소연, "막오른 바이든 정부… 득실 계산 바쁜 산업계", 2021.02.06.
- 김수경, "카카오, 전 직원 대상 AI 윤리 교육… ESG 경영 일환", 브랜드브리프, 2021.02.17.
- 김승직, "AI로 바이러스 잡고 가습 기능까지… 황사철 맞아 공기청정기 신제품 경쟁 후끈", CSnews, 2021.02.15.
- 김영기·홍승렬·최효근·이승관·김세진 외, 《ESG 경영: 24명의 전문가들과 함께 살펴보는 ESG경영의 모든 것!》, 브레인플랫폼, 2021.10.
- 김용진, "'갓뚜기'의 착한 마케팅은 언제나 성공하지 않는다", 프레시안, 2021.02.01.
- 김익, "넷제로(Net-zero)의 의미와 활용", 한국환경산업기술원, 2020.
- 김정란, "기업탐방 파타고니아를 들여다보다, '그만 사'라는 파타고니아, 왜 더 살까", LIFEIN, 2021.01.25.
- 김정문, "한국 ESG평가 최고등급 받았다", 에코타임스, 2021.02.01.
- 김주호, "유니클로 광고 논란, 위기 시 즉각 사과가 답이다", 2019.10.20.
- 김준섭, 공원배, "기후변화와 함께 물 부족 역시도 중요한 문제", KB증권, 2021.08.23.
- 김태우, "필름회사에서 바이오기업… 후지필름의 기발한 변신", 더리포트, 2019.08.08.
- 김평화, "SKT 성과급 논란, 소통이 문제다", 2021.02.11.
- 김평화, "소니, WSJ 선정 지속가능 100대 기업 1위 올라", 조선일보, 2020.12.01.
- 김한솔, "'테슬라 창업주' 일론 머스크가 1천억 원대 상금 내걸고 공모한 신기술의 정체", 인사이트, 2021.01.23.
- 김현기, "할 말은 하는 직원들, 구성원 행동주의 확산", LG경제연구원, 2021.01.11.
- 김화진, 《ESG와 이사회경영》, the bell(더벨), 2021.05.
- 김환이, "중소기업이 CSR·ESG를 실천할 수 있는 방법", 임팩트온, 2020.06.16.

- 김환이, "친환경 제품이라고 속인 그린워싱 기업은 어디?", 임팩트온, 2020.12.23.
- 김효진, "유니레버, 컨테이너 초소형 공장 '나노 공장' 가동한다… 탄소발자국 줄이고, 소량생산", 임팩트온, 2021.01.29.
- 김후정·조병헌, "지속가능을 위한 ESG 투자", 유안타증권, 2020.10.21.
- 김훈길, "ETF로 투자하기", 하나금융, 2020.06.
- 나유권, "지극히 현실적인 가상발전소", 테크플러스, 2021.08.05.
- 노노시타 유코, "CE S2021에서도 '지속가능한 재생에너지'가 주목", TECH INSIDER, 2021.01.20.
- 도현명·이방실, "기업가치 높이려면 ESG를 경영전략에 통합하라", DBR Special Report, 2020.11.15.
- 딜로이트 고객산업본부, "Deloitte Insights, Climate & Sustainability 특집", 2020.11.
- 루크 N. 반 바센호브(Luk N. Van Wassenhove)·아탈레이 아타수(Atalay Atasu)·셀린 뒤마(Céline Dumas), "순환 비즈니스 모델", HBR Korea, 매거진2021 7-8월호.
- 루크 N. 반 바센호브(Luk N. Van Wassenhove)·키어런 메이어스(Kieren Mayers)·톰 데이비스(Tom Davis), "순환경제 이론의 한계", HBR Korea, 2021.07.20.
- 류영재, "[ESG가 미래다] 이미지 세탁용 ESG워싱 vs ESG통합", 2021.11.05.
- 류정선, "최근 글로벌 ESG 투자 및 정책동향", 금융투자협회, 2020.06.
- 리베카 헨더슨, 《자본주의 대전환: 하버드 ESG 경영수업》, 어크로스, 2021.03.
- 매일경제 ESG팀, 《이것이 ESG다: 생생한 사례와 전문가들의 알토란 지식》, 매일경제신문사, 2021. 07.
- 맥킨지, "normal was a crisis: 맥킨지 유럽연합 넷제로 가이드라인 보고서 #1", 2021.01.
- 문정현, "블랙록, 투자대상 기업에 온실가스 제로 계획 공개하라 압박", 연합인포맥스, 2021.02.06.
- 박란희, "2021년 주목할 ESG 트렌드(1편) 기후변화… MSCI 보고서", 임팩트온, 2021.01.17.
- 박란희, "블랙록, 2021년 키워드는 이사회 다양성과 2050 넷제로로", 임팩트온, 2021.02.06.
- 박란희, "【Trend Insight】 EU 소셜 택소노미에 관한 피드백에 담긴 내용은?", 임팩트온, 2021.09.09.
- 박란희, "7개 ESG 평가 활용한 국내 111개 기업 ESG 점수는?", 임팩트온, 2020.08.27.
- 박란희, "ESG 데이터가 쏟아진다, 글로벌 ESG 투자 및 평가기관 M&A 봇물", 임팩트온, 2020.08.11.
- 박란희, "블랙록, 래리핑크 회장의 2021년 편지에는 무엇이 담겼나_1편", 임팩트온, 2021.01.28.

- 박민석, "애플 팀쿡, 임원 성과급에 ESG 성과 반영…", 미디어SR, 2021.02.07.
- 박성우, "무디스, 한국 ESG 1등급 평가… 미 2등급, 중일 3등급", 2021.01.19.
- 박수민, "ESG , 환경 (Environment)이 우선이다", 신영증권, 2020.10.27.
- 박영배, "넷플릭스, 엔터테인먼트 업계 최초로 '문화 및 인종에 대한 다양성 리포트' 발간", 생활문화, 2021.03.05.
- 박지영, "줌인 ESG ① 넷제로? 탄소 중립? 핵심은 '순 배출량'이어야", 임팩트온, 2020.07.28.
- 박지영, "블랙록의 '그린워싱'?", 임팩트온, 2021.01.20.
- 박지영, "탄소의 사회적 비용은 얼마?", 임팩트온, 2021.02.24.
- 박지훈, "2020 상장사 ESG 등급 신한지주·KB금융 A+, 태광산업·삼양 등 24개 기업지배구조 최하점", 매일경제, 2020.10.30.
- 박진숙, "MS, 소비하는 물 양 줄이는 '워터 포지티브' 프로젝트를 발표", 뉴스핌, 2020.09.30.
- 박태영·윤건용, 《ESG의 구조: 착한 ESG 그리고 위험한 ES+G》, 문우사, 2021.07.
- 박혜진, "국내 ESG 펀드의 ESG 수준에 대한 분석과 시사점", 자본시장연구원, 2020.08.
- 박혜진, "국내 ESG 펀드의 현황 및 특징 분석", 자본시장연구원, 2020.
- 방성훈, "닛산, 또다른 CEO 리스크 대표사례…", 2018.11.20.
- 법무법인(유)지평, "[ESG] EU, 소셜 택소노미(social taxonomy) 초안 보고서 발표", 2021.07.20.
- 브랜드 커뮤니케이션, "넷제로 에너지를 꿈꾸다, 맥도날드 월트 디즈니 플래그쉽", STONE 사회공헌정보센터, "[용어부터 알고 가자] 그린워싱", 2016.10.17.
- 사회적책임경영품질원·ESG경영연구회, 《지속가능성장을 위한 ESG 경영전략》, 자유아카데미, 2021. 09.
- 삼정KPMG, "ESG 경영시대, 전략 패러다임 대전환", 2020.12.
- 서진석, "ESG 목적을 고민해야 하는 이유: ESG강연(3) ESG 방향성", 서진석 블로그 Beyond CSR, 2021.09.17.
- 서진석, "ESG(22): 좌초자산, 무엇이 문제인가", 서진석 블로그 Beyond CSR, 2021.06.10.
- 서진석, "서진석의 코멘터리 ④ ESG, 투자 관점을 넘어서려면 더블바텀라인으로 가야 한다", SK텔레콤뉴스룸, 2021.09.03.
- 서진석, "서진석의 코멘터리 ⑤ ESG 완성은 'G(거버넌스)'에서 나온다", SK텔레콤 뉴스룸, 2021.09.17.
- 서진석·유승권, 《넥스트 csr 파타고니아》, mysc(엠와이소셜컴퍼니), 2019.12.
- 서진석, 《행동주의기업》, 도서출판회, 2021.01.31.
- 선한결, "글로벌 시장 ESG 리스크… ESG 강화 안하면 경영진 갈아치울 것", 한국경제,

2021.01.03.

- 설태현, "ESG Quality Score 를 활용한 ESG 투자 활성화", DB금융투자, 2018.06.12.
- 손재권, "문샷 씽킹(Moon Shot Thinking: 10%보다 10배 혁신하는 급진적인 생각)", 2013.05.15.
- 송기영, "빌 게이츠가 택한 '나트륨 원전', 핵폐기물 95% 줄고 연료비 획기적 절감", 조선비즈, 2021.06.05.
- 송민경, "오너 리스크와 경영 승계, 기업지배구조 관계 분석 및 시사점 - D사 사례", ESG Focus, 2014.01.
- 신소윤, "우리가 지금처럼 지구를 쓴다면… 한국 경제손실 세계 7위", 한겨레, 2020.02.12.
- 신중호, "ESG, 아쉬운 사실", 이베스트투자증권, 2020.01.12.
- 신현암, "패션회사가 개도국 여성에게, 왜 리더십 교육을 실시했을까?", DBR, 2017.09.
- 심수연, "EU의 ESG 공시 규제 및 시사점", 자본시장연구원, 2020.10.
- 알렉스 에드먼스 지음, 송정화 옮김, 《ESG 파이코노믹스: 사회적 가치와 이윤을 동시에 창출하는 전략》, 매일경제신문사, 2021.06.
- 양미영, "착한 투자 시대 1~7 시리즈 ESG, 이제야 '포텐' 터진 이유", 비즈니스워치, 2020.11.
- 양용석, "녹색성장의 핵심, 그린IT 살펴보기 (상) 정보통신기술과 환경의 융합", 사이언스타임스, 2010.03.05.
- 에너지정보문화재단, "AI로 흩어진 전력을 모으는 '가상발전소'", 2021.07.08.
- 엠비에이(MBA) BLOGGER, "마이클 포터가 제안하는 기업의 역할, CSV(공유가치 창출)", 2011.12.7.
- 연경흠, "한국기업들의 탈탄소 전환의 도전과 과제", 딜로이트 안진회계법인, 2020.
- 연구윤리정보센터, "인공지능(AI) 윤리 가이드라인'의 중요성과 국가별 대응 현황: 국내", 2020.
- 오덕교, "중소·중견기업의 ESG 현황 분석", 한국기업지배구조원, 2012.11.
- 옥송이, "ESG 시대… 착한 기업이 돈 번다", 2021.01.21.
- 유동성·오광영, "신영ESG Blue Gold를 잡아라", 신영증권, 2021.09.07
- 유지혜, "탄소가격제 현황 및 최근 동향", KDB미래전략연구소 미래전략개발부, 2020.09.07.
- 유창조, 《소비자가 주도하는 ESG 모델: 블랙야크가 제안하는 플라스틱 재앙 예방 국민운동》, 서울경제경영, 2021.09.
- 윤선영, "기업 생존 걸린 '디지털 전환'… "국내기업은 아직 초기 단계", SBS Biz, 2021.01.14.
- 윤수정, "코로나가 판 키운 폐기물 산업, 악취도 재활용 분류도 AI로봇에 맡겨!", 조선일

보, 2021.01.11.

- 윤준탁, "우주에 승리호가 있다면 지구에는 '그린AI'가 있다!", LGCNS블로그, 2021.2.19.
- 윤지로, "석유기업의 넷제로 선언… 그린워싱에 안 속으려면?", 세계일보, 2021.01.24.
- 윤진수, "중소기업에도 ESG 경영이 필요한 까닭", 중소기업뉴스, 2021.02.02.
- 윤형준·신수지, "[Mint] 대세가 된 ESG투자… 모르면 돈 못법니다 ESG 투자, 착한 기업 키우기? 살아남을 기업 걸러내기!", 조선비즈, 2020.9.20.
- 이건혁, "IT기업들 이제는 ESG 경영", 동아닷컴, 2021.01.14.
- 이경운, "한화건설, 건설현장 중대재해 제로 추진… ESG경영 실천한다", 국토일보, 2021.08.18.
- 이고운, "'지속가능기업' 삼성 28위, 애플 68위인데 소니가 1등… 어떻게?", 한국경제, 2020.10.13.
- 이남의, "5대 금융지주 회장, 신년 경영 키워드 "디지털·ESG·글로벌"", 머니S, 2021.01.05.
- 이다비, "[투자노트] 지겨워도 ESG라는데… 단, '그린워싱'은 피하세요", 조선비즈, 2021.02.04.
- 이동희, "현대건설, '스마트 기술'로 건설 현장 안전 사각지대 해소한다", 2021.11.01.
- 이방실, "ESG 리스크 관리의 핵심은 거버넌스, 기후변화 문제, 사외이사들이 관심 가져야", DBR 308호, 2020.11.
- 이보균, 《변혁의 시대 ESG 리더십: 리더가 지향해야 할 근본적인 가치와 방향》, 카모마일 북스, 2021.09.
- 이본 쉬나드 지음, 추선영 옮김, 《파타고니아 이야기: 자연에게 배운, 영원히 지켜내야 할 것들》, 한빛비즈, 2021.07.
- 이상일, "[ESG경영과 ICT] 기업 화두된 ESG경영… 인공지능, 그린IT 본격 시동", 디데일리, 2021.02.16.
- 이상헌, "ESG 중 지배구조(G)가 으뜸", 하이투자증권, 2020.11.16.
- 이선아·황정환, "삼성전자·현대차 빠지니… 한국 ESG지수 상승률, 美의 '10분의 1'", 한국경제, 2020.10.16.
- 이슬기, "필카는 잊어라… 후지필름은 이제 바이오·반도체社", 한국경제, 2021.09.12.
- 이윤희, "HBR 선정 '세계 최고 CEO'는 무명? '자가용 비행기 안 타요'", 이코노믹리뷰, 2015.10.13.
- 이재빈, "화석연료 구제는 부담… 그린뉴딜은 국내 업체에 호재", 더팩트, 2021.02.09.
- 이재선, "2021년 ESG 트렌드는 계속된다", 하나금융, 2020.12.
- 이정빈, "그린퀀트, 친환경과 ESG, 그리고 K뉴딜 집중분석", IBK투자증권, 2020.10.06.
- 이정혁, "기업경영 새로운 규칙된 ESG… 이젠 기업의 생존 키워드입니다", 머니투데이,

468

2020.12.01.

- 이정흔, "이제는 탄소가 돈… '탄소본위제'가 시작된 겁니다", 2021.10.14.
- 이종혁, "밀레니얼 신입사원의 반란, 성과급 기준이 뭔가?", 매일경제, 2021.02.07.
- 이준영, "탄소중립, 탄소세, 저탄소 기술혁신 필요성 제기", 시사저널, 2021.02.06.
- 이준희, "한국기업들의 ESG 경영을 위한 변화 I: ESG 경영의 개념과 접근 방법", 딜로이트 안진회계법인, 2020.
- 이지언, "국내 ESG 투자 시장의 효율성 및 신뢰성 제고 과제", 한국금융연구원, 2018.07.
- 이지윤, "텍사스주 블랙아웃에도 불 밝힌 유일한 집… 비결은 테슬라 OOO", 머니투데이, 2021.03.02.
- 이창진, 김현기, "할 말은 하는 직원들, 구성원 행동주의(Employee Activism) 확산", LG경제연구원, 2020.10.13.
- 이태동, "[Mint] 남는 전력 묶어 필요한 곳 주는 '가상 발전소'… 에너지 시장 판이 바뀐다", 위클리비즈, 2021.05.21.
- 이태훈, "ESG 채권 살펴보기", 이베스트투자증권, 2020.09.21.
- 이한기, "日후지필름, 바이오 CDMO 사업에 900억 엔 투자", 의약뉴스, 2021.07.01.
- 이해영, "日 소니, 내년 4월부터 사원 불임치료 지원제 도입", 연합뉴스, 2019.09.27.
- 이현재, "중요성 커지는 ESG… "기업들 '기후 리스크' 공개 준비해야"", 한국경제, 2021.01.11.
- 이형종·송양민, 《ESG 경영과 자본주의 혁신》, 21세기북스, 2021.06.
- 이효석·박기현, "ESG Wannabe Weekly IPCC 보고서의 의미", 2021.08.18.
- 이효석·박기현, "ESG Wannabe Weekly 다시 한번 물에 주목해야 할 때", 2021.08.25.
- 이효석·박기현, "지구의 경고, 인류의 대응", SK증권, 2021.09.2.
- 인터비즈 공식 블로그, "19년 르노-닛산 이끌던 스타 경영자에서 도망자 신세된 카를로스 곤 전 회장", 2020.01.03.
- 인해욱, 《부의 기회, ESG에 투자하라: 자본주의 대전환 시대, 새로운 투자를 말한다!》, 이레미디어, 2021.10.
- 일본 종합 연구소, "ESG 조사에 AI 활용 작업량 50 % 절감", 2019.08.01.
- 임수정·안소영, "글로벌 기업, 투자자 러브콜 받는 탄소네거티브", 조선비즈, 2020.12.20.
- 전광우, "2020 ESG 글로벌 서밋: 복원력 강한 경제와 지속가능한 금융의 길: 세계경제연구원 - KB금융그룹 국제컨퍼런스", 세계경제연구원, 2021.01.
- 전산회계연구 제17권 제2호, "A Study on the Relationship between ESG Evaluation Factors and Corporate Value ESG 평가요소와 기업가치의 관계에 관한 연구", 한국전산회계학회.
- 전채리, "[세상을 바꾸는 ESG트렌드] 갑질 기업 '불매', 착한 기업 '불패'", 나눔경제뉴스, 2021.01.07

- 전혜원, "ESG는 사기일 가능성이 높다, 왜냐하면…", 시사IN, 2021.08.24.
- 전혜진, "ESG 행동주의 확산… 밀레니얼 세대 직원들, 기업 부조리 좌시 안 해", ESG경제, 2021.01.19.
- 전혜진, "MZ세대가 ESG 가치에 뜨겁게 호응하는 이유", ESG경제, 2021.01.05.
- 전혜진, "세계에서 가장 존경 받는 한국 기업? 삼성전자 49위", ESG경제, 2021.02.11.
- 정유진, "살해 협박 맞선 환경운동, 스쿨버스 탄소 감축… '제2의 툰베리'", 경향신문, 2021.02.02.
- 정은지, "그린 워싱, 친환경 그늘에 숨은 검은 실상… 네슬레, 블랙야크 등도 예외는 아냐", 녹색경제신문, 2021.01.18.
- 정의정, "구글 직원들은 왜 거리 시위를 했을까?", 2019.10.24.
- 정인지·김지성 "소비 중심에 선 밀레니얼 '가격보다 가치… 착해야, 잘 산다'", 머니투데이, 2021.01.07.
- 정종기, "[정종기의 AI시대 저널리즘④] 일하는 방식의 혁신 필요한 시대, 해법은 인공지능 로봇과 협업하는 것", 2020.05.04.
- 정한결, "잘 나가는 파타고니아의 고민… '쿨한 게 싫어요'",머니투데이, 2020.01.01.
- 제현주,《돈이 먼저 움직인다: 임팩트 투자와 ESG, 자본의 새로운 생존 전략》, 어크로스, 2021.07.
- 조신,《넥스트 자본주의, ESG: 세상의 룰을 바꾸는 새로운 투자의 원칙(사회평론 지식총서 SPIKE 3)》, 사회평론, 2021.06.
- 조영삼, "디지털 전환의 중소기업 수용성 제고방안", i-Kiet, 2020.12.
- 주디 새뮤얼슨,《번역협동조합, 기업 경영의 6가지 새로운 규칙: ESG 시대가 요구하는 참된 가치 창출하기(The Six New Rules of Business)》, 착한책가게, 2021.09.
- 주철민, "Digital 기업이 일하는 법 - HR 혁신", 삼성SDS블로그, 2020.09.02.
- 지식협동조합좋은나라, "[좋은나라이슈페이퍼] 오뚜기, 착한 소비, 그리고 이해관계자 자본주의", 2021.02.01.
- 차석록, "심각한 기후리스크, 극심한 환경변화… 과학자들 우려 심각 건축물의 이산화탄소 배출 규제 강화", 나눔경제뉴스, 2020.10.18.
- 최광민, "AI 기술로 지구환경 보호에 두 팔 걷고 나서는 마이크로소프트", 인공지능신문, 2018.12.26.
- 최남수, "이해관계자 자본주의: 자본주의 '그레이트 리셋' 이젠 'ESG 경영' 시대!", 새빛, 2021.01.
- 최온정, "건설현장에 IoT·빅데이터 등 스마트기술 도입 산업안전관리 강화", 조선비즈, 2021.06.28.
- 최인준, "콘텐츠·게임사로 완벽 변신한 소니, 창사 첫 순익 1조엔 넘었다", 조선일보, 2021.02.04.

- 최종윤, "유니버설로봇, 협동로봇으로 중소기업 근무환경 바꾼다", 인더스트리뉴스, 2020.09.22.
- 최종학, "한국의 이사회 현실과 미래", DBR 161호, 2014.09.
- 최희정, "국내기업 ESG 경영 관심도 KB금융 톱… 34%는 관심 無", 뉴시스, 2021.01.15.
- 취재K, "LNG가 친환경이라고?… 美 연구소에 공개 저격당한 K-택소노미", 2021.11.05.
- 파이낸셜뉴스, "ESG경영 닻 올린 네이버-카카오, 그린IT 물결 일으킨다", 2021.02.14.
- 풀무원, "풀무원의 ESG경영 시리즈: 지배구조 A+, 풀무원의 이사회 시스템을 살펴보다".
- 하선영, "애플의 중대발표 열어보니 ESG… 빅테크, ESG 경쟁 이유", 중앙일보, 2020.01.17.
- 한겨레, "[기후사이렌] 현대차 상무님의 '그린워싱'", 2021.02.18.
- 한경 ESG(2021년 10월호), 한국경제신문, 2021.10.
- 한경 ESG(2021년 8, 9, 10, 11월호), 한국경제신문, 2021.08-11.
- 한경ESG, "사회 이슈로 확장되는 EU 택소노미", 한국경제, 2021.10.15.
- 한국경제, "ESG펀드에 15조원 뭉칫돈… '착한 기업' 투자가 대세 될까", 2020.05.21.
- 한국경제신문 및 한국경제매거진 전문기자, 《한경무크: ESG K-기업 서바이벌 플랜: 개념부터 실무까지》, 한국경제신문, 2021.04.
- 한국공인회계사회, 《ESG 바로 보기: 경영진을 위한 ESG 안내서》, 한국공인회계사회, 2021.09.
- 한국공인회계사회, 《ESG 바로 보기》, 한국공인회계사회, 2021.11.
- 한국기업지배구조원, "2020년 상장기업의 ESG 평가 및 등급 공표", 2020.10.14.
- 한국기후환경네트워크, "코로나19에 탄소배출 감소량 1900년 이후 최대", 위클리에코뉴스, 2021.01.21.
- 한국생산관리학회지 제27권 제4호, "An Exploratory Study on the Lead-lag Relationship between Firms' ESG Efforts and Their Financial Performance 기업의 ESG 노력과 재무성과의 선후행 관계", 한국생산관리학회.
- 한국자료분석학회, "The Profitability of ESG Investing ESG 투자전략의 성과분석: Journal of The Korean Data Analysis Society Vol.19 No.4".
- 한정수, "'ESG 최대 화두는 기후변화'… '탄소배출 감축에 생사 갈린다'", 머니투데이, 2020.
- 한지영, "호주의 대형 산불, ESG 투자에 불을 지피다", 케이프투자증권, 2020.01.29.
- 한화자산운용공식블로그, "ESG 투자이야기 3. 사회책임: 사회이슈에의 관심이 투자위험을 방어한다", 2017.12.22.
- 허태윤, "[허태윤의 브랜드 스토리] 히피들의 유쾌한 반란, 벤앤제리스(Ben & Jerry's) 아이스크림".
- 황민규, "MS, 물 재활용 확대하는 '워터 포지티브' 프로젝트 본격화", 조선비즈,

2020.09.28.

- 황원지, "넷제로만 유지하면 20년 안에 기후변화 막을 수 있을 것", 조선비즈, 2021.01.09.
- 황유식·유권일·김성우, 《ESG 머니전략: 친환경 테마주부터 ETF까지 한 권으로 끝내는 그린 투자 가이드》, 미래의창, 2021.04.
- 황정수, "'ESG 전문가 모시자… 삼성·LG·SK, 사외이사 영입 전쟁", 한국경제, 2021.01.22.
- 회계정보연구 제31권 제1호, "An Empirical Analysis on ESG Performance Information and Cost of Debt Capital ESG 정보와 타인자본비용의 관련성에 대한 실증연구", 한국회계정보학회.
- Bausewein, Jan, ESG Ratings and the Assessment of Corporate Sustainability, GRIN Verlag, 2021.08.
- Cort, Todd / Esty, Daniel C., Values at Work: Sustainable Investing and ESG Reporting, Palgrave MacMillan, 2021.10.
- Daniel C. Esty, Todd Cort, "Values at Work: Sustainable Investing and Esg Reporting", Palgrave MacMillan, 2021.01.
- Daniel C. Esty, Todd Cort, Values at Work: Sustainable Investing and ESG Reporting Hardcover, 2020.10.
- David Brown, ESG Matters: How to Save the Planet, Empower People, and Outperform the Competition, Ethos Collective, 2021.08.
- David Hohl, Fixing the Flaws of Current ESG (Environment, Social, Governance) Measures. An Approach to Setting New Standards, Grin Verlag, 2019.06.
- Dolan, Cristina / Barrero Zalles, Diana, Transparency in ESG and the Circular Economy: Capturing Opportunities Through Data, Business Expert Press, 2021.11.
- George Serafeim, Social-Impact Efforts That Create Real Value, HBR, 2020.09.10.
- Grin Verlag, ESG-Ratings (Environmental, Social, Governance). Standards, challenges and solutions, Anonym, 2021.09.
- Heger, Wolfram, 100 ESG-Kennzahlen Environmental-Social-Governance, cometis publishing, 2021.10.
- John Hill, Environmental, Social, and Governance (ESG) Investing: A Balanced Analysis of the Theory and Practice, Elsevier, 2020.01.
- John Hill, Environmental, Social, and Governance (Esg) Investing: A Balanced Analysis of the Theory and Practice of a Sustainable Portfolio, Academic Press,

2019.12.
- Katharina Kuehn, The Real Estate Industry and Environmental Social and Governance Awareness (ESG): Drivers that encourage stakeholders to increase their ESG awareness, GRIN Verlag, 2021.02.
- Landau Tiina, Silvola Hanna, Sustainable Investing: Beating the Market with Esg, Palgrave MacMillan, 2021.06.
- Masaatsu Takehara, Naoya Hasegawa, Sustainable Management of Japanese Entrepreneurs in Pre-War Period from the Perspective of Sdgs and Esg, Palgrave MacMillan, 2020.12.
- Nakajima Tadahiro, Hamori Shigeyuki, ESG Investment in the Global Economy, Springer, 2021.08.
- Neher, Agnes L., ESG Risks and Responsible Investment in Financial Markets, Gesellschaft und Politik GmbH, 2015.11.
- Neuhofer, Thomas, The Performance of ESG Integration Strategies. Development of an ESG Integration Methodology for EU Equity Portfolios, Grin Verlag, 2021.09.
- Nikkei Asia, Japan to reduce greenhouse-gas emissions to net zero by 2050, 2020.10.
- TCFD, Recommendations of the Task Force on Climate-related Financial Disclosures, 2017.
- Who, 2020 ESG INCIDENT REPORT, 지속가능발전소, 2021.03.
- Yanagi Ryohei, CMA, CFM, Nina Michels-Kim, Strategic Finance: Integrating non-financials to create value, 2018.01.17.
- Ziolo, Magdalena / Tundys, Blanka, Sustainability in Bank and Corporate Business Models: The Link Between Esg Risk Assessment and Corporate Sustainability, Palgrave MacMillan, 2021.09.

1 출처: 위키피디아, Georg Kell (United Nations Global Compact), "Five trends that show corporate responsibility is here to stay", The Guardian, 13 August 2014.

2 출처: 네이버 지식백과 및 '이것이 ESG다'

3 출처: 한경Mook ESG_K-기업 서바이벌 플랜

4 출처: 노무라 종합연구소 홈페이지

5 출처: 빅카인즈

6 출처: 서울신문 및 금융감독원 전자공시시스템 공시 자료

7 출처: 매일경제, 'ESG에 뭉칫돈…', 2021.3.29.

8 출처: 류영재 서스틴베스트 대표, 'K-ESG 발전 위한 정부의 역할이 필요하다', 2021. 5.7)

9 출처: 도이치뱅크, 조선비즈 'ESG 알아야 투자한다…', 2021.4.27.

10 출처: 임팩트온, '그린뉴딜도 한 걸음부터, 첫 삽은 택소노미(Taxonomy)로', 2020.8.14.

11 출처: 서진석 블로그 Beyond CSR, '좌초자산, 무엇이 문제인가', 2021.6.10.

12 출처: 영국 파이낸셜타임스

13 출처: IPCC

14 출처: 서진석 블로그 Beyond CSR, '좌초자산, 무엇이 문제인가', 2021.6.10.

15 SFR에 대한 자세한 설명은 관련 기사를 참고. 조선비즈, "빌 게이츠가 택한 '나트륨 원전', 핵폐기물 95% 줄고 연료비 획기적 절감", 2021.6.5. https://biz.chosun.com/industry/company/2021/06/05/ERWCTKELTBGI3IZADCXLK45MFM/

16 자세한 내용은 관련 기사를 참고. 장마리 그린피스 기후에너지 캠페이너, '소형 모듈 원전(SMR)의 진실', 2021.9.17. https://www.greenpeace.org/korea/update/19483/blog-ce-smr/

17 출처: 한경ESG, '사회 이슈로 확장되는 EU 택소노미', 2021.10.

18 출처: 조선비즈, 'ESG ETF 쏠쏠하네…', 2021.9.21.

19 출처: 더밀크TV라이브, 'ESG란 무엇인가요?', 이로운넷, 2021.8.18.

20 출처: 리베카 헨더슨, '자본주의 대전환', 2021.3.

21 출처: 임팩트온, 2021.5.14.

22 출처: California News Times, 2021.5.7.

23 출처: 중소벤처기업부 '2020 소셜벤처 실태조사'

24 출처: 유엔대학 환경, 인간안보연구소(UNU-EHS), '상호연결된 재해위험 2020/2021'

25 출처: State and Trends of Carbon Pricing 2021

26 출처: 환경부, 상수도 통계

27 출처: 신영 ESG , Blue Gold를 잡아라 글로벌 유동성 & ESG 담당 오광영, 2021.9.7.

28 출처: LG디스플레이 뉴스룸, 2021.7.15.

29 출처: 오병선, '중대재해처벌법의 내용과 기업의 대응', 월간 산업보건, 2021.8.

30 출처: 세계법제정보센터, 산업재해에 관한 국가별 처벌규정, 2021.6.17.

31 출처: 직장갑질119

32 출처: 글로벌 투자은행 크레디트스위스(CS) '2021 CS 젠더 3000', 2021.1.

33 출처: 한국여성공인회계사회 2021년 정기 온라인 심포지엄, 여성경제연구소 김혜선 박사

34 출처: 김화진(2009), 기업지배구조와 기업금융, 박영사.

35 출처: Williamson, O., *The economic Institutions of Capitalism*, The Free Press, 1985.

36 출처: 박찬욱(2004), 《21세기 미국의 거버넌스》, 서울대학교 출판부.

37 출처: 서진석, Beyond CSR, '벤앤제리스(9): 이해관계자자본주의 거버넌스란?'

38 출처: Ben & Jerry's 2018 Social & Environmental Assessment Report

39 출처: 풀무원의 ESG경영, '지배구조 A+, 풀무원의 이사회 시스템을 살펴보다'

40 출처: 에릭 스톨터만, 2004.

41 출처: BCG

ESG 혁명이 온다
미래 전략과 7가지 트렌드 편 2

1판 1쇄 인쇄 2021년 12월 24일
1판 3쇄 발행 2022년 10월 17일

지은이 김재필
펴낸이 김기옥

경제경영팀장 모민원   기획 편집 변호이, 박지선
커뮤니케이션 플래너 박진모
경영지원 고광현, 임민진
제작 김형식

표지디자인 투에스   본문디자인 제이알컴
인쇄 · 제본 민언프린텍

펴낸곳 한스미디어(한즈미디어(주))
주소 121-839 서울시 마포구 양화로 11길 13(서교동, 강원빌딩 5층)
전화 02-707-0337 | 팩스 02-707-0198 | 홈페이지 www.hansmedia.com
출판신고번호 제 313-2003-227호 | 신고일자 2003년 6월 25일

ISBN 979-11-6007-763-6   13320